D0746680

DATE DUE

Fabricantes de miseria

FABRICANTES
de
MISERIA

Plinio Apuleyo Mendoza
Carlos Alberto Montaner
Alvaro Vargas Llosa

PLAZA & JANÉS EDITORES, S.A.

Primera edición en U.S.A.: septiembre, 1998

© Plinio Apuleyo Mendoza, Carlos Alberto Montaner y
   Alvaro Vargas Llosa, 1998
   Editado por Plaza & Janés Editores, S. A.
   Travessera de Gràcia, 47-49. 08021 Barcelona

Printed in Spain – Impreso en España

ISBN: 0-553-06094-5

Distributed by B.D.D.

EL PECADO ORIGINAL

Vamos al grano: ¿de qué trata este libro? Trata de las ideas y de las actitudes que mantienen en la miseria a grandes muchedumbres latinoamericanas y a algunos bolsones de españoles y de otros europeos de la zona mediterránea. Trata de los gobiernos que con sus prácticas antieconómicas ahogan las posibilidades de generar riquezas. Trata de las órdenes religiosas que, encomendándose a Dios, pero con resultados diabólicos, difunden nocivos disparates desde los púlpitos y los planteles educativos. Trata de los sindicatos que, enfrascados en una permanente batalla campal contra las empresas, acaban por yugular la creación de empleo, impiden la formación de capital, o lo ahuyentan hacia otras latitudes. Trata de los intelectuales que desprecian y maldicen los hábitos de consumo en los que suelen vivir, prescribiendo con ello una receta que hunde aún más a los analfabetos y desposeídos. Trata de las universidades en las que estos errores se incuban y difunden con una pasmosa indiferencia ante la realidad. Trata de los políticos que practican el clientelismo y la corrupción. Trata de los militares que, convertidos en sector económico autónomo, consumen parasitariamente una buena parte del presupuesto, y han gobernado o aún amenazan con gobernar nuestras naciones como si fueran cuarteles. Trata de los empresarios que no buscan su prosperidad en la imaginación, el trabajo intenso y en los riesgos del mercado, sino en los «enchufes», la coima y el privilegio tarifado. Trata de los políticos que creen, erróneamente, que los salarios bajos son una «ventaja comparativa», sin entender que de la pobreza se sale aumentando la producción y la productividad, no pagando sueldos de hambre. Trata –también– de quienes enfrascados en el discurso de una pretendida solidaridad con los humildes, ponen en práctica medidas antieconómicas que provocan males mayores que los que pretenden corregir. Trata, en fin, de los que llamamos «fabricantes de miseria»: esos grupos que, unas veces de buena fe, y otras por puro interés, mantienen a millones de personas viviendo, a veces, peor que las bestias. Ojalá que este libro contribuya a sacar del error a los equivocados y a desenmascarar a quienes actúan movidos por la demagogia, la mala fe o la más devastadora ambición personal.

De los casi cuatrocientos millones de iberoamericanos, aproximadamente la mitad vive muy pobremente. Ése es el gran fracaso y la gran vergüenza de nuestro universo cultural y étnico. Formamos parte de Occidente. Nuestras lenguas fundamentales (el español y el portugués), nuestras creencias religiosas, nuestro derecho, nuestras instituciones, nuestra cosmovisión, en suma, tienen una raíz que nos identifica como un enorme segmento de Occidente, pero, lamentablemente, constituimos el más miserable y atrasado de todos.

Quizá esto explica que Samuel Huntington en su polémico libro *El choque de civilizaciones*[1] no incluya a Iberoamérica como parte de Occidente. El ensayista norteamericano no sabe cómo «encajar» nuestra pieza en el rompecabezas. Es capaz, correctamente, de incluir a España y a Portugal entre las matrices del mundo occidental, pero no al universo desovado por ellas al otro lado del Atlántico. Estados Unidos y Canadá sí, hijos de Inglaterra y, en gran medida, de Francia, son parte esencial de Occidente, pero no Iberoamérica. ¿Por qué? Básicamente, porque la miseria iberoamericana muestra una serie de pavorosos síntomas que ya no están presentes en ningún rincón de Occidente: ese todavía altísimo porcentaje de analfabetismo en países como Bolivia o Guatemala; ese cuadro de poblaciones sin agua potable o electricidad; esos campesinos que todavía cultivan la tierra con sus manos y malviven como en el siglo XIX, no encajan en el perfil de los

---

1. Huntington, Samuel, *El choque de civilizaciones*, Paidós, Barcelona, 1997.

pueblos cultural e históricamente vinculados al Occidente de la Europa cristiana. Los «ranchitos» de Caracas, las «favelas» brasileras, los «pueblos jóvenes» peruanos, los «gamines» colombianos, las «villas miserias» argentinas, los barrios de «chabolas» españoles, la indigencia de cascote y chapa de algunos barrios habaneros –como los que llevan los derrotados nombres de «El Fanguito» y «El Palo Cagao»–, de la que muchas jóvenes sólo pueden evadirse por medio de la prostitución, se parecen más a rincones de Lagos, del Cairo o de Manila que a los paisajes urbanos del mundo occidental del que procedemos.

Entre las naciones ricas, por supuesto, también hay pobres, pero la pobreza de los países desarrollados no admite comparaciones con la nuestra. La línea de pobreza en Estados Unidos se calcula en algo más de quince mil dólares anuales por familia. Y pobres, según la Unión Europea, son aquellos que perciben menos de la mitad del promedio comunitario: unos quince mil ecus. Técnicamente, se considera indigentes a los habitantes incapaces de acceder a la canasta alimenticia que permita evitar la desnutrición. El informe del Banco Mundial de 1990 define como pobres en la zona latinoamericana a quienes se esfuerzan por subsistir con menos de 370 dólares anuales. Dichos límites son relativos. En México, la pobreza moderada se sitúa por debajo de 940 dólares per cápita, pero esta suma sería obviamente redentora para los indigentes de Haití y de América Central.

La mayor parte de los pobres latinoamericanos son niños; y los niños son en su mayoría pobres. Tales niños están abocados a la mendicidad y al robo. Según la Comisión Económica para la América Latina (CEPAL), el número de pobres se ha duplicado en América Latina desde la década de los setenta. Se calcula que hoy sobrepasa los doscientos millones de personas, lo que equivale al 45 por ciento de la población. La pobreza, o sus secuelas, es la primera causa de mortalidad infantil. Causa un millón y medio de muertes al año.

La pobreza, que es sobre todo visible en los cinturones de

miseria que rodean las ciudades, cuyos habitantes padecen de índices elevados de desempleo o de subempleo y están expuestos a enfermedades infecciosas y parasitarias, ha producido brotes de violencia social y política en países como Brasil, Haití, Perú y Venezuela e inclusive en Cuba y Nicaragua.

Hay una relación estrecha entre pobreza, educación y baja productividad, sobre todo teniendo en cuenta que la productividad hoy en día está estrechamente relacionada con la creatividad, la difusión y el uso de niveles de conocimiento. Las investigaciones del Nobel de Economía Gary Becker lo demuestran. Otros factores que afectan a las economías latinoamericanas, y que se relacionan con la pobreza, son la estrechez de los mercados locales, la criminalidad y la violencia. En casi todos los países latinoamericanos se registran preocupantes aumentos de la criminalidad urbana. Sólo en Colombia se contabilizan veintiséis mil asesinatos por año.

La economía informal es vista simultáneamente como problema y solución. Nace de la pobreza y es una defensa ante la situación de los campos, la virtual imposibilidad de adquirir un estatus legal, crear empresas o construir viviendas. Las actividades informales son su único medio real de subsistencia. Se estima que el dinamismo y la creatividad de estos sectores –libre expresión de mercados espontáneos– podrían impulsar considerablemente el crecimiento económico. Pero, desde luego, tiene sus inconvenientes, pues no media para ellos ningún sistema jurídico, carecen de toda protección social, no asumen ninguna base impositiva al margen del esfuerzo productor del país, con frecuencia roban agua, electricidad y materias primas a los canales de suministro, y contribuyen al grave deterioro del medio ambiente en las zonas urbanas.

Naturalmente, en América Latina no se observa una miseria uniforme que defina el perfil de nuestra civilización, y de ella no se puede deducir que estemos ante una sociedad refractaria al progreso. Una buena parte de la sociedad iberoamericana, por el contrario, exhibe formas de vida perfectamente intercambiables con las de Estados Unidos, Canadá y la Unión Europea. Buenos Aires, exceptuados sus barrios marginales, es una maravillosa ciudad comparable a cualquiera de Europa. Nadie que conozca a Uruguay puede hablar de indigencia o de pobreza abyecta. En Brasil –se ha dicho muchas veces– conviven dos países: uno es Bélgica y el otro Senegal. Es decir: hay decenas de millones de personas que se alimentan, comunican, informan o trasladan como los habitantes del Primer Mundo. Pero junto a ellas hay otras tantas decenas de millones de seres humanos que viven en una miseria perfectamente calificable como tercermundista.

Y es tan desesperante este contraste que, de un tiempo a esta parte, comienza a observarse una especie de fatiga en la lucha contra la pobreza, y surgen voces fatalistas que nos hablan de segmentos de población «naturalmente excluibles». Esto es: grupos humanos que supuestamente nunca podrán abandonar la desdichada forma en la que viven, pues en la sociedad moderna no hay la menor esperanza para ellos o para sus descendientes. Sencillamente –opinan estos agoreros– perdieron la posibilidad de integrarse en los mecanismos productivos de la sociedad contemporánea, y es muy probable que jamás puedan educarse, tener acceso a un puesto de trabajo estable y, en algunos casos extremos, ni siquiera a un techo permanente. Gente que nacerá en la calle y en ella morirá tras una vida de violencia, privaciones y enfermedades.

¿Es esto cierto? Por supuesto que no. Ese cruel pesimismo es un disparate. Si algo hemos aprendido en las últimas décadas del siglo XX es que los pueblos pueden abandonar la miseria a un ritmo tal que es posible nacer junto a un charco inmundo, comido de parásitos, pero alcanzar la madurez dentro del razonable confort de los niveles sociales medios. Lo demostraron los taiwaneses, los coreanos, los españoles, los portugueses, y hoy, pese a los altibajos de la economía, lo están demostrando los malayos, los tailandeses y –entre nosotros–, con más éxito que ningún otro pueblo, los chilenos.

Claro que hay esperanzas para los pobres de América

Latina. El crecimiento económico en la región, en las primeras ocho décadas del siglo, fue uno de los más altos del planeta: un promedio del 3,8 por ciento. Muy superior al de Asia y desde luego al de África. Algo que se explica por el incremento de la demanda de productos básicos por parte de los países desarrollados, por la vigorosa industrialización de la región, y por la financiación extranjera. Crecimiento desigual, sin embargo, pues se estima que la concentración de ingresos se incrementó en países como Argentina, Brasil, Chile, Colombia y México.

De todas maneras, este crecimiento se reflejó en los índices de empleo, en el suministro de agua, en la mejor atención médica y en la salud. Subieron notablemente la esperanza de vida infantil y la ingestión de calorías, mientras disminuyó la mortalidad. Aumentaron también las tasas de ingreso escolar y alfabetización. Globalmente, la esperanza de vida ha escalado en las últimas cuatro décadas, de 40 a 67 años, pero es muy probable que esa disminución de la mortandad se deba más a la difusión de antibióticos y vacunas que a cualquier otra causa. Igualmente, se ha reducido el crecimiento demográfico.

En cierto sentido, dos países con estadísticas fiables son ejemplares en América Latina: Chile y Costa Rica. En ambos la mortalidad infantil ha descendido del 70 o 75 por ciento a menos del 13 por ciento. Más del 90 por ciento de la población puede acceder a los servicios médicos primarios. También estos dos países, junto a Cuba, Uruguay y Argentina, son los que registran un menor nivel de analfabetismo en todo el continente y una de las tasas más elevadas de esperanza de vida.

En la llamada «década perdida» de los ochenta, la pobreza aumentó como consecuencia de la difícil coyuntura económica entonces vivida por la mayoría de los países latinoamericanos. No obstante, el aumento de la pobreza fue muy desigual según los países. Fue bajo, por ejemplo, en Uruguay y Costa Rica, y muy alto en México, donde la proporción de pobres se incrementó de una tercera parte del censo en 1970 a la mitad a

mediados de los ochenta. También registraron cifras muy des-
favorables países como Bolivia, Honduras y Guatemala.

Otra característica de la evolución de la pobreza en el
área: de fenómeno eminentemente rural pasó a ser un fenómeno urbano. El número de menesterosos es mayor en las
ciudades, debido esencialmente a la emigración de pobres
hacia los centros urbanos. Esta concentración se ha incrementado en Colombia por el fenómeno de la violencia. La mayor
pobreza urbana se registró en ciudades del Brasil y del Perú.
En este último país, sin embargo, la pobreza de la selva o de
las regiones rurales es aún mucho mayor que la que se concentra en Lima.

Pero hay esperanzas. En la década de los cincuenta, por
lo menos seis países de América Latina tenían un ingreso per
cápita más alto que el de España (Argentina, Chile, Uruguay,
Cuba, Venezuela y Puerto Rico), dato evidenciado por el signo de las migraciones (los españoles pobres viajaban a estos
países en busca de oportunidades), mas hoy España casi du-
plica la renta por persona de Argentina, el país de más alto
nivel de vida en toda América Latina. Es decir, en nuestros
días se sabe con bastante precisión cómo aliviar y erradicar
velozmente la pobreza, hasta conseguir modos de vida confortables. Es una fórmula al alcance de todas las sociedades, que
nada tiene de secreta, y que consiste en una suma relativamente sencilla de políticas públicas, un enérgico esfuerzo en
materia educativa, legislación adecuada, y un sosegado clima
político, económico y social que propenda a la creación de riquezas, estimule el ahorro y genere montos crecientes de inversión.

Y si, aparentemente, la batalla contra la pobreza no es tan
cuesta arriba, ¿por qué los latinoamericanos no hemos podido «ganarla»? México, por ejemplo, que goza de estabilidad
desde 1928, y durante setenta años ha sido gobernado por un
partido «revolucionario» que dice defender los intereses de los
oprimidos, mantiene en la pobreza a cuarenta y cinco de sus
noventa millones de habitantes: ¿por qué? La respuesta aca-

so no sea muy compleja: porque prevalecen las ideas y actitudes equivocadas. Las ideas y las actitudes tienen consecuencias, y las malas ideas y las malas actitudes generan, por
supuesto, malas consecuencias. Ahora entremos en materia.

EL VENDEDOR DE MILAGROS

Comencemos por los políticos. Son nuestros fabricantes de miseria por antonomasia. Es contra quienes primero se alza el dedo acusador de la sociedad, quizá por ser los más visibles de todos nuestros ciudadanos. Ser político, en nuestros días, es ser el payaso de las bofetadas. El prestigio es mínimo. El descrédito es enorme. Las burlas son constantes. La falta de credibilidad resulta casi total. Hemos llegado al extremo de que los políticos tienen que asegurar que son otra cosa si desean aspirar a un cargo público. Tienen que disfrazarse. Jurar que son *outsiders*. Ésa fue la táctica de Noemí Sanín y –en cierta medida– de Andrés Pastrana durante las elecciones que tuvieron lugar en Colombia en el verano boreal de 1998. Fue, en el pasado, la estrategia de Fujimori y hoy es la táctica de Irene Sáez y del teniente coronel Chávez, «la bella y la bestia» de la contienda electoral venezolana. Es, en suma, lo que intenta cada aspirante a presidente, senador, diputado o alcalde: proponer su candidatura asegurando que cualquier parecido con los políticos convencionales es pura coincidencia.

¿Por qué esta etapa de intenso desprestigio? Sin duda, porque casi todas las sociedades, según las encuestas, piensan que los políticos les han fallado. No suelen verlos como hombres de Estado que cumplen una función o como los guardianes del bien común, sino los ven como unos tipos deshonestos y mentirosos, dispuestos a hacer cualquier cosa por enquistarse en algún pesebre gubernamental con el ánimo de desangrarlo. «Vivir fuera del presupuesto es vivir en el error», suelen decir los políticos mexicanos, tal vez los mayores expertos del planeta en apropiarse del dinero ajeno. Y vivir dentro del presupuesto es lo que intentan millares de nuestros pretendidos servidores públicos.

Las historias son tantas que no vale la pena consignarlas. Se dice que los Salinas se apoderaron de centenares de millones de dólares. Alan García llegó al Palacio de Pizarro con una mano delante y otra detrás. Cuando se exilió en París se las enseñó a la prensa y las tenía llenas de diamantes. Es decir, ya era un hombre muy rico. El ecuatoriano Bucaram y el guatemalteco Serrano no sorprendieron tanto por las deshonestidades en que incurrieron como por la rapidez con que lo hicieron. Visto y no visto. Robaron a la velocidad de la luz. La revista *Forbes* atribuye a Fidel Castro una inmensa fortuna de decenas de millones de dólares, mientras los cubanos se mueren de hambre. «¿Por qué roba bancos?» le preguntaron alguna vez a un famoso asaltante norteamericano. «Porque es ahí donde guardan el dinero», contestó con lógica cartesiana y cierta incredulidad ante la tonta duda del periodista. Algo así pueden contestar algunos políticos latinoamericanos manifiestamente sinvergüenzas: «¿Por qué quiere llegar a la presidencia?» «Porque es ahí donde está el dinero.»

Claro que hay decenas de excepciones. Ni Aylwin, ni Luis Alberto Lacalle, ni Osvaldo Hurtado, ni Belaúnde Terry, ni Lleras Camargo o Rómulo Betancourt —por sólo citar media docena de gobernantes— salieron de la presidencia con un dólar más de los que tenían cuando la recibieron. Pero, lamentablemente, las figuras honradas pesan poco a la hora del recuento. La imagen generalizada, la que la sociedad mayoritariamente sustenta, es la del político corrompido que promete villas y castillas, pero acaba alzándose con el santo y la limosna.

Sin embargo, tal vez la corrupción que más cuesta no es ésta muy visible de la coima y el sobreprecio, sino otra más sutil y escondida que consiste en utilizar al Estado como un botín para comprar conciencias. Es el político que cede ante peticiones abusivas de ciertos sectores del electorado para ganarse sus favores a costa de arruinar el país. Ésa es la otra corrupción, la silenciosa, casi indetectable, porque quien la autoriza no se mancha las manos. No se queda con lo que no le pertenece. Sencillamente, lo entrega a otro. Esto es, dilapida los bienes comunes en beneficio de un grupo poderoso y en perjuicio de quienes no tienen fuerzas para defender sus intereses y derechos. Y todavía hay otra clase de nefasto político que, si cabe, es aún peor, pues cínicamente combina la virtud personal con las flaquezas ajenas. Es el político al que no le interesa el dinero o el lujo, se coloca más allá del bien y del mal, pero tolera y hasta estimula la corrupción de sus subordinados. Para esta fauna la corrupción es un instrumento de gobierno, un apaciguador de enemigos y una forma de recompensar a aliados circunstanciales. ¿Un buen ejemplo? Joaquín Balaguer: caso clásico de corruptor incorruptible, además del patriarcal Francisco Franco de los españoles.

El asunto es peliagudo, porque en Iberoamérica –especialmente en América Latina– estamos ante un fenómeno de descrédito generalizado de los políticos, como consecuencia, entre otras razones, de las desvergüenzas que hacen los gobernantes para complacer a un electorado que, simultáneamente, los premia y los condena por las mismas razones. Los eligen para que otorguen prebendas y los desprecian cuando las distribuyen. De ahí que en épocas de bonanza nuestras sociedades no sean muy críticas con la deshonestidad de los políticos. Si «reparte», hasta lo reeligen sin miramientos. El desfachatado lema de un popularísimo político cubano de principios de siglo, José Miguel Gómez, refleja esta cínica actitud: «Tiburón –así le decían– se baña, pero salpica.» Y el pueblo lo amaba intensamente.

La tragedia radica en que, desde el momento mismo de la fundación de América Latina, el Estado fue una fuente de rápido aprovisionamiento para políticos y gentes influyentes. La sociedad –la clase dirigente– vivía del Estado y no al revés, que es lo conveniente. Y esta perversa relación de fuerzas acabó convirtiéndose en un rasgo permanente de nuestra manera de vincularnos. Los políticos y funcionarios arribaban al poder para saquearlo. Era lo natural. Y cuando llegó la hora de las repúblicas, y luego de la democracia, nuestras sociedades no demandaban honestidad y buen manejo de la cosa pública, sino tajadas, privilegios, porciones del botín. La noción del bien común se había desvanecido o nunca había existido del todo.

Así ha sido hasta nuestros días. Con frecuencia, los «líderes» de los partidos y sus familiares cercanos entran a saco en el tesoro común. Luego les siguen los dirigentes nacionales o regionales, quienes aspiran a cargos públicos bien remunerados en los que sea posible llevar a cabo uno que otro «negociete» que les asegure una existencia muelle para el resto de sus vidas. Los simples militantes se conforman con menos. Quieren un seguro puesto de trabajo para ellos o para sus parientes, porque la noción del nepotismo no existe. Para los militantes lo más natural del mundo, lo que esperan de su partido cuando llega al poder, es algún trato de favor, una canonjía, en suma, un salario. «Nepotismo» –ha dicho con amargura Ricardo Arias Calderón, un honrado político panameño– «es cuando uno coloca a su sobrina; cuando uno coloca a la sobrina de otro, a eso lo llaman solidaridad». Esto es propio de países pobres. En España, hasta hace relativamente poco tiempo, no era distinto. A Romero Robledo, un cacique de principios de siglo, solían recibirlo en los mítines con una consigna coreada: «Romero, colócanos a todos.» Es conveniente entender este fenómeno para no cargar las tintas injustamente. Los políticos latinoamericanos no son más ni menos corruptos que las sociedades en las que actúan. Aquí no hay víctimas y victimarios, sino un triste sistema de complicidades en el que los méritos personales suelen tener menos calado que los «enchufes» y las «palancas». Sólo que ese «clientelismo» envilece el aparato de gobierno hasta hacerlo prácticamente inservible.

¿Por qué sucede algo así en Iberoamérica? La respuesta es muy simple: porque la debilidad de nuestra sociedad civil es extrema. Vivir fuera del presupuesto, más que vivir en el error, es vivir en peligro de morirse de hambre, pues no hay suficientes empresas, y las que hay, en líneas generales, no han creado riquezas como para ofrecerles a las personas un destino mejor o más seguro que el que pueden obtener del Estado. Añádasele a este dato un rasgo fatal de los pueblos subdesarrollados: la falta de especialización de la población. Donde todos saben hacer lo mismo, el trabajo vale muy poco, la competencia por un empleo es feroz, desaparecen las oportunidades, y sólo queda una tabla de salvación: el sector público, ese delta de aluvión en el que van acumulándose legiones de gentes sin oficio ni beneficio hasta constituir un fragmento laboral al que no se le pueden exigir responsabilidades. Más que burocracias estatales son viveros de partidarios: un ejército indómito e inepto que trabaja poco, pero al que se le paga menos, porque las arcas del Estado siempre están exangües.

No es nada fácil romper este círculo vicioso. Supongamos que un político honrado y moderno, sabedor de estas dolorosas verdades, decide hablar claro y en lugar de prometer «colocaciones», promete establecer una administración basada en el mérito, el concurso y la utilización cuidadosa de los bienes públicos, ¿lograría el apoyo de la ciudadanía? ¿Votarían los latinoamericanos, especialmente en los países más pobres, por políticos que ignoren las necesidades materiales de sus correligionarios de partido? Probablemente tendrían grandes dificultades en salir electos porque inmediatamente entrarían en conflicto dos sistemas de valores contradictorios que suelen anidar en nuestras sociedades. *Teóricamente* creemos en la equidad, la meritocracia y el imperio de las reglas justas, pero simultáneamente cultivamos la lealtad al amigo en desgracia y el otorgamiento de privilegios y el trato de favor como forma de mostrar nuestra solidaridad y nuestro poder. De donde se deduce una incómoda lección: es probable que nuestros políticos se hayan ganado a pulso la mala imagen que les endilgamos. Pero es seguro que cada pueblo tiene los políticos que se merece. Que nos merecemos, que nos hemos buscado.

¿Hay alguna forma de adecentar los gobiernos y de devolverle a la clase política la dignidad que ha perdido y que tanto necesita? Sí, pero esto sólo ocurrirá cuando la sociedad civil sea lo suficientemente poderosa como para ofrecerles a las personas un mejor destino que el que brinde el sector público. En los países del Primer Mundo –y ése es uno de sus síntomas más elocuentes– es mucho más rentable ser ejecutivo de una empresa solvente que diputado o funcionario. ¿Quién, por ejemplo, pudiendo ser presidente o jefe de operaciones o director de marketing de General Motors o de Nestlé aceptaría convertirse en un pobre y atribulado senador? Muy poca gente, por supuesto.

Los partidos políticos

No obstante la clara voluntad actual de alejarse de los partidos, los políticos saben que, finalmente, no pueden operar en el vacío. Tienen que crear o formar parte de alguna estructura. Es inevitable. No hay democracia sin contraste de pareceres, sin opiniones divergentes, sin pluralismo. En una democracia es básico que todos los individuos que lo deseen puedan participar. Pero para participar de una manera coherente, sin que se produzca una caótica Torre de Babel, hay que contar con cauces que organicen esas opiniones de manera que puedan convertirse en efectivos cursos de acción. Esos cauces son (o debieran ser) los partidos políticos. Constituyen algo así como la armazón sobre la que descansa el proceso democrático y es urgente restaurarles el prestigio perdido porque en ello puede que nos vaya la convivencia civilizada. Cuando y donde no hay diversos partidos políticos se producen formas autoritarias de gobierno. Mandan ciertos grupos privilegiados, como sucedía en la URSS, o mandan los hombres fuertes, los autócratas, convencidos de que sólo ellos son capaces de encarnar y representar la voluntad del pueblo. Napoleón lo tenía perfectamente claro: «Gobernar a través de un partido es colocarse tarde o temprano bajo su dependencia. Jamás caeré en ese error.»

La segunda premisa tiene un fuerte vínculo con la anterior. Sin democracia es difícil crear sociedades en las que esté presente el desarrollo intensivo. Es decir, en las que de manera creciente, aunque pudieran surgir altibajos, la inmensa mayoría de la población vea mejoras sucesivas en su forma de vida y en la cantidad de bienes y servicios a su disposición. No en balde –y es bueno reiterarlo machaconamente– las veinte sociedades más prósperas del planeta son democracias. Son prósperas porque son democracias y –admitámoslo– también son democracias porque son prósperas. Es más fácil ser demócrata con el estómago lleno. Estas democracias se legitiman porque saben superar las crisis económicas, porque brindan con eficiencia ciertos servicios mínimos y porque, aun cuando existen enormes desigualdades, la franja más pobre de la población es objeto de un trato solidario por parte de los más afortunados.

Nadie nace demócrata o autoritario. Es la experiencia lo que inclina a las personas en una u otra dirección. Cuando esto sucede, cuando la ciudadanía observa que el sistema democrático opera en su provecho, y cuando comprueba que los partidos, realmente, recogen las diversas voluntades de la sociedad, hay satisfacción y respaldo tanto para el modelo democrático como para los partidos. Pero cuando no resulta claro que la democracia y los partidos son instrumentos para la mejora de los individuos, entonces se produce el rechazo global al sistema o una letal indiferencia. Esto se vio en Alemania, Italia y España en los años veinte, treinta, y –lamentablemente– es el pan nuestro de cada día en América Latina. No es que los latinoamericanos sean, por naturaleza, autoritarios o estén genéticamente predispuestos a rechazar el sistema plural de partidos. Es que no ven una mínima coherencia entre el bello discurso oficial y los resultados tangibles que se obtienen. El fascismo y el comunismo –las dos caras de la misma moneda– se nutren de los fallos prolongados del sistema democrático.

¿Cómo sorprenderse de que los venezolanos aplaudieran

al teniente coronel Chávez tras su intentona golpista de 1992 si tres décadas de democracia adeca y copeyana, empapadas en una enorme corrupción, no habían conseguido erradicar la miseria de grandes masas de la población y ni siquiera organizar un servicio de correo que sirviera para algo? La empresa Datos de Caracas dio a conocer en octubre de 1995 una encuesta sobre el «Pulso Nacional» que reflejaba el rechazo de los venezolanos al sistema. Sólo un 3 por ciento pensaba que Venezuela gozaba de un sistema eficaz y moderno de organizar la convivencia. El 71 por ciento, en cambio, lo calificaba de «obsoleto» y «caduco». La inmensa mayoría veía el futuro con un enorme pesimismo. ¿Por qué extrañarnos de la reacción peruana de apoyo al autogolpe dado por Fujimori en Perú en ese mismo año, cuando todavía estaban vivos en la memoria colectiva los desmanes del gobierno de Alan García y la fatal desorientación de todas las fuerzas políticas del país? Los peruanos no eran «fujimoristas». Estaban hastiados de partidos políticos corruptos e inoperantes. Naturalmente, esos espasmos autoritarios de nuestros pueblos, inducidos por los fallos de nuestro sistema político y por la incapacidad de nuestros partidos para organizar eficientemente la vida pública, tiene un altísimo costo, pero éste es de casi imposible ponderación. Con grandes dificultades podemos calcular lo que nos cuestan la guerrilla, el militarismo o la corrupción, pero resulta casi imposible hacer lo mismo con el mal manejo de nuestros partidos políticos, mas es posible asegurar que aquí radica uno de los problemas clave de nuestra sociedad. En todo caso, es factible hacer un inventario, aunque resulte somero, de los principales defectos que aquejan a nuestros partidos, y de ahí podremos extraer las conclusiones pertinentes. Comencemos por un fenómeno que aunque no acaece solamente en Iberoamérica, es aquí donde tal vez ha alcanzado su mayor arraigo: el caudillismo.

El caudillismo

El origen de la palabra es latino –el diminutivo de *caput*, cabeza–, pero entre nosotros eso quiere decir alguien que ejerce un liderazgo especial por sus condiciones personales. Generalmente el caudillo surge cuando la sociedad deja de tener confianza en las instituciones. Es ese político concreto, con una cara y una voz, que aparece cuando «falla» el sistema. Es alguien al que le atribuimos un liderazgo que lo pone por encima de nuestras instituciones y leyes porque la esencia del caudillismo es precisamente ésa: no son iguales ante las normas. Pueden saltarse los reglamentos a la torera porque ésa es la demostración de su singularidad. Por otra parte, los caudillos pesan mucho más que sus propios partidos. Pesan tanto, que a veces los aplastan. Y ni siquiera tienen que ser dictadores feroces, como el paraguayo Rodríguez de Francia o el mexicano Santa Anna. América Latina conoce varios tipos de caudillos, y algunos de ellos tuvieron una vida política razonablemente democrática. Un caso notable de caudillismo democrático fue el del argentino Hipólito Yrigoyen, la figura dominante en la Unión Cívica Radical durante el primer tercio del siglo xx.

Electo en 1916 en unas elecciones impecables en las que por primera vez se estableció el voto universal y secreto –aunque sólo para varones adultos como era la costumbre en esa fecha– mantuvo un férreo control de su partido, donde se le tenía como una especie de hombre providencial. En 1928, tras la presidencia de Marcelo T. Alvear, se hizo reelegir. Tenía 75 años y estaba decrépito. Gozaba, justamente, de la fama de hombre honrado, pero no así su gabinete. George Pendle, que ha estudiado a fondo este período, lo describe así: «El presidente, que no había sido nunca una persona de claro juicio, se encontraba ahora senil; su rapaces subordinados, sin que él lo supiese, saqueaban todos los departamentos de la administración, y él mismo fue incapaz de cumplir con la rutina corriente de su despacho (…) Los documentos permanecían sin firmar, los salarios no se pagaban y se olvidaba la cita que tenía con sus ministros.»[1]

La consecuencia de este desastre no se hizo esperar. En 1930, tras la debacle financiera de 1929, el general José F. Uriburu dio un golpe militar y puso fin al largo período de la restauración de la democracia, comenzada tras la derrota de Rosas en 1853, era gloriosa que contara con estadistas como Mitre, Sarmiento, Avellaneda o Carlos Pellegrini. Período de casi ocho décadas en el que Argentina se había convertido en una de las seis naciones más ricas del planeta, mientras realizaba la proeza de absorber millones de industriosos inmigrantes europeos, predominantemente de origen italiano.

Es cierto que la década de los treinta fue en todo el mundo la época de la expansión del fascismo y de la preponderancia de los militares, pero es razonable pensar que si el radicalismo no hubiera estado –como estaba– en el puño de Yrigoyen, un presidente más joven y vigoroso, con la cabeza fresca, tal vez hubiera podido salvar la democracia en Argentina, ahorrándole la triste historia que luego sobrevino. Ese medio siglo de atropellos, sobresaltos y empobrecimiento paulatino que permite asegurar que Argentina es casi el único país del mundo que ha pasado por un proceso de subdesarrollo progresivo. Sin abandonar la cabeza de América Latina –todo hay que decirlo– dejó de ser uno de los países punteros del mundo para sumergirse en una innecesaria mediocridad. En todo caso, en 1933, cuando Yrigoyen murió, es probable que muchos argentinos ya comprendieran el peligro en que incurre una sociedad en el momento en que desaparece la ley. El entierro de Yrigoyen fue un espectáculo de masas como no vería Argentina hasta el surgimiento de Perón.

En 1946, en efecto, apareció en Argentina otra modalidad de caudillo: en ese año el coronel Juan Domingo Perón alcanzó la presidencia con un amplio respaldo popular, del que gozó

1. Pendle, George, *Argentina*, Royal Institute of International Affairs, Londres, 1955.

toda su vida. En las elecciones de 1951 obtuvo el 63 por ciento de los sufragios, y en 1973, tras un largo período de exilio, recibió nada menos que el 61 por ciento de los votos. Y a diferencia de Yrigoyen, que fue un caudillo dentro de su partido, pero respetó las libertades, Perón siempre fue un dictador electo democráticamente. Es decir, una figura autoritaria a la que los argentinos, con cierta dosis de irresponsabilidad, le entregaron el Estado a sabiendas de que no respetaría la Constitución vigente ni tendría en cuenta los derechos de las minorías. Incluso, es probable que para eso mismo le dieran sus votos, para que gobernara a su antojo, pues ésa es la función de los caudillos: tomar personalmente y de manera inconsulta las decisiones que afectan al conjunto de la sociedad; sustituir la voluntad popular por la de una persona a la que se le atribuyen todas las virtudes y talentos, y en cuyo beneficio la mayoría o una sustancial cantidad de ciudadanos abdica de sus facultades de pensar por cuenta propia.

¿Por qué los caudillos –y específicamente Perón– son «fabricantes de miseria»? En primer término, porque al no tener frenos constitucionales, inevitablemente confunden los bienes públicos con los propios y disponen de ellos con absoluta impunidad. Todavía es frecuente escuchar en Argentina, generalmente en un tono de cierta nostalgia, las anécdotas de cuando Perón «regalaba» casas o motocicletas, olvidando que la procedencia de esos bienes era siempre la misma: los impuestos trabajosamente pagados por el pueblo.

Todos los caudillos latinoamericanos, en mayor o menor medida, han actuado de forma similar, dilapidando insensiblemente los recursos del Estado al carecer de cualquier clase de control. Así «operaban» Torrijos y su discípulo Noriega, propiciando el enriquecimiento de sus amigos o partidarios y la ruina de sus adversarios. Así actuaban Somoza y Trujillo, aunque estos últimos estaban más cerca del dictador intimidante que de los caudillos propiamente dichos. Sin embargo, acaso el más «caro» –el que más le ha costado a su pueblo– de todos los caudillos latinoamericanos ha sido Fidel Castro, siempre con sus faraónicos proyectos en el bolsillo de la chaqueta verde oliva, sin importarle el costo o la factibilidad real de sus fantasías. Nada menos que cien mil millones de dólares le entregó la URSS en forma de subsidios a lo largo de treinta años –una suma ocho veces mayor que el Plan Marshall con que Estados Unidos reconstruyó Europa tras la Segunda Guerra Mundial–, y con ese dinero Moscú y Castro sólo lograron que Cuba se convirtiera en uno de los países más pobres del continente.

Otros males

Si algo hay de vinculación tribal y atávica en el culto por los caudillos en Iberoamérica, otro rasgo antiguo y antidemocrático de nuestros lazos políticos hay que rastrearlo en la *militancia genética*. Esto es, en el partidarismo que se trasmite y recibe como una forma ciega e inevitable de relación hereditaria. ¿Cuántas personas hay en Colombia, Honduras o Nicaragua que se califican de liberales o conservadores porque sus padres, sus abuelos y sus bisabuelos así se denominaban? ¿Cuántos «blancos» y «colorados» hay en Uruguay que son lo que son por razones de estirpe familiar? ¿Cuántos paraguayos son «colorados» como consecuencia de la tradición y no de una convicción íntima y profunda?

Los partidos políticos son, en realidad, un fenómeno relativamente moderno, surgido en el siglo XIX tras el desmoronamiento de las monarquías absolutistas. Y no constituiría un mal augurio que algunos de los partidos democráticos más viejos del mundo sean latinoamericanos, a no ser por la dosis de irracionalidad con que muchas de las personas militan en ellos. Esta afiliación hereditaria, a la que no concurre la ponderación de las ideas sino la tradición familiar, contribuye a la ingobernabilidad de nuestros Estados y a la falta de esa mínima coherencia que debe existir entre los partidos y los programas de gobierno.

No menos dañina es la falta de democracia interna que exhiben nuestras agrupaciones políticas. Es lo que los puertorriqueños llaman, en son de broma, la «democracia digital». Es decir, la selección de las personas en virtud del mágico dedo índice de los caudillos y no por la voluntad soberana de los afiliados. Lo que no deja de ser un contrasentido, porque si los partidos, una vez instalados en el gobierno, pretenden administrar la democracia, más les valiera comenzar por practicar en casa las reglas del juego recurriendo, por ejemplo, a elecciones primarias para seleccionar a los candidatos, en lugar de delegar esa tarea en el líder supremo del partido.

A Borges le gustaba decir que «la democracia era un abuso de la estadística». Broma aparte –a la que tan aficionado era– tal vez el autor de *El Aleph* no entendía el sentido último de la ceremonia electoral: legitimar racional e inapelablemente la autoridad de ciertas personas para poder mandar. Nadie en sus cabales piensa que la democracia garantiza la selección de los mejores. Ése es un buen objetivo, pero no el más importante. Lo vital es dotar de autoridad a los elegidos por un procedimiento basado en la razón objetiva, algo que sólo puede derivarse de la aritmética: nunca se podrá asegurar que A es más inteligente y honrado o estúpido que B, pero no hay la menor duda de que diez es más que ocho. Ésa es la única certeza que nos es dable alcanzar.

¿Cómo afecta la falta de democracia interna al bolsillo de la población? ¿Por qué incluimos esta práctica nefasta como un elemento «fabricante de miseria»? Muy sencillo: es probable que un político que debe su cargo al escrutinio democrático y no a la designación arbitraria del líder del partido, pueda responder mejor al bien común. En Estados Unidos, por ejemplo, donde los políticos tienen una vinculación directa con quienes los eligen, no están obligados a la obediencia partidista, y mucho menos a la sujeción a la autoridad de los dirigentes máximos de su bancada. Votan –o deben votar– de acuerdo con su conciencia, y tratando siempre de interpretar la voluntad de la mayoría de sus electores, pues de eso se trata la «democracia representativa».

Naturalmente, este proceso de consultas periódicas suele ser caro, y ahí radica uno de los aspectos más débiles y discutibles de la democracia: ¿cómo financiar a los partidos y a los candidatos para que puedan participar en la contienda política? Y no se trata de un vago asunto técnico, sino de un tema fundamental en la utilización de los escasos recursos de la sociedad.

Elegir a un presidente en El Salvador –el más pequeño de los países de América Latina y uno de los menos poblados– cuesta veinte millones de dólares. Diez –por lo menos– a cada uno de los dos grandes partidos del país. Esto quiere decir, si tenemos en cuenta la población y el PIB, que a los salvadoreños les cuesta seleccionar a un presidente muchísimo más que a los estadounidenses, y es probable que no exista una forma humana de rebajar sustancialmente el monto de esa factura, pues los costos de los medios de comunicación son cada vez más altos. El problema, pues, no consiste en reducir la propaganda y la información que se les brinda a los ciudadanos para que tomen sus decisiones, sino en determinar de dónde van a salir los fondos de campaña para que la sociedad no resulte perjudicada.

En esencia, hay tres formas de financiar las actividades electorales de los partidos. O se pagan con fondos públicos, o se recurre a donaciones privadas, o se utiliza una combinación de ambas fórmulas. Quienes defienden el financiamiento público suelen alegar que es la manera de evitar que los políticos contraigan obligaciones onerosas con grupos poderosos que luego exigirán contrapartidas y favores especiales frecuentemente impropios o ilegales. Quienes defienden el financiamiento privado opinan que dar dinero es una forma de participación democrática y que no deben prohibirse estas dádivas a las personas que desean contribuir con una particular causa política. Por último, los que propugnan la fórmula mixta aceptan las dos hipótesis, pero exigen total transparencia y limitan la segunda a cantidades pequeñas que no comprometen la integridad de quienes la reciben.

Probablemente, la primera sea la menos imperfecta de las fórmulas de financiamiento de los partidos, y la que, al menos teóricamente, mejor protege a la sociedad y a los políticos de la presión de los poderosos y de los grupos de interés. No hay duda de que para los países esto resulta costoso, pero tal vez ese gasto sea mucho menor que el que se deriva de luego devolver favores en forma de industrias subsidiadas, absurdas tarifas arancelarias o compras amañadas en las que la sociedad abona un altísimo sobreprecio para compensar el aporte del empresario que pagó la campaña del político triunfador. ¿Y por qué no la fórmula mixta? Porque la experiencia demuestra que cuando se establecen límites a las contribuciones individuales, el modo de violar esa regla es relativamente simple: el gran donante, generalmente de acuerdo con el político necesitado de dinero, busca una serie de personas que aparentan ser ellos quienes aportan los recursos. Al fraude, pues, se le añade un envilecimiento masivo del proceso democrático.

En todo caso, hay síntomas claros de que en Iberoamérica, como en el resto del mundo, el peso de la televisión y de otros medios de comunicación –entre los que ya hay que incluir a Internet– va cambiando la fisonomía de los partidos políticos. Si a mediados de siglo Duverger advirtió la dicotomía entre *partidos de cuadros* y *partidos de masas,* diera la impresión de que poco a poco la balanza se inclina hacia las agrupaciones o partidos de cuadros.

Tradicionalmente, los partidos han reducido a siete sus objetivos principales: influir sobre la opinión pública; profundizar la formación política de sus militantes y de la sociedad; fomentar la participación de los ciudadanos en la vida política; capacitar ciudadanos para asumir responsabilidades públicas; seleccionar candidatos y participar en elecciones; influir sobre los gobiernos y parlamentos en la dirección elegida por el partido; y fomentar una relación fluida entre pueblo y gobierno en beneficio del bien común. Y lo cierto es que para llevar a cabo adecuadamente esas tareas acaso no sea necesario contar con organizaciones de masas ni con legiones de militantes aguerridos, sino tal vez baste con la existencia de «cuadros» capaces, tener claras las ideas, saber comunicarlas con eficacia, adoptar una conducta coherente con los valores que se defienden y asumir la lógica humilde del servidor público. Por ese camino, probablemente los políticos tal vez un día dejarán de ser payasos y de recibir bofetadas.

HOMBRES SIN CUARTEL

A fines de la década de los noventa, se estira sobre el panorama político de los países de lengua española una sombra militar creciente. Esos viejos fabricantes de miseria política, económica y moral en América Latina vuelven a la carga, a veces disfrazados, otras a cara descubierta. Después de haberse retirado a sus cuarteles en los años ochenta, forzados por la ola democratizadora, han vuelto a poner las botas sobre la mesa, si bien no es posible comparar todavía la presencia militar en la vida política, el autoritarismo civil apoyado en los ejércitos y la anemia de las instituciones democráticas con la última era de dictaduras latinoamericanas.

Varios casos conforman, en esta década, un cuadro continental. En Chile, el ex dictador Augusto Pinochet, cuyo régimen supuso la desaparición de 3.197 personas y la violación sistemática de los derechos humanos y las libertades cívicas, ha asumido el puesto de senador vitalicio, de acuerdo con la constitución que él mismo dictó. Da una idea del peso –en este caso disuasorio– que tienen los militares chilenos, el hecho de que la Democracia Cristiana haya protegido a Pinochet en el Congreso contra los esfuerzos de un sector, que incluía a algunos miembros de la propia coalición de gobierno, por desaforarlo de manera legal. Y los dos partidos herederos de Pinochet, agrupados en el Pacto Unión por Chile, obtuvieron el 36 por ciento de los votos en las elecciones parlamentarias de 1997. En Venezuela, vimos a Hugo Chávez, el ex teniente coronel que en 1992 intentó derrocar a Carlos Andrés Pérez, colocarse en 1998 a la cabeza de los sondeos en la campaña electoral para la presidencia de la república. En el Paraguay, el ex general Lino César Oviedo, que en 1996 intentó un golpe de Estado contra el presidente Juan Carlos Wasmosy, también logró en 1998, antes de ser impedido legalmente de seguir adelante con su candidatura, ponerse adelante en los sondeos presidenciales, como candidato del siempre poderoso Partido Colorado, a pesar de estar entre barrotes con una condena de diez años. En Bolivia, los ciudadanos eligieron presidente al ex general Hugo Bánzer, dictador de su país entre 1971 y 1978. En Colombia, el ex ministro de Defensa y ex jefe del ejército Harold Bedoya, que renunció en 1997 por discrepancias con la política gubernamental frente a la narcoguerrilla, arrastró inicialmente simpatías en el proceso electoral, en el que también participó. En Ecuador, Paco Moncayo, jefe del ejército hasta febrero de 1998, pasó a la política después de dejar el cargo, al mando de una lista parlamentaria. Ninguno de estos casos alcanza la gravedad de la situación peruana, donde el golpe de Estado fue consumado el 5 de abril de 1992 e institucionalizado a partir de entonces, con los viejos elementos de siempre: violencia de Estado y represión, corrupción, eliminación de instituciones democráticas, copamiento de las instancias de poder. En Guatemala, Serrano Elías intentó en mayo de 1993 el «fujimorazo» y terminó exiliado en Panamá, gracias al sobresalto democrático de sus compatriotas.

No todos estos casos son comparables, porque algunos tienen que ver con una afrenta directa a los valores de la democracia y otros con el legítimo derecho político de ciudadanos que pasaron antes por la institución militar sin violar la ley o la constitución. Pero es evidente, si sumamos a estos hechos las ínfulas autoritarias de muchos mandatarios democráticos, que en todos lados se cambia constituciones para conseguir la reelección, los gobiernos exprimen las instituciones como trapos mojados y la democracia está perdiendo vigor, y en ciertos lugares pudriéndose, a pesar de los cambios económicos suscitados en los años noventa.

«El Perú ha vuelto a la normalidad», decía el poeta Martín Adán tras el golpe de Estado del general Odría en 1948. Las cosas aún no vuelven, exactamente, a la normalidad en América Latina, pero ya asoman en la trastienda los viejos súcubos de siempre. En verdad, el autoritarismo y el militarismo han rondado por el continente desde la primera parte de esta era democrática inaugurada en los ochenta. Rebelión de Frank Vargas en una base aérea del Ecuador, en 1986, posterior secuestro del presidente Febres Cordero, asonadas de los «carapintadas» en la Argentina de 1987 y 1988, rumores de golpe en el Brasil de 1988: la década democrática ya estaba preñada de amenazas. Era explicable: los ochenta venían a remolque de una década atroz. Entre 1972 y 1982 tuvimos diecisiete golpes de Estado en América Latina, más de ciento veinte mil desaparecidos por la represión, cientos de miles de muertos por el fuego cruzado de militares y guerrillas terroristas, y éxodos que hacen palidecer las migraciones bíblicas, con uno de cada cinco uruguayos desterrados o cerca de un millón de chilenos en desbandada.

Pocos factores han sido tan perturbadores de la vida política, tan decisivos en nuestra incapacidad para afincar instituciones que rigieran la vida de las gentes de una manera estable y decente, como los militares. Ellos no han sido ajenos a las dolencias de la sociedad civil –«No conozco un general que resista un cañonazo de cincuenta mil pesos», dicen que dijo Álvaro Obregón en el México revolucionario–, pero su caso representa un agravante con respecto a los civiles corruptos y antidemocráticos. Sin la acción de los militares, nuestras repúblicas habrían visto fortalecerse sus instituciones civiles y buena parte de nuestras democracias no se hubieran venido abajo cuando lo hicieron. Quizá nuestras revoluciones exitosas tampoco lo habrían sido si nuestros ejércitos se hubieran implicado menos en la vida política. Un elemento clave del subdesarrollo latinoamericano –y del español hasta fines de los años setenta– han sido, pues, los militares, que en lugar de funcionar como institución han querido hacerlo como gobierno, y a veces como Estado, aun cuando el déspota no lucía charretera.

La guerra ha sido, por supuesto, uno de los aportes políticos de nuestros militares, con la colaboración resuelta de muchos civiles, al subdesarrollo. A pesar de las voces lúcidas que bramaron contra las conflagraciones inútiles y contraproducentes, como la del Alberdi de *El crimen de la guerra*, nuestro siglo XIX parece, visto desde aquí, una sucesión de conflictos bélicos. Ni la guerra de la Triple Alianza, ni la guerra del Pacífico, para citar sólo a las dos más importantes, se hubieran producido si no hubiera habido militares y civiles expansionistas e ideólogos para quienes la grandeza de un país tenía que ver con el tamaño de su territorio o los recursos naturales y no con los factores que realmente deciden la riqueza o pobreza de una nación. Cuando, en otro episodio bélico del XIX, Chile y su ideólogo Diego Portales, hombre de muchos otros méritos, decidieron destruir la Confederación Perú-Boliviana (con la ayuda de militares peruanos como Gamarra), incurrieron en el error de creer que el peso específico de un país es una función importante de la geopolítica, es decir de factores externos, y no esencialmente de sus méritos intrínsecos y de sus energías empresariales, como la de un Tomás Brassey, que iba sembrando el mundo de ferrocarriles mientras nosotros nos entrematábamos. Es una lección que nos ha dado, con renovada actualidad, la superpoderosa ex Unión Soviética, que resultó tener los pies de barro y hoy se debate en unas arenas movedizas donde parece imposible construir nada sólido.

En este siglo, en el que, a diferencia del XIX, no había el pretexto de la definición de los territorios independientes pues éstos ya estaban bien definidos, también nos hemos enfrascado en estúpidas guerras, desde la del Chaco hasta la que enfrentó brevemente, en la región del Cenepa, en 1995, a peruanos y ecuatorianos, pasando por otros conflictos y escaramuzas que de tanto en tanto han librado ecuatorianos y peruanos, colombianos y venezolanos, argentinos y chilenos. «La guerra es la realización del *self-government* judicial de los Estados en su sentido más primitivo y bárbaro; es decir en el sentido de ausencia absoluta de autoridad común»,[1] dijo Al-

---

1. Alberdi, Juan Bautista, *El crimen de la guerra*, AZ Editora, Buenos Aires, 1994. Alberdi fue declarado traidor a la patria por el gobierno de su país por su oposición a la guerra de la Triple Alianza.

berdi, al señalar que su país, la Argentina, había perdido en cincuenta años la mitad de su territorio virreinal. Casi un siglo y medio después de pronunciada esta frase, no tenemos ningún mecanismo que reproduzca a nivel continental el Estado de Derecho de modo que nuestros militares ávidos de guerra y nuestros eternos golpistas no prosperen. No todas las guerras son injustas: hay guerras inevitables, cuando uno se defiende de la agresión externa, por norma proveniente de dictadores. Pero, en todo caso, nuestros militares han sido el factor determinante en la crueldad, el costo y las nefastas consecuencias políticas derivadas de dos siglos con demasiadas guerras.

La caricatura política ha querido hacer de Bolivia el paradigma de la inestabilidad. Hablan por ahí de doscientos golpes de Estado desde la independencia. En verdad, han sido menos, pero han sido demasiados, y, lo que es peor, Bolivia está muy bien –muy mal– acompañada. En las últimas dos centurias, los cinco países más inestables han sido El Salvador, Panamá, México, Colombia y Bolivia, a pesar de que Colombia y México han registrado la mayor estabilidad del continente en los últimos cincuenta años. Curiosamente, entre los seis países más estables de estos dos últimos siglos están Haití, Guatemala y Paraguay, estadística muy elocuente sobre la historia de la democracia en América Latina desde el nacimiento de las repúblicas. Ecuador, República Dominicana, Uruguay, Perú y Argentina tienen en promedio períodos de estabilidad de entre dos años y dos meses, y dos años y seis meses. Desde 1825, «el 61 por ciento de los gobiernos de Bolivia han sido castrenses y la mitad de sus gobiernos no han durado más de un año».[2] En suma, la inestabilidad es un problema continental, y el militarismo una enfermedad de todos

2. Mesa, Carlos, *Presidentes de Bolivia: entre urnas y fusiles*, Gisbert y cía., La Paz, 1990.

los países, con las excepciones, recientes en la historia, de Costa Rica y, hace muy poco, Panamá, que han eliminado sus ejércitos.

Fauna con charreteras

Por desgracia, nuestra fauna política militar no es pura leyenda. Hemos tenido caudillos militares que parecen fugados del magín de Asturias, Carpentier o García Márquez, pero que han sido demasiado verdaderos. Antonio López de Santa Anna, el dictador mexicano, enterró su propia pierna, perdida en la guerra, con funerales de Estado. El general García Moreno del Ecuador azotaba a sus ministros en la plaza pública y su cadáver fue velado sobre la silla presidencial. El doctor Francia prohibió las cerraduras y los pestillos en las casas del Paraguay para demostrar que en su paraíso político nadie robaba. Maximiliano Hernández Martínez es recordado como autor de la masacre de veinte mil campesinos salvadoreños y porque se enfrentó a la epidemia de escarlatina empapelando el tendido eléctrico con papel rojo. Y Mariano Melgarejo, el bárbaro boliviano, hizo desfilar a sus soldados hacia el interior del Palacio presidencial en honor de un dignatario extranjero, con tanta persuasión en la voz de mando que los soldados, al no recibir instrucciones para detenerse, siguieron marchando más allá del balcón y cayeron al vacío. Nuestros déspotas han sabido desbordar con la imaginación los límites de la realidad sólo para ejercer la prepotencia y la brutalidad, y han incrustado en la vida verdaderas locuras que hubieran sido menos malignas en los libros de aventuras maravillosas.

En nuestro siglo, cada país tiene también su déspota emblemático, y en algunos casos más de uno. Rafael Leónidas Trujillo marcó buena parte del siglo dominicano desde que en 1930 asaltó el poder sobre el lomo de la Guardia Nacional. En Nicaragua se trató de la dinastía Somoza, inaugurada por el «liberal» (¡ay!) Anastasio Somoza, también salido de las entrañas de la Guardia Nacional. En Brasil, el simbolismo despótico lo encarna Getulio Vargas, por más que no fue muy sangriento y llegó al poder en hombros de una revolución que denunciaba un fraude electoral. Su autoritarismo –también encabezaba una Alianza Liberal– se combinó con la obra pública, el desarrollismo, el *Estado Novo* –el de siempre pero más grande y voraz–. Aunque no se trató de un militar, lo militar fue un factor decisivo, tanto para auparlo al poder y sostenerlo allí catorce años como para acabar con él después. El militar paraguayo Alfredo Stroessner duró cuatro décadas en el poder, y aún hoy es visible la herencia de su régimen vertical. En Argentina, que ha tenido más dictaduras, como la que «desapareció» a nueve mil personas, Juan Domingo Perón, otro hijo de la institución castrense, ha quedado registrado como el tirano estelar, no sólo por su dictadura sino porque volvió a su rico país un laboratorio de crear miseria. Como buena parte de los regímenes no democráticos, tuvo el efecto pernicioso de convertir la fuerza en el mecanismo de relevo, y en 1955, tras sufrir un golpe de Estado, logró refugiarse en una embarcación militar paraguaya en el puerto de Buenos Aires (como se sabe, 18 años después volvió en loor de multitud y fue elegido en las urnas). Velasco Ibarra, en Ecuador, superó los recursos demagógicos de todos los compatriotas suyos que pasaron por el poder antes y después, que no han sido demasiados porque él mismo fue elegido cinco veces (en algunas de las cuales debe escribirse «elegido», con unas elocuentes comillas), la última en 1968, cuando tenía 75 años. Sus gobiernos también fueron autoritarios y estuvieron apoyados en los tanques. En el Perú, Juan Velasco Alvarado, el militar socialista, puso a su país muy cerca de la órbita soviética sin atreverse a cruzar al otro lado y se las arregló para introducir nuevas formas de subdesarrollo institucional y económico bajo un régimen represivo aunque más bien incruento. Fidel Castro, que ha igualado en años de imperio a Francisco Franco, el dictador español característico, es el tirano cubano por excelencia. Rojas Pinilla es quien acude a la lengua más rápido en el caso de Colombia, no porque fuera más violento que otros ni porque detentara el poder más tiempo, sino porque, a pesar de estar en el gobierno muy pocos años fue la gota que colmó el vaso de la paciencia de sus compatriotas y provocó el pacto de Sietges entre liberales y conservadores para garantizar la alternancia civil y pacífica en el gobierno. A pesar de tener muchos aspectos criticables desde el punto de vista estrictamente democrático, ese arreglo devolvió a Colombia al civilismo. Pérez Jiménez, el campeón de los corruptos, fue el dictador emblemático venezolano, lo que no desmerece los pergaminos de Juan Vicente Gómez, «el benemérito», que gobernó más tiempo que él. Porque marcaron una época, encarnaron una ideología o una práctica distintiva y nociva, o vinieron inmediatamente después o inmediatamente antes de hechos y períodos significativos, estos déspotas militares o cívico-militares nos hablan de un siglo xx no menos rico en acrobacias antidemocráticas que nuestro «real-maravilloso» siglo xix caudillista, aunque sí más diligente en la elaboración de distintas formas de miseria.

Uno tiene, comprensiblemente, la tentación de la hipérbole cuando habla de nuestra vida política. No todo ha sido inestabilidad o estabilidad vertical, y quizá de algo sirva recordar que hubo períodos «anormales» en relación con la historia política común. La constitución chilena de 1833 duró hasta 1925 (con una breve interrupción en 1891) y sirvió de base para una legalidad civilista que permitió crear cierta prosperidad y, a pesar de muchos vicios autoritarios, reducir drásticamente el despotismo. Fue hechura de Diego Portales y sus «pelucones», una casta de oligarcas conservadores con visión de futuro que reaccionaron contra el caos de la postindependencia aliados con un sector militar. En el poder, purgaron al ejército de militares con vocación de interferencia en la política y dotaron a su país de un marco estable dentro del cual hubo gobiernos no sólo conservadores sino también liberales. Aunque ese marco permitió un ejercicio a veces autoritario del poder, en general interfirió poco con la vida de las gentes e hizo posible también la alternancia. El desarrollo económico no tardó en llegar para ciertas zonas, especialmente el norte, gracias a la inversión extranjera. El fascista Carlos Ibáñez, quien llegó al poder tas el golpe de 1924 –sólo un año después del golpe de otro fascista, el español Primo de Rivera–, interrumpió el proceso. Aun así, Chile fue capaz, otra vez, de poner un poco de orden institucional, y hasta el golpe de 1973 logró la estabilidad, si bien con gobiernos más bien mediocres, que desembocaron en el delirio socialista de Salvador Allende. Este panorama chileno ha llevado a Régis Debray, en la frase feliz de su vida, a decir: «Las democracias liberales europeas, Francia por ejemplo, con sus regímenes cambiantes y sus bandazos políticos, parecen repúblicas bananeras en comparación con Chile.»[3]

Bastante mayor prosperidad logró la Argentina, cuya constitución de 1853, inspirada en el liberalismo de Juan Bautista Alberdi, rigió hasta el primer cuarto de siglo, cuando volvió a hacer su aparición el subdesarrollo político. Y también Brasil tuvo un siglo XIX muy estable, con notable ausencia de intervención militar en la política, en buena parte gracias al particular proceso de independencia en ese país, donde la permanencia del hijo del rey portugués como monarca una vez rota la amarra colonial facilitó una transición sin ruido de sables. Una vez que, décadas más tarde, los republicanos cambiaron el signo constitucional del país, los cuarteles se desataron. El relevo de la estabilidad en la región del Plata lo tomó Uruguay a principios de siglo. A partir de 1903, ese país vio a los gobiernos civiles sucederse de un modo civilizado y pacífico, proceso que sobrevivió a los sobresaltos de la vecina Argentina y que no fue interrumpido hasta 1973. En la segunda mitad del siglo, la estabilidad política la han encarnado Costa Rica –que ya tuvo democracia en la primera mitad con una muy breve interrupción y que desde su re-

3. Debray, Régis, *The Chilean revolution: Conversations with Salvador Allende*, Vintage Books, Nueva York, 1971.

volución de 1948, surgida de unas elecciones cuestionadas, abolió formalmente el ejército–, Venezuela, que supo pactar un sistema civil después de Pérez Jiménez, y Colombia, donde en 1957 liberales y conservadores también pactaron (la «estabilidad» mexicana, donde el PRI evitó los golpes con un Estado corporativista que convirtió a todas las instituciones, incluida la militar, en parte del Estado-Partido, es un caso distinto por tratarse de un régimen no democrático). Estos pactos civiles entrañaron otros males –la práctica de la componenda, la ausencia de grandes líneas maestras, el gradualismo paralizante–, pero eliminaron la interferencia militar en la política. Gracias a ello, Colombia pudo durante los años setenta y ochenta dotarse de una economía bastante solvente mientras el resto del continente se empobrecía.

La independencia y la tradición del fusil

Nuestras guerras de independencia iniciaron una tradición militarista en la vida política de nuestras repúblicas. A la vieja clase dirigente colonial –la aristocracia virreinal– sucedió una nueva aristocracia: la de los generales. Nuestros militares habían pertenecido, en muchos casos, a los ejércitos reales antes de volverse contra España, y en otros se habían forjado desde las primeras rebeliones. Hombres como el peruano Gamarra, el boliviano Santa Cruz, los mexicanos Santa Anna, Bustamante y Herrera, figuras de la vida política de la primera hora independiente, habían sido en su momento generales de los ejércitos reales enfrentados a los patriotas. El propio Agustín Iturbide, el mexicano que conquista la independencia incruenta de su país al firmar el Plan de Iguala con Vicente Guerrero, había sido antes un militar dedicado a acogotar a los insurgentes. En el Perú, los generales del virrey, entre los que había ciudadanos de muchas nacionalidades, se pasaron al bando independentista; luego formaron, bajo Riva Agüero, el primer presidente, un gobierno netamente militar.

Una vez liberados sus países de España, nuestros militares se dedicaron a disputarse el poder a punta de «pronunciamientos» (palabra y costumbre hispánica de la que nunca nos independizamos), bajo la apariencia de una lucha entre liberales y conservadores, y entre partidarios del federalismo y partidarios del centralismo (y en el Perú, por ejemplo, entre defensores y adversarios de la unión con Bolivia). Esos mismos militares mexicanos antes mencionados son los que se hicieron cargo del poder en México hasta las reformas liberales de los años cincuenta del siglo pasado. El cambio de soberanía y, una vez ocurrida la independencia, a veces también de ideología, no significó un cambio de protagonismos políticos ni de mentalidad militarista. En Bolivia, Santa Cruz también hace el tránsito de la lucha militar contra España al ejercicio militarista del poder. En Ecuador, el general venezolano Juan José Flores se queda en el mando de la nación gracias a la fuerza militar que ha participado en la guerra patriota. Ni siquiera los mejores nombres de la gesta independentista fueron inmunes a la tentación militarista en los asuntos posteriores del gobierno. San Martín se declaró en 1921, al proclamar la independencia peruana, «Protector» del Perú y Bolívar se declaró un poco después dictador vitalicio de ese mismo país, hasta que en 1927 fue obligado a abandonar semejante cargo. El militarismo, que más tarde será acérrimamente nacionalista, es en esa época, por fuerza, multinacional, tal es la composición de los distintos ejércitos que han logrado la independencia: los generales y mariscales de nacionalidad peruana son una minoría en el primer ejército peruano (y los extranjeros intuyen que la manera de ganar apoyo de la población local es promover a militares peruanos en su propio país).

Los valores militares impregnan de tal modo la vida política que sólo los líderes que representan esos valores despuntan en sus países, aunque los combinen con otros valores. En Argentina, Alvear alcanza la gloria porque es militar y hace política porque ha triunfado en el terreno militar. Lo

41

mismo pasa con Artigas en Uruguay.[4] El sello militarista de las repúblicas permanece y los posteriores líderes también tendrán que tener el respaldo de la fuerza, justificada o no. En Argentina, un Rosas, un Mitre, un Sarmiento, con todas las diferencias que los separan, que son muchas, reúnen esa combinación de valores militares y políticos que continúa signando la cosa pública latinoamericana ya pasada la oleada de la liberación. Lo mismo ocurre con otros caudillos, como Nicolás de Pierola en el Perú: nacen y se hacen en la fuerza (en su historia hay una guerra con Chile de por medio) y cuando gobiernan, aunque, como es su caso, hacen muchas cosas admirables, alimentan al sistema con ese caudillismo personalista y ejercicio vertical del poder que son los elementos constitutivos de la cultura política.

El caso de Brasil fue distinto, y acaso más frustrante. Los brasileños idearon una fórmula inteligente, evitando a ese país las convulsiones de sus vecinos: negociaron con Portugal una independencia que mantuvo amarras simbólicas con la metrópoli aunque en la práctica funcionó con libertad. El hombre que personificó ese nexo, clave de la transición ejemplar, fue el nuevo rey, luego emperador. La monarquía ahorró al Brasil ese violento, inestable y desarticulado siglo XIX institucional y político de las repúblicas latinoamericanas. Brasil vio de lejos cómo en Bolivia, entre 1825 y 1884, todos los presidentes, con las excepciones de Calvo, Linares y Frías, fueron militares, y cómo en el Perú no hubo un gobierno civil hasta la llegada de Manuel Pardo en 1872. Pero en 1889, los militares brasileños, espoleados por una oligarquía cafetalera que pugnaba por torcer el brazo del Estado en favor de sus intereses, decidieron ponerse al día con sus vecinos y dieron un golpe de Estado. La república, pues, en lugar de suponer una modernización de un sistema antiguo, viajó atrás en

---

4. En el Río de la Plata el fenómeno es más acusado a causa del ataque corsario inglés de 1806 y 1807 que convirtió a la aristocracia colonial en aristocracia militar y fue a la vez base del futuro caudillismo.

el tiempo de la civilización política: sus primeros dos presidentes, Deodoro da Fonseca y Floriano Peixoto, fueron también mariscales. Ante la ausencia del monarca, elemento aglutinante del sistema anterior, los militares se convierten en la única institución capaz de articular al archipiélago de intereses regionales que empiezan a tirar del centro en direcciones opuestas.

Las presiones regionales también están presentes en otros países: en Venezuela y Argentina, el regionalismo es uno de los factores entremezclados con el militarismo, y los caudillos del mundo rural empuñan las bayonetas con excitación. Cubriéndose de invocaciones «gloriosas», por ejemplo a Napoleón III, cuyo imperio en Francia había devuelto a ese país al despotismo apoyado sobre un respaldo rural decisivo, nuestros militares regionalistas –de carrera o inventados– se desempeñaron con no menos brutalidad que los del centro.

Los caudillos militares del siglo XIX –esa herencia, al decir de Octavio Paz, del caudillo hispano-árabe– no poseyeron la obsesión de la legitimidad que sí tendrían los posteriores. No tuvieron que dar demasiadas explicaciones para justificar que dos terceras partes del presupuesto latinoamericano fuera para asuntos militares. Un José Gaspar Rodríguez de Francia gobernó Paraguay durante 35 años, hasta 1840, sin preocuparse por darle una casuística a su régimen, plácidamente asentado sobre las oligarquías rurales. En sus intermitentes gobiernos de los años veinte, treinta y cuarenta del siglo XIX, el histriónico Santa Anna de los mexicanos no sintió la necesidad de darse a sí mismo una ideología constitucional para legitimar a su régimen castrense. También en la Argentina de Juan Manuel de Rosas, el enemigo de los unitarios que mandó con un celo centralista pocas veces igualado, la vida política estaba confinada en un pequeño mundo criollo mientras el resto del país se ocupaba de otras cosas, dejando a los militares que hicieran y deshicieran a su antojo. Éstos sólo se tienen que entender con la oligarquía terrateniente para gobernar sin molestias el tiempo que quieran.

Más tarde, los gobernantes militares empiezan a incorporar a grupos de civiles más amplios, pues el crecimiento de la industria y el comercio obligan a expandir el radio de intereses que intervienen en el tráfico político, y la relativa modernización de la vida social exige buscar mayores bases constitucionales para seguir ejerciendo el viejo despotismo. Por otro lado, en alguna parte los liberales toman el poder y, aunque no son ajenos al autoritarismo propio de la práctica política común, el despotismo empieza a ser una mala palabra que necesita justificarse frente a algo y a partir de una cierta visión redentora de la función gubernamental. Las reformas de los reformistas obligan a hacer constituciones (Ramón Castilla, en el Perú, promulga tres y también un estatuto). Los menos reformistas, o los detractores de las reformas, sólo pueden reemplazar por «algo» –en lugar de volver a esa «nada» despótica de años previos– aquello que los liberales han dejado a su paso por la cúspide.

Posteriores generaciones de dictadores tendrán, así, signos «positivos» como la obra pública, la legislación laboral, la reforma agraria: maneras de sustentar sus regímenes sobre una justificación social. El caudillo militar de la obra pública –versión tardía y latinoamérica del faraón egipcio– encarna en un Pérez Jiménez, un Trujillo, un Odría. El caudillo socializante despunta en un Vargas, un Perón, un Arbenz, un Torrijos, un Velasco y –versión extrema– un Castro. El militar anticomunista que quiere salvar a la patria del anticristo rojo palpita en un Videla, un Pinochet.

Si el siglo xx ha significado una mayor variedad de tipos militares, de regímenes de fuerza, la tradición militarista del siglo xix nunca fue desarraigada de nuestros países. Nuestras dictaduras militares no han sido las únicas del planeta, desde luego. En 1985, a apenas quince años del siglo xxi, 56 de los 107 países «en vías de desarrollo» (para usar el eufemismo burocrático internacional) estaban bajo el gobierno de los militares, y en la década de los noventa Samuel Huntington calcula cerca de cuarenta golpes de Estado contra gobiernos civiles en el mundo.[5] Hasta los años sesenta, sólo Argentina, Brasil, Uruguay, Chile y Costa Rica habían logrado, en el siglo XX, al menos una transferencia de poder ordenada y constitucional. Un caso como el de El Salvador, que sufrió en 1931 un golpe de Estado para no regresar a la democracia hasta 1979, no ha sido excepcional sino común. En un país como el Perú, la democracia ha sido un suspiro, como los tres años de Bustamante y Rivero o los doce años transcurridos entre 1980 y 1992, con el telón de fondo de una centuria por la que desfilan los Billinghurst, los Leguía, los Sánchez Cerro, los Benavides, los Prado, los Odría, los Velasco, los Morales Bermúdez, los Fujimori, es decir diversas formas de despotismo militar o cívico-militar. Hemos producido no pocas dictaduras militares encabezadas por civiles –Ospina Pérez en Colombia, los varios títeres de Torrijos y Noriega en Panamá, el propio Fujimori–, y hasta hemos introducido en el léxico político, una nueva palabra: «bordaberrización», por José María Bordaberry, el presidente uruguayo de los años setenta, para designar la situación en la que los militares son el poder detrás del trono y el presidente civil un mero fantoche.

Aunque los períodos castrenses de mayor represión en América Latina han alternado con otros menos salvajes –la peor década fue la de los años setenta, también signada por insurrecciones revolucionarias–, la dictadura ha sido una constante, con breves interrupciones, a lo largo del siglo que termina. Cada país ha tenido su propia modalidad dictatorial –la revolución mexicana, por ejemplo, no podía reproducirse en la Argentina, país más urbano–, pero nos interesa subrayar el carácter militarista de nuestros sistemas políticos, visible incluso bajo presidentes y ejecutivos civiles.

---

5. Huntington, Samuel, «Reforming Civil-Military Relations», *Civil-Military Relations and Democracy*, editado por Larry Diamond y Marc F. Plattner, John Hopkins University Press, Baltimore, 1996.

La represión profesional

Las convulsiones políticas en las que participaron los militares latinoamericanos a lo largo del XIX, con la proliferación de logias, facciones y conspiraciones intestinas, postergaron su profesionalización. Incluso en países, como Brasil y Chile, donde no hubo a lo largo de la mayor parte del siglo pasado las turbulencias político-militares de otras partes, el control que las élites tenían del ejército, y que hacía de él casi un instrumento de una casta social privilegiada, también postergó su profesionalización. En realidad, no hubo ejércitos profesionales propiamente hasta fines de la centuria pasada y comienzos de ésta. Todavía en los años noventa del siglo XIX los «irregulares» derrotan a los militares «regulares» en Colombia, Venezuela y Perú, y en años anteriores no era raro en otras partes que los «irregulares» se impusieran. La guerra que el Brasil le ganó con muchas dificultades al Paraguay entre 1865 y 1870 fue, en cierta forma, el último gran episodio militar del ejército pre-profesional.

Brasil, y en parte el Perú, estuvieron a la vanguardia de la profesionalización de los ejércitos latinoamericanos una vez que este movimiento se puso en marcha. Chile, Colombia y Venezuela, donde las luchas entre facciones y las interferencias de las élites civiles siguieron complicando las cosas, la profesionalización tardó algo más. En la Argentina, aunque la profesionalización se inició antes de Perón, el peronismo, que llevó su infinita vocación conspirativa al interior del ejército, interrumpió la transición profesional hasta las años sesenta de este siglo.

Una de las consecuencias posteriores de esta profesionalización fue la emergencia de un nuevo tipo de dictadura castrense: la institucional. A ese género pertenecen, con todas sus diferencias, las dictaduras de Brasil, la Argentina y el Perú en los años sesenta y setenta. Es una de las razones por las que al referirse a esas dictaduras, especialmente las de Argentina y Brasil, uno no suele mencionar los nombres de los dictadores –fueron varios– sino el término genérico, institucional: «dictadura militar argentina», «dictadura militar brasileña». Es lo contrario de lo que ocurre con las dictaduras caudillistas.

Los modelos extranjeros jugaron un papel de importancia en la profesionalización. En particular el modelo «prusiano», con su rígida verticalidad jerárquica y su capacidad de organización, atrajo mucho la atención. Algunos países, como Chile, lograron copiar el ejemplo prusiano con bastante éxito, aunque otros fueron incapaces de resistir un sistema que pasaba por el respeto del orden interno y la ausencia, o disminución drástica, de la corrupción.

Una de las consecuencias de la profesionalización, y de la consiguiente mejora de la organización, fue el aumento de la capacidad represiva y de las labores de inteligencia. La profesionalización ayudó a superar algunos de los viejos vicios, como la proliferación de facciones y de alianzas con grupos civiles, pero dio una mayor consistencia a la institución, que siguió interviniendo en política y en algunos casos copando sectores enteros de la economía. Los militares se convirtieron en un Estado dentro del Estado. Melancólico, Golbery do Couta e Silva, el militar brasileño que en 1964 asaltó el gobierno con un golpe de Estado, dijo, ya retirado del poder: «He creado un monstruo.» Se refería al Servicio Nacional de Inteligencia que él mismo había montado y que para 1980 contaba ya con sesenta mil oficiales retirados en distintos lugares del gobierno federal, de los cuales la mitad vegetaban en empresas públicas. Un poco antes, también Pérez Jiménez, en Venezuela, había hecho de su sistema de inteligencia, la Seguridad Nacional, un brazo armado de la represión, y en Argentina la Tripe A civil había establecido con miembros del ejército un amable grupo de espías y policías políticos al servicio de Perón. Fidel Castro, estirando la ley de probabilidades, convirtió al G-2 cubano en una réplica caribeña de la eficiente Checa leninista. Fuera del cubano, que como todo sistema totalitario es de una eficacia represiva absoluta, el servicio de inteligencia más tristemente célebre es el de la era Pinochet, la DINA, creada en 1974. Tuvo la particularidad de centralizar todas las labores de inteligencia, que antes estaban repartidas entre las distintas armas. La DINA agrupaba a unas seiscientas personas, de las cuales el 20 por ciento eran civiles, y respondía personalmente a Pinochet, el jefe «prusiano». Ese mismo modelo inspiró –con menos eficiencia y bastante más corrupción– al Servicio de Inteligencia Nacional en el Perú de Fujimori, reorganizado por Vladimiro Montesinos para concentrar las labores de inteligencia de todas las armas y de la policía. Algunos de los mecanismos y buena parte de las personas utilizadas por Montesinos han sido herencia directa de la dictadura castrense de fines de los sesenta y de la década de los setenta, que potenció los servicios de inteligencia establecidos para combatir a las guerrillas marxistas durante el primer gobierno democrático de Belaunde.

La institucionalización del ejército profesional no acabó con las facciones y las logias. En los sesenta, por ejemplo, ellas siguieron causando estragos, bajo distinta forma. En Ecuador, en 1961, se enfrentaron abiertamente el ejército y la aviación, y lo mismo ocurrió al año siguiente en Guatemala. En 1962, el ejército y la aviación venezolanos la emprendieron contra la marina, mientras que un año después les tocó el solemne turno al ejército y la marina argentinas. También ha habido escaramuzas en el interior de un mismo ejército, como las que protagonizaron los ingenieros y los infantes del ejército ecuatoriano en 1961, y las armas de caballería e infantería en la Argentina, en 1962. No siempre se trató de armas enteras: también de facciones o logias. Los «azules» y los «colorados» formaron sus bandos en el interior de las fuerzas armadas argentinas en los años sesenta, y, en tiempos de Perón, la Triple A de López Rega incrustó una psicología de logia en aquellos sectores militares con los que trabó alianza. Más recientemente, el ascenso al poder de Vladimiro Montesinos en el Perú, en los años noventa, tuvo que ver, en parte, con un movimiento de logias al interior del ejército, específicamente centrado en la promoción del propio Montesinos en el arma de artillería. La logia es una constante de la vida político-militar latinoamericana, desde la independencia, en cuya gesta estuvo muy presente, hasta la época contemporánea, pasando por casos como el de la «Liga militar», formada en el seno del ejército chileno a comienzos de este siglo para fomentar el «progreso» de los militares.

El crecimiento institucional ha venido aparejado de una cada vez mayor participación en la economía. Los militares se han vuelto hombres de negocios. Allí están, entre otros, casos como el de los militares guatemaltecos de la década de los setenta, que se apoderaron de la llamada Franja Transversal Norte para convertirla en su propiedad; el de la «piñata» sandinista, que llevó a los muchachos de verde olivo a dar un zarpazo nada infantil a miles de propiedades ajenas que conservaron una vez que fueron arrojados del poder; el de los militares peruanos implicados orgánicamente en el narcotráfico a través de una vasta red de empresas durante la etapa de Montesinos; el de los militares hondureños que acuden a las subastas de empresas públicas con la misión de adquirirlas para su institución y que a través del Instituto de Previsión Militar han acumulado bancos, cementeras, compañías de seguros e innumerables otros negocios, y que a comienzos de los noventa, una década después de haber recuperado la democracia, todavía operaban la compañía telefónica, los puestos de aduana y la mayor parte de los puertos y los aeropuertos; o el de Chile, donde el ejército reserva para sí el 25 por ciento de la renta del cobre.[6] Los militares, no contentos con nacionalizar empresas «estratégicas» o preservar en manos del Estado las ya nacionalizadas, han militarizado ciertas áreas de la economía, o, si se prefiere, convertido al Ejército en un empresario. ¿Quién compite contra un cañonazo?

6. Cerdas, Rodolfo, *El desencanto democrático*, REI, San José, 1993.

Los militares y el águila del Norte

Nuestros militares del siglo xx tienen bastante que ver con las malas relaciones entre América Latina y Estados Unidos. El hecho de que, aplicando la política del mal menor, muchos gobiernos estadounidenses toleraran, en el mejor de los casos, y respaldaran militarmente en no pocas ocasiones, a regímenes castrenses latinoamericanos, contribuyó a alimentar una fobia contra el país más poderoso de la Tierra que no necesitaba de muchos pretextos para expresarse. De igual modo a pesar de vaivenes en las relaciones entre Madrid y Washington en aquellos tiempos, la decisión de Estados Unidos de tolerar, a partir del fin de la Segunda Guerra Mundial, a la dictadura española de Franco, de acuerdo con su esquema geopolítico contra la Unión Soviética, ayudó a dar argumentos a quienes en la Península, herederos de las viejas pasiones de 1898, desconfiaban de los norteamericanos. Todavía se habla en España de la visita de Eisenhower al generalísimo.

Estados Unidos llegó a otorgar la Legión del Mérito a dictadores como el venezolano Pérez Jiménez y el peruano Manuel Odría, en los años cincuenta, quizá la época más infamante de la política exterior estadounidense al sur del Río Grande, cuando el presidente Eisenhower, apoyado en la filosofía de su secretario de Estado, John Foster Dulles, para quien los dictadores anticomunistas latinoamericanos eran aceptables por ser «nuestros hijos de perra» (frase adjudicada a Roosevelt con respecto a Anastasio Somoza), dio el abrazo de Washington a cuanto déspota pobló nuestras tierras. En realidad, el apoyo a las dictaduras se había dado antes también –las Guardias Nacionales de las que salieron un Somoza y un Trujillo fueron en buena parte hechura norteamericana– y se seguiría dando después, con intervenciones como la de Kissinger en el golpe de Pinochet, en Chile. El propio Kennedy, con su aureola de defensor de los derechos humanos, debió resignarse a tolerar varios golpes en su época: el de los militares argentinos contra Frondizi, el de los peruanos en 1962 para impedir la victoria de Haya de la Torre, o el de los ecuatorianos, que el presidente llegó a elogiar. A veces, debió dar marcha atrás cuando su reacción inicial contra alguna interrupción constitucional lo dejó aislado en un continente que ha practicado por lo general la política exterior de Poncio Pilatos: es lo que ocurrió con el golpe de la República Dominicana contra Juan Bosch, presidente, por cierto, apoyado por la CIA cuando era candidato. Hay que reconocerle que, en cambio, fuera muy firme contra los golpistas hondureños y suspendiera la asistencia económica.

No hay que olvidar que, en los años de la guerrilla, la ayuda militar de miles de millones de dólares a los ejércitos centroamericanos –a su vez entrenados por la *Counterinsurgency School of the Americas*– no estuvo sujeta, la mayor parte del tiempo, a la conducta de esos militares. Washington a veces creó monstruos como Frankenstein: el caso de Manuel Antonio Noriega, nada menos que ex agente de la CIA, es tan absurdo que parece un invento del antiimperialismo. Y tampoco puede dejar de mencionarse que los norteamericanos se vieron en situaciones en las que, por retirar el apoyo a una dictadura, facilitaron la instalación de otra –Cuba, Nicaragua–. Culparlos de las dictaduras de Castro y los sandinistas sería maniqueo, pero es probable que si las dictaduras de Batista y de Somoza no se hubieran sostenido hasta el momento en que lo hicieron, las revoluciones que acabaron con ellos no hubieran triunfado (es bueno recordar que el primer embargo contra Cuba no fue contra Castro sino contra Batista cuando Washington prohibió la venta de armas a La Habana en plena insurrección barbuda).

En todo caso, este muy somero recuento de ejemplos de política norteamericana que favoreció el militarismo antidemocrático no exculpa a los dictadores. La responsabilidad esencial es la de los propios latinoamericanos. Ningún ejemplo más insigne del comportamiento de América Latina ante las dictaduras que la Organización de Estados Americanos, que desde su creación, a mediados de siglo, hasta hoy, ha protegido, por acción u omisión, a los tiranos o golpistas de turno, llámense Somoza, Trujillo, Batista, Castro, Ortega o, en tiempos más recientes, Fujimori, cuyo golpe de 1992 fue legitimado por el secretario general Baena Soares. A veces, esta actitud se explica porque los tiranos eran quienes conformaban la organización, otras, porque los demócratas estaban paralizados por el miedo; y en no pocas ocasiones, porque reflejaba la opinión de Washington.

Los mismos antiimperialistas que culpan a Estados Unidos por nuestras dictaduras militares suelen defender a las que cuentan con la hostilidad de ese país. Así, es frecuente que hagan una distinción entre dictaduras de derecha y dictaduras de izquierda (a estas últimas nunca las llaman «dictaduras», claro), olvidando la raíz común del problema que plantean todos los regímenes autoritarios en América Latina. En la clasificación de «derecha» destacan sobre todo, en las décadas recientes, las de Argentina (1966-1983, con la interrupción del regreso de Perón en la primera mitad de los setenta), Brasil (1964-1985), Uruguay (1973-1985), Paraguay (1954-1989), Guatemala (1954-1985), y Chile (1973-1989). Se las ha comparado, a algunas de ellas, especialmente las de corte institucional en lugar de caudillista, con el modelo «griego» de 1967-1974. No son las únicas dictaduras militares de derecha –ha habido muchas más–, pero sí las más emblemáticas de ese sector ideológico. En el otro lado del espectro, el de la izquierda, las dictaduras militares han abundado también. En realidad, toda dictadura es militar, si se tiene en cuenta que la fuerza de las armas es su sustento. La izquierda ha logrado que «dictadura militar» parezca sinónimo de «derecha», cuando las dictaduras de signo contrario no se diferencian de las «dictaduras militares» en el aspecto esencial: el uso de la fuerza. Hemos tenido regímenes populistas basados en ella, tanto de corte nacionalista, «a lo Nasser», como de corte socialista, vagamente semejantes al movimiento militar portugués de 1974-1976. Nuestros despotismos populistas o socialistas de tipo castrense incluyen a militares como el panameño Torrijos y el peruano Velasco,[7] pero también a Fidel Castro y Daniel Ortega, pues, aunque el cubano y el nicaragüense no eran militares propiamente en la etapa revolucionaria, se convirtieron en los hechos exactamente en eso una vez que tomaron el poder; el apelativo de «comandante» que todo revolucionario suele asumir expresa bien esta realidad. Perón, a pesar de presidir un gobierno de tinte fascista, fue por mucho tiempo un icono de la izquierda, y en ciertos círculos lo sigue siendo, en buena cuenta por su antiimperialismo, es decir su antinorteamericanismo. Ese antinorteamericanismo llevó a la izquierda a apoyar al propio Manuel Antonio Noriega en su enfrentamiento contra Washington (¿recuerdan el machete en la tribuna?) poco antes de la invasión de Estados Unidos, en diciembre de 1989, y a hacer la vista gorda contra la victoria de la coalición de Guillermo Endara con el 70 por ciento de los votos que «cara de piña» desconoció. Lázaro Cárdenas, en México, fue otra variante del populista de izquierda apoyado en la fuerza para gobernar con escasa o nula legitimidad democrática. Ha habido, además, intentos fallidos o efímeros, como el episodio de la toma del gobierno militar salvadoreño por una facción semicomunista a fines de los años setenta, gran pretexto para la emergencia del mayor D'Aubuisson como símbolo de los escuadrones de la muerte.

Las revoluciones victoriosas siempre han destruido al ejército para reemplazarlo por otro ejército, con la excepción de Costa Rica. La revolución mexicana de 1910 acabó con el ejército de Porfirio Díaz, pero los revolucionarios, en sus luchas fratricidas, se apoyaron sobre sus propias fuerzas militares, a las que incorporaron en mayor o menor grado a miembros del ejército derrotado. La revolución de Paz Estenssoro, en la Bolivia de 1952, no acabó con el ejército, aunque sí lo redujo sustancialmente: más bien, lo instrumentalizó para convertir-

7. El Centro de Altos Estudios Militares, lugar de formación ideológica de los militares peruanos, sufrió un viraje a la izquierda como parte de ese mismo proceso ideológico que produjo a Velasco en los años sesenta y que él potenció en el ejército.

lo, mediante promociones y favores, en un brazo armado del proyecto revolucionario. Sin embargo, el MNR no logró, como el PRI mexicano, crear un sistema corporativista en el que el clientelismo y la rotación de las protecciones políticas garantizaran un sistema permanente dentro del cual el ejército fuera una pieza más del mecanismo del partido. Además de la presión norteamericana, conspiró contra la absorción total del ejército por parte del MNR el hecho de que Paz Estenssoro necesitara de los militares para controlar a las radicalizadas milicias sindicales y rurales; en cualquier caso, el ejército sufrió un aumento de su politización, y el resultado fue el golpe de René Barrientos contra Paz en 1964. El ejército de Costa Rica, en cambio, sí fue disuelto como consecuencia de la revolución de 1948. Ese país ha gozado desde entonces de una estabilidad política sustentada en la alternancia democrática, inclusive durante los años del gran incendio ideológico y político centroamericano, en la década de los ochenta. Pero, en suma, la dictadura militar no es, como ha querido la izquierda, un mal de «derecha» sino un mal a secas, del que la izquierda ha formado parte constitutiva, con el agravante de que ha desarrollado todo un discurso confusionista para hacer pasar por democracia lo que era otra variante del viejo problema militar latinoamericano. Del mismo modo que, en la España de principios de siglo, la militarización del sector totalitario del bando de la república no era la antítesis de los nacionales, es decir de los militares de Franco, Mola y Sanjurjo, sino su reflejo en el lado opuesto del espectro. Al medio, los demócratas como Azaña, quedaron aplastados entre dos militarismos, y los liberales perdieron todo espacio.

Una de las consecuencias del militarismo es el elevado gasto en asuntos relacionados con la defensa. Los países bajo regímenes militares o militarizados dedican muchas horas-hombre a alimentar la maquinaria de la que son víctimas. Es una de las perversiones de toda dictadura. Otra perversión es la que hace que las guerrillas y terrorismos contribuyan a potenciar los ejércitos que combaten, supuestamente para acabar con el militarismo. La etapa de mayor expansión del gasto militar es siempre la dictatorial, y en América Latina basta, para comprobarlo, con echar un vistazo a ciertas épocas de gobierno antidemocrático. Entre 1968 y 1980, el gasto militar subió en el Perú, cada año, un promedio de 11 por ciento. Entre 1972 y 1979, la cifra de aumento anual del gasto militar en el Ecuador fue 13 por ciento. Argentina superó por un punto ese ritmo de aumento entre 1976 y 1983. Chile vio crecer su gasto 10 por ciento cada año entre 1973 y 1988, mientras que el Paraguay sostuvo un aumento anual de 6 por ciento entre 1954 y 1988. El gasto militar representaba en Guatemala poco menos del 17 por ciento del presupuesto nacional a mediados de los ochenta, en plena confrontación con la guerrilla. En esa misma década, Estados Unidos destinó a la guerra contra los comunistas centroamericanos cerca de cinco mil millones de dólares, canalizados directamente a los ejércitos de la región, que no lograron derrotar en el campo de batalla al enemigo aunque sí desnaturalizaron la democracia que sufría, además, la inclemente violencia de los insurgentes.[8] En la segunda mitad de la década de los años noventa, es decir en la actualidad, el gasto militar promedio de América Latina bordea el 2 por ciento del producto bruto y está menos de medio punto porcentual por debajo de la cifra europea (2,2 por ciento), es decir de los países que forman uno de los bastiones de la Alianza Atlántica.

El uniforme y el oro

Los intereses civiles, especialmente los económicos, han jugado un papel de primer orden en el militarismo. No hay dictadura que no se alíe con intereses económicos. La concatenación de intereses económicos y políticos civiles y milita-

8. *World Military Expenditures & Armed Transfers*, U.S. Arms Control & Disarmament Agency, Washington D.C.

res es lo que hace posible, junto con la fuerza bruta, sostener a un gobierno espurio. Incluso los gobiernos militares que han llevado a cabo políticas económicas liberales han beneficiado a grupos de civiles, a los que han incorporado a su estructura, en unos casos, y a los que han beneficiado fuera del poder en otros. En el régimen de Pinochet, por ejemplo, los civiles empezaron representando sólo un 13 por ciento del total de ministros en el gabinete, pero en 1987 ya constituían el 70 por ciento del Ejecutivo. En Chile la derecha alcanzaba tradicionalmente entre el 20 y el 30 por ciento del voto, a diferencia de lo que ocurría en Argentina o Uruguay. Ello, sin duda, dio a Pinochet una base de sustentación que las dictaduras militares argentina y uruguaya no tuvieron. Aun así, estas últimas también gozaron, como todas las demás, de la colaboración –el servilismo– de sectores civiles, a los que beneficiaron dentro y fuera de la estructura misma de poder.

La premisa de que toda dictadura se alía con intereses económicos, y civiles en general, vale para las de cualquier signo. El régimen del general socialista Velasco Alvarado, en el Perú, gozó del apoyo de un sector de la oligarquía peruana: la familia Prado, símbolo, por aquel entonces, de esa oligarquía, mantuvo unas relaciones de cama y mesa con el dictador, que expropió haciendas y arruinó industrias con leyes demagógicas, además de que apeló a un cierto corporativismo estilo Lázaro Cárdenas o Juan Domingo Perón al tratar de organizar a la población. La dictadura de Castro cuenta hoy, aunque en pequeña escala, con la entusiasta participación de inversionistas extranjeros que aprovechan el desastre económico de la isla, y la súbita hospitalidad del desfalleciente caribeño, para hacer negocios en ese sistema del *apartheid* donde sólo los turistas acceden a los buenos hoteles o restaurantes.

El fenómeno del mercantilismo, es decir de los grupos de poder económico protegidos por el Estado, es indesligable de las dictaduras militares. Aunque esta conexión existió siempre, fue sobre todo en el siglo xx cuando ella se manifestó con más fuerza. Entre 1870 y 1920, o incluso 1930, los países con las economías más dinámicas y las élites más europeizadas eran también los más democráticos, con la excepción de México. En los años veinte empieza la nueva racha de golpes militares; los países de democracia más sólida, donde las élites económicas son pujantes, sucumben al despotismo nuevamente. En ese fenómeno el mercantilismo tuvo mucho que ver. Las economías eran el coto vedado de un pequeño grupo oligárquico, por lo general vinculado a la tierra, que cerraba el acceso a nuevos intereses, especialmente los urbanos, que pugnaban por un espacio en el mercado, mientras que la clase media se veía limitada en su posibilidad de crecimiento. Este conflicto, derivado en buena parte del cuello de botella de la economía oligárquica, fue un pretexto para la intervención de los militares en lugares como Chile, en 1924, y Brasil, en 1930. En Chile la intervención no duró demasiado, y más tarde Arturo Alessandri devolvió a los civiles al gobierno bajo la constitución legítima sin restaurar demasiado el poder oligárquico, aunque su protocepalismo populista no estimuló, precisamente, esa economía abierta y libre que el nuevo siglo pedía a gritos en un contexto de caducidad del viejo orden terrateniente. En Brasil, Vargas y sus militares introdujeron el *Estado Novo*, al que ya hemos mencionado, y en Argentina, aunque hubo un golpe en 1930, el fenómeno continental no apareció realmente hasta 1943, con la rebelión militar que permitió la llegada del populista Perón. En el Perú ocurrieron las cosas al revés: en lugar de que el surgimiento de la reacción urbana, proletaria, y en cierta forma de clase media, contra el viejo sistema llevara al poder a las expresiones políticas de este fenómeno, los militares se endurecieron para impedirlo. Es lo que mantuvo a Haya de la Torre, y por supuesto, al socialismo de Mariátegui, lejos del Palacio de Pizarro. Pero en todo caso, este conflicto económico relacionado con las oligarquías mercantilistas potenció el militarismo, ya fuera como reacción contra el viejo sistema, o para protegerlo de las nuevas amenazas. Los militares que llegaron al poder en nombre de las mayorías, y en contra de las oligarquías, entronizaron a nuevas –a veces a las mismas– oligarquías y dispararon el tamaño del Estado. Los que reaccionaron en contra terminaron haciendo lo mismo, contagiados por la moda estatista y temerosos de la nueva amenaza social.

El ejército, pues, abrió las puertas al nacionalismo urbano en los años veinte y treinta. En Brasil y Argentina los ejércitos vincularon por primera vez la ideología nacionalista a la sustitución de importaciones, y así surgió con fuerza el nacionalismo económico, una variante del político, al que los militares han prestado en este continente su funesta contribución. Irrumpiendo contra el elitismo para democratizar y «nacionalizar» las economías, los militares, aprovechando la caída de los precios de los productos de exportación y el consiguiente debilitamiento de las oligarquías, además de las presiones de la nueva industria y en algunos casos del petróleo, practicaron nuevas formas de barbarie política y barbarie económica. Reemplazaron al Estado patriarcal de la colonia y el siglo XIX por el corporativismo nacionalista y burocrático. Hizo su ingreso al escenario el concepto de la empresa «estratégica». Al nacionalismo cultural y político, los militares –y no pocos civiles– añadieron el económico. La nueva ola de dictaduras militares, la de los años sesenta y setenta, ya llega, con las excepciones de Pinochet (después de la entrada de Sergio de Castro y los *Chicago boys* al gobierno) y, en menor medida, de Onganía (a través de Martínez de Hoz), bajo el imperio de esas ideas. Los militares brasileños, por ejemplo, fueron determinantes, en los años sesenta, para la entronización de las prácticas derivadas de la «teoría de la dependencia» que buscaba profundizar las políticas del desarrollismo latinoamericano de los años cuarenta y cincuenta por considerar que su fracaso en Brasil, Argentina y Uruguay no era intrínseco sino debido a factores externos. La deuda externa se disparó junto con el gasto público, a la vez su consecuencia y su causa. Todo esto golpeó a los sectores más desfavorecidos, lo que en

muchos países con raíces precolombinas todavía sólidas incluye, por supuesto, a los indios.[9]

En España, el nacionalismo económico, y su primo hermano, el corporativismo, campearon durante las primeras décadas de la dictadura franquista, hasta que en los años sesenta el régimen empezó un lento proceso de modernización
económica. Este proceso, impulsado en años siguientes sobre
todo por el Opus Dei, que entró a formar parte de la estructura de poder, permitió un despegue español del que la democracia se vio beneficiada después. El corporativismo no disminuyó en la medida en que disminuyó el nacionalismo
económico, lo que, además de impedir una modernización más
acelerada, legó a la democracia una pesada herencia de la que
todavía no se desprende del todo. Dicha herencia –vaya ironía– fue especialmente apreciada por el socialismo español,
que, a pesar de su *aggiornamento* ideológico, tiene la natural
tendencia de sus pares al clientelismo, el subsidio y el corporativismo.

En cualquier caso, los militares, de izquierda o de derecha,
gobernaron aliados con grupos de civiles, y con intereses económicos, a los que protegieron y favorecieron a cambio de una
cierta legitimidad civil y económica. Esa retroalimentación
entre intereses económicos y militarismo tiene también una
expresión en el crecimiento de la actividad económica de las
propias castas militares al que nos hemos referido antes.

Existe el mito, en buena cuenta entronizado por el ejemplo chileno, de que los militares producen buenos resultados
económicos. A partir, sobre todo, de los años sesenta y seten-

---

9. El ejército del siglo XIX, en el que la población indígena, por lo menos
en las primeras seis décadas de la centuria, no representaba más del diez
por ciento de los miembros, fue en algunos países el látigo de los indios porque organizó campañas militares contra ellos –por ejemplo contra los arau-
canos, o contra los indígenas argentinos– para facilitar la colonización del
país por los descendientes de europeos; el ejército del siglo XX lo siguió siendo
no sólo por la represión sino por fabricar grandes cantidades de miseria
económica.

ta, cuando nuestras dictaduras tendieron a ser un poco menos caudillistas y más institucionales, los regímenes castrenses buscaron la ayuda de tecnócratas y otros civiles más capacitados que ellos mismos para ocuparse de la economía, mientras los asuntos de la seguridad y el orden quedaban bajo su responsabilidad directa. La estadística muestra a las claras que los militares no sólo no han sido mejores administradores que los demócratas sino incluso peores. Entre 1954 y 1985, el crecimiento del gasto público real de los gobiernos dictatoriales en América Latina fue de 13 por ciento al año, mientras que el de las democracias fue de 5 por ciento al año. El déficit fiscal promedio de las dictaduras en ese mismo período fue 3,4 por ciento y el de las democracias 1,8 por ciento. El crecimiento económico promedio de la dictadura uruguaya, entre 1973 y 1985, fue 1,5 por ciento, el de la colombiana, entre 1956 y 1957, 2,2 por ciento, el de la peruana, entre 1968 y 1980, 3,8 por ciento, el de la argentina, entre 1966 y 1973, 3,4 por ciento y el de la chilena, entre 1974 y 1986, 2,4 por ciento. Todas estas cifras son muy pobres si se tiene en cuenta el crecimiento de la población y ciertamente no justifican, desde el punto de vista macroeconómico, el tipo de régimen que las acompañó. Entre 1954 y 1984, los programas de estabilización que más fracasaron en América Latina fueron los realizados por gobiernos militares.[10] En el caso chileno, el crecimiento entre 1973 y 1986 fue menor que el registrado entre 1950 y 1972, que ascendió a 3,9 por ciento al año. El despegue de la dictadura chilena fue sólo en los últimos años, no sólo por razones relacionadas con la maduración de las reformas sino también por las limitaciones del sistema y los errores cometidos. No hay que olvidar que ese país representaba en 1970 el cuarto ingreso per cápita de América Latina, mientras que en 1986 el ingreso había caído al séptimo lugar (y no todo se debía al desastre 1970-1973). Los

10. Las cifras figuran en los informes del Fondo Monetario Internacional *IMF, Monthly Financial Statistics 1954-1987* e *IMF International Finance Statistics 1954-1985.*

resultados económicos de la democracia reinstaurada en 1989 han sido muy superiores a los de la era Pinochet, algo que, por ejemplo en el área del desempleo, coloca a Chile en un lugar prominente incluso frente a países desarrollados.

Los otros gobiernos militares con fama de «liberales» son el argentino y el uruguayo. Fueron liberales sólo sobre el papel. En la práctica, produjeron déficit fiscal, no redujeron los aranceles de manera significativa y sólo lo hicieron al final, y Uruguay privatizó una sola empresa, mientras que Argentina, que privatizó algo más, vio crecer la presencia del Estado en otras áreas de la economía; ninguno de los dos emprendió una desregulación importante de la vida económica. Con excepción de la chilena, gracias a que Pinochet dejó en manos de los *Chicago boys* el tema económico, que no entendía, y sólo a partir de una última etapa, nuestras dictaduras no han representado una mejora sustancial de la economía, incluso si en casos aislados han hecho las cosas menos mal que sus antecesores o se han beneficiado de altos precios en los mercados de exportación.

Coletazos españoles

El episodio golpista del 23 de febrero de 1981 en España recordó a los españoles que de una dictadura de cuarenta años no se sale fácilmente y que instituciones curtidas en un clima político bestialmente autoritario, como era el caso del ejército y la policía bajo el franquismo, tardan mucho tiempo en adaptarse a la democracia y el Estado de Derecho. Los protagonistas, como el teniente coronel Antonio Tejero, que tomó el Congreso, junto con el capitán de infantería Ricardo Sáenz de Ynestrillas, con uniforme, correajes, tricornio y pistolas, en medio de las ráfagas de los subfusiles Star y los Cetmes, o Jaime Milans del Bosch, capitán general de Valencia, que sacó los tanques a la calle casi al mismo tiempo, eran sólo caricaturas de un problema más de fondo. La conspiración tocaba puntos neurálgicos del ejército –incluyendo al general Alfonso Armada, segundo jefe del Estado Mayor– y, de no ser por el hecho de que la división acorazada Brunete, que debía tomar Madrid, rehusó sumarse a los golpistas, pudo haber tenido éxito.

La dictadura politiza a los militares, los convierte en una institución al servicio de determinada causa, o partido, o caudillo, modificando así la naturaleza esencial de su función, que debe ser políticamente neutra, abarca al conjunto de la sociedad y no está exenta de las obediencias que impone la legalidad a los civiles. Los militares españoles se curtieron en una filosofía conservadora autoritaria a lo largo de los últimos dos siglos, con la excepción de los militares liberales del primer tercio del XIX y, luego, los llamados jóvenes oficiales árabes. La república politizó también la función militar, ya sea porque añadió a las instituciones de la seguridad nuevos militares al servicio de una ideología, o porque provocó una reacción de los conservadores, o porque fue débil frente a la proliferación de milicias, que no son otra cosa que civiles convertidos en militares, enteramente partidarizados. Pero el franquismo, que triunfó en la guerra y gozó de la estabilidad necesaria, acabó de convertir al ejército, la policía y el servicio de inteligencia (CESID, creado en 1977), en los brazos armados de una cierta visión de España, situada en las antípodas de la modernidad europea. Una vez llegada la democracia, los militares se debieron adaptar a una situación que les era ajena –tan ajena como que la mayoría de ellos, incluyendo a los golpistas de 1981, habían sido formados en las academias militares fundadas por el dictador–. Los primeros años democráticos, con su carga de huelgas, atentados de ETA contra militares, aislados ramalazos golpistas como la «operación Galaxia» y pasiones desatadas por el Estado de las autonomías, exacerbaron un ánimo que no estaba todavía hecho para la democracia ni le guardaba, en todos los casos, la lealtad indispensable. Otros españoles sí lo estaban –empezando por el Rey Juan Carlos, y contando a muchos militares, por supuesto–,

y por ello el golpe fracasó. Pero la tarea de desideologiza-
ción y despolitización del ejército y la policía, que hizo grandes avances desde el susto de 1981, ni siquiera en años recientes ha terminado del todo, como lo demuestran ciertos sectores del aparato de la seguridad, especialmente el CESID,
dedicado a tareas que poco tienen que ver con la verdadera
seguridad nacional y mucho con el espionaje y el chantaje
políticos. El CESID bajo el gobierno del PSOE era, en cierta forma, el CESID de Franco, es decir heredero de una
cierta visión de la política y el papel de las instituciones oficiales, y por ello fue fácil que ciertos sectores entraran,
arrastrados, o por lo menos acompañados, por civiles, a formar parte del entramado político de la corrupción, una nueva forma de golpismo porque contribuía a devaluar la democracia y la legalidad. Y, por supuesto, allí está la barbarie de
ETA, que, como en todas partes donde el terrorismo se enfrenta
a la democracia, ha provocado en estos años un escandaloso
abuso del Derecho por parte del enemigo dedicado a combatir-
la. El desfase entre la modernidad de España, por un lado, y
sus servicios de inteligencia y sus quistes antidemocráticos, por
el otro, como los escuadrones de la muerte formados en los años
ochenta bajo el apelativo GAL, demuestra que la tarea de purgar a las fuerzas de seguridad españolas de los males secula-
res de una centuria con más dictadura que democracia es len-
ta. Que España haya tomado ahora la valiente –aunque
tardía– decisión de eliminar el servicio militar obligatorio y
profesionalizar al ejército demuestra que, a pesar de estos
casos aislados, el conjunto avanza en la buena dirección, algo
que la integración creciente con Europa afianzará.

Es hora de que nuestros países encaren la relación entre civiles y militares como la encaran los países más civilizados de la
Tierra para que deje de ser, como ha ocurrido a lo largo de dos
siglos, una de las fuentes de nuestro subdesarrollo tanto político como económico. Decir esto no es desconocer que en la

historia republicana de nuestros países hay militares heroi-
cos que han dado su vida por defender a su patria, tanto contra enemigos externos como contra enemigos internos, ni que,
al mismo tiempo que escuadrones de la muerte y generales
incapaces de resistir cañonazos crematísticos, ha habido militares honrados. Pero, hechas las sumas y las restas, los
militares han sido principalísimos factores de miseria en
América Latina por dedicarse, precisamente, a aquellas tareas para las que no fueron mandatados por las sociedades
que les confirieron el monopolio de la fuerza con la condición
de usarla para proteger, en lugar de destruir, la legalidad y
el Derecho. Porque esta última desnaturalización de la función militar ha hecho de nuestros ejércitos enemigos de la
libertad, los mejores ejércitos latinoamericanos han sido,
como el costarricense desde hace medio siglo, los que no han
existido. No tendría que ser necesario disolver los ejércitos
para que éstos gocen del respeto de los ciudadanos: la existencia de ejércitos leales a la democracia en los países donde el
Estado de Derecho es parte de la normalidad cotidiana hace
de la función militar algo tan respetado que hasta confiere
estatus social el pertenecer a alguna de sus armas. Es la razón por la que en el Reino Unido, por ejemplo, los varones de
la Familia Real por lo general han escogido hacer carreras
militares. En todo caso, América Latina deberá tener claro,
ahora que se plantea frenéticamente el desafío de la modernidad, que uno de los obstáculos que frenan el despegue real
—es decir integral, no sólo económico sino también político— de
nuestras naciones es la distorsión de la función castrense.
Y que, si prefiere no disolver unos ejércitos que van quedan-
do muy desfasados de las necesidades de la vida actual (con
excepciones de países que enfrentan subversiones, en los que
la disolución sería ahora mismo suicida), deberá sacudirles
doscientos años de polvo en el uniforme.

ROBIN HOOD CONTRA LOS POBRES

El 27 de diciembre de 1980, en la incierta luz del amanecer, los primeros limeños que acudían a su trabajo en el centro de la ciudad fueron estremecidos por un espectáculo insólito: de los postes del alumbrado público, a diez cuadras a la redonda, colgaban docenas de cadáveres de perros degollados, con su pelambre embadurnada de negro y con letreros que decían «Den Xiao Ping, hijo de perra». A la vista de estos carteles, los transeúntes más informados debieron suponer que se trataba sólo de una espeluznante protesta, a cargo de algunos energúmenos, por la llegada al Perú del canciller de la República Popular China. Pero nadie llegó a imaginar entonces que aquella masacre de perros anunciaba el desarrollo de una acción terrorista que, a lo largo de la década de los ochenta y buena parte de los noventa, iba a ocasionar en el Perú la muerte de veinticinco mil personas, si no más, y un costo calculado oficialmente en cerca de veinte mil millones de dólares (exactamente $ 19.440.984.000 millones).

Detrás de esta acción terrorista, las alucinaciones ideológicas de un oscuro profesor de provincia. Por muchos años, antes de su captura el 12 de septiembre de 1992, Abimael Guzmán dejó flotar en torno suyo una atmósfera casi sobrenatural de enigmas y pavor. Hijo natural de un importador mayorista, nacido en Tambo y educado en el Colegio La Salle de Arequipa, Guzmán se haría notar como un férreo estudiante de filosofía en la Universidad Nacional de San Agustín de dicha ciudad, admirador de Kant (su tesis de grado se llamó *Sobre la teoría kantiana del espacio)* y a la vez devoto de Pablo Neruda y de César Vallejo. Casado con una joven comunista llamada Augusta la Torre, se haría militante del Partido Comunista del Perú y se establecería en Ayacucho, una tranquila y casi olvidada ciudad de la sierra peruana, llena de soberbias iglesias coloniales, en cuya Universidad, la recientemente reabierta Universidad de Huamanga, obtuvo una cátedra de filosofía al lado de un hirviente grupo de catedráticos marxistas. Como profesor, Guzmán inspiraba en sus alumnos una reverente fascinación. Como militante, resultó ser un intransigente defensor de la ortodoxia marxista y un admirador de la dura línea de Stalin. Jamás le produjeron alarma las purgas, genocidios y «gulags»: en efecto, ¿qué importaban una, cien, mil o un millón de vidas cuando se trataba de abrirle paso al futuro y hacer girar la rueda de la historia? Dueño de esta concepción apocalíptica, los grises sucesores de Stalin fueron para él sólo una banda despreciable de revisionistas. Considerándolos tibios y cómplices del capitalismo, decidió apartarse para siempre de la línea de Moscú para ingresar en la versión maoísta del Partido Comunista del Perú. Mao Tse Tung se convirtió en su guía supremo, la figura sacramental de su culto revolucionario. Guzmán viajó a la China, donde ardían ya las primeras hogueras de la revolución cultural. Cuando murió el presidente Mao, sus sucesores volvieron a ser vistos por Guzmán como otra banda de traidores revisionistas que habían dado sepultura definitiva a la revolución cultural y encarcelado a la camarada Ciang Ching, viuda de Mao, y a sus amigos. A partir de aquel momento, el único centinela de la pureza y de la ortodoxia revolucionaria absoluta fue para él el camarada Pol Pot. Lo que el mundo llamó genocidio en Camboya, para Guzmán fue una necesaria empresa depuradora digna de ser tomada como ejemplo. Ese fundamentalismo suyo, sin embargo, no fue aceptado por la totalidad del partido, cuya unidad se quebró en dos líneas: una blanda, que adoptó el nombre de Patria Roja y una línea dura, que se llamó Bandera Roja. A la cabeza de esta última quedaron Guzmán y el llamado grupo de Ayacucho. Bandera Roja se convertiría en Sendero Luminoso. Los perros que este grupo de maoístas fanáticos hicieron colgar poco después en los postes de luz no sólo expresaban su condena al revisionismo de Den Xiao Ping: eran también el macabro anuncio de que dejaban definitivamente la lucha legal para iniciar la acción armada en el Perú.

La enajenación ideológica

El desvarío ideológico que lanzó a Guzmán y a sus amigos y seguidores en esta aventura era sólo una variante, más alucinada y absolutista, del que hizo surgir guerrillas en buena parte del mapa continental en la década de los sesenta; guerrillas que ensangrentaron hasta hace poco a Guatemala y El Salvador y que aún hoy, pese a todo su anacronismo, amenazan muy seriamente a un país como Colombia. Tal desvarío es naturalmente de estirpe marxista y tiene como fundamento la idea de que la cirugía revolucionaria es el único remedio eficaz para rescatar al pueblo de su pobreza ancestral. Al gradualismo en el proceso de la lucha de clases y al desarrollo de unas supuestas condiciones objetivas que harían posible un proceso revolucionario –concepción ortodoxa de los partidos comunistas– el Che Guevara opuso en los años sesenta la opción redentora y supuestamente más expeditiva y eficaz de las armas. Para estos apóstoles de la lucha armada, todavía inmunes al fracaso del comunismo y del llamado materialismo histórico, la violencia, según la frase marxista tantas veces repetida por el Che, sería la gran partera de la historia. Con ella se liberaría a los pueblos de una doble explotación: la del imperialismo y de las clases opresoras.

Mirada en la luz crepuscular de este fin de siglo, cuando el comunismo sólo aparece como un accidente más en la historia teñida en sangre de las utopías totalitarias, la realidad de la llamada opción revolucionaria no puede ser más desastrosa. Quienes pretendían liberar a los pobres con ayuda de bombas y fusiles, destruyendo los fundamentos de un régimen democrático, sólo han traído a sus países ruina y sangre. Tal vez han sido ellos –ya lo veremos– los mayores fabricantes de miseria. Pero, allí donde todavía prosiguen su sangrienta empresa, esta evidencia no los desarma porque tienen de su lado el amparo de una ideología que, a espaldas de la realidad, suministra a su acción toda suerte de justificaciones. Pues como bien lo ha señalado en *El conocimiento inútil* Jean François Revel,[1] la ideología les suministra tres peligrosas dispensas.

La primera de ellas es una dispensa intelectual pues sustituye el análisis objetivo de los hechos y el conocimiento de realidades complejas, con todas sus variables, por esquemas teóricos más o menos simplistas que retienen sólo los elementos útiles a sus pretendidos postulados o demostraciones desechando u omitiendo aquellos susceptibles de contradecirlos o refutarlos. En particular la ideología marxista –disfrazada, por cierto, de método de análisis científico aplicado a la historia– suministra fáciles cartillas de interpretación política y económica y afirma dogmas como el de la lucha de clases, el de la dictadura del proletariado o el del partido único, base de una nueva y asupuesta forma de democracia, sin confrontarlos con la realidad, confrontación que resultaría demoledora para esas frágiles construcciones teóricas.

La segunda dispensa es moral. Ella, dice Revel, «liquida toda noción de bien o de mal para los actores ideológicos; o más bien, el servicio de la ideología ocupa el lugar de la moral». Así, lo que para cualquier ciudadano sería un crimen, un delito execrable, para el dirigente de una organización guerrillera es sólo una acción puntual de una justificada guerra revolucionaria. «Objetivo militar» es todo cuanto se oponga a ella. Así, por ejemplo, el asesinato a sangre fría de setenta pobres campesinos, el 3 de abril de 1983, en los poblados de Santiago de Lucanamarca y de Huancasancas, en el departamento de Ayacucho (Perú), realizado por Sendero Luminoso, fue justificado por Abimael Guzmán diciendo: «lo principal es que allí dimos un golpe contundente y los sofrenamos» (a los indígenas) y «no hay construcción sin destrucción». Los miles de

---

1. Revel, Jean Fançois, *El conocimiento inútil*, Planeta, Barcelona, 1989.

secuestros realizados en Colombia por el ELN y por las FARC son presentados como «retenciones con una liberación bajo fianza» y los asaltos a las entidades bancarias como «expropiaciones anticipadas». Las setecientas voladuras del oleoducto petrolero Caño Limón-Coveñas, que produjeron pérdidas millonarias y una verdadera catástrofe ecológica en la zona nororiental de Colombia y aun en Venezuela por la contaminación de las cuencas hidrográficas, eran explicadas por el cura Manuel Pérez, jefe del ELN hoy desaparecido, como una medida patriótica «a fin de evitar que las multinacionales se llevaran nuestro petróleo». Cada bala disparada sobre un enemigo de la revolución –y ese enemigo puede ser simplemente quien por respeto al ordenamiento jurídico de un país no apoya la subversión– está encaminada, como decía el propio Che Guevara, a asegurar un futuro radiante a los niños por nacer. En suma, en esta «hoguera de creencias» que constituye una ideología, los escrúpulos morales desaparecen o se confunden con el objetivo señalado por ella. Por esa vía, hasta el genocidio puede resultar santificador. El dogma ideológico, como el dogma religioso, se alimenta de una fe ciega y reverente. En una entrevista para *El Diario*, Guzmán decía: «La ideología del proletariado, el Marxismo-Leninismo-Maoísmo, y en especial el Maoísmo, es la única ideología todopoderosa porque es verdadera.» Y si se le hubiese preguntado por qué era verdadera, habría dicho seguramente: «porque es todopoderosa». Como se ve, en estos fanáticos la indigencia intelectual pisa abiertamente ciertas formas de cretinismo.

La tercera dispensa es práctica. No es necesario verificar si los presupuestos ideológicos llegan a cumplirse. Los fracasos no cuentan. Siempre hay una excusa, una explicación para los terminantes desmentidos que la propia realidad inflige a los sueños del revolucionario. Para éste, por ejemplo, la Cuba de Castro será un paradigma, el único país donde se ha eliminado la explotación capitalista y la pobreza. De nada le servirán las evidencias estadísticas. Sería, en efecto, fácil demostrarle que los salarios allí oscilan entre cien y cuatrocientos cincuenta pesos cubanos al mes (es decir, de cinco a veinte dólares), lo cual coloca a la población de ese país entre las más pobres del continente, al borde mismo de la desnutrición, y expone a miles de cubanas a la prostitución para sobrevivir. Inútil: la ideología es testaruda. En nombre de ella, a la pobreza se la combate prodigando la muerte como remedio quirúrgico y poniendo como meta el país donde los únicos que escapan a la penuria general son los turistas provistos de dólares.

Sin esa flagrante enajenación, no se explican en el continente latinoamericano las guerras de liberación emprendidas en varios países, hace algo más de treinta años, bajo la inspiración de la revolución cubana o, lo que es aún más extravagante, del Vietnam o de los kémeres rojos de Camboya. Hubo en muchos de sus iniciadores, desde luego, el poder hipnótico producido por la llegada de los barbudos a La Habana y toda la mitología que, con ayuda de la prensa internacional y sobre todo de la izquierda europea, se tejió en torno a ellos. La revolución cubana y la revolución sandinista fracasaron en su propósito de crear una sociedad más justa. Quizá acabaron con los ricos pero no con los pobres; al contrario, los aumentaron considerablemente. No obstante, muchos siguieron sus pasos en otros países con una iluminada y sin duda honesta convicción. Algún día se escribirá la historia de ese sueño revolucionario que la violencia oscureció hasta convertirlo en una pesadilla. Quienes murieron antes de verle su verdadera cara tuvieron la suerte de quedar para los suyos en el mausoleo de los románticos y de los mártires. La lista es larga en cada país y en ella sobresalen algunos nombres emblemáticos que reciben todavía, de parte de intelectuales y artistas, el homenaje de discursos, canciones y poemas. Bien es sabido ya que la izquierda continental y tal vez la del mundo entero es una mezcla de emociones fuertes y de ideas simples. Por ello es propensa a fabricar mitos.

Héroes y tumbas

Quizá el más difundido de todos ellos es el creado en torno a la figura del Che Guevara, objeto de una curiosa idolatría sin fundamento en la realidad. Según esa imagen enteramente subliminal, el Che Guevara es visto en el imaginario colectivo como una especie de Cristo revolucionario que dio su vida por una causa redentora de los pobres. Ese mito fue levantado sobre dos artificios. El primero se detiene en las intenciones generosas de su lucha sin ver los medios que puso a su servicio y las supersticiones ideológicas que la sustentaron. El otro artificio es de carácter iconográfico y se relaciona con la imaginería cristiana puesta al servicio, en esta ocasión, de la cruzada revolucionaria. Tal es el efecto subliminal de la famosa fotografía de Korda, reproducida en millares de carteles a lo largo y ancho del mundo, y sobre todo esa imagen final, fotográfica también, que nos lo muestra tendido en una mesa, en Vallegrande, muerto y con una extraña placidez en el rostro, misteriosamente parecido al Cristo yacente de Mantegna.

La aureola que rodea su nombre, sin embargo, empieza a ser pulverizada fríamente por sus biógrafos más objetivos. Pierre Kalfon, Jorge Castañeda o Jon Anderson, nos revelan, es cierto, a un hombre inteligente y valeroso, pero también duro y por momentos inhumano en su afán de poner desaforadamente su voluntad al servicio de utopías sangrientas inspiradas en el catecismo marxista leninista. Fervoroso admirador de Stalin (hasta el punto de firmar algunas cartas suyas con el seudónimo de Stalin II), el Che Guevara consideraba como instrumentos esenciales de lucha a la violencia y al odio; «el odio intransigente al enemigo, que impulsa más allá de los límites naturales al ser humano y lo convierte en una eficaz, violenta, selectiva y fría máquina de matar». Tales eran sus palabras. Impregnado de un inflexible dogmatismo, empeñado en crear a cualquier precio un «hombre nuevo» capaz de renunciar a todo en busca de un mañana mejor –ese mito del mañana, siempre inalcanzable por cierto, que hace de la historia un sustituto de Dios–, todo dentro de él estaba dispuesto para convertirlo en el amo de una cruzada totalitaria. ¿Qué habría sido de él si hubiese triunfado su empresa de crear en América uno, dos, muchos Vietnams? La manera como confirió a su propia voluntad un poder tiránico, que le imponía esfuerzos y sacrificios sobrehumanos, lo impulsaba a exigir lo mismo de quienes comandaba. Y cuando esto ocurre, cuando un furioso empeño individual hecho sólo de voluntarismo ciego se quiere convertir en empeño colectivo, lo sobrehumano se vuelve simplemente inhumano y despótico. De esta madera están hechos todos los Robespierre de la historia.

La leyenda del Che y la de otros hombres que dieron su vida por este ensueño revolucionario, propagada por la izquierda en todo el mundo, acaba por ocultarnos, en primer término, las manipulaciones y fríos cálculos políticos que hubo detrás de la acción guerrillera en los años sesenta y, luego, las realidades atroces que ésta desencadenó y sigue produciendo en los países donde subsiste. Ahora es de dominio público que Castro, en aquella época, alentó la creación de movimientos guerrilleros a lo largo y ancho del continente simplemente como una estrategia defensiva, cuando se sintió amenazado por Estados Unidos. Era una manera de distraer la atención del Departamento de Estado trasladando a un escenario continental los factores de conflicto en vez de dejarlos concentrados en el ámbito, para los norteamericanos vecino y provocador, de Cuba. Para ello, entrenó cientos o miles de jóvenes latinoamericanos en la isla y los envió a las montañas de sus respectivos países, cuando no secundó su naciente acción subversiva con el suministro de armas y a veces, con el envío de destacados oficiales suyos a los frentes de combate como ocurrió en Venezuela con el futuro general Arnaldo Ochoa.

Esta aventura tuvo un catecismo muy oportuno, auspiciado por el propio Castro: fue el libro de Régis Debray *¿Revolución en la revolución?,* que introdujo modificaciones cosméticas a la ortodoxia marxista acerca de las condiciones

objetivas necesarias para desencadenar un proceso revolucionario. Según dicha obra, que aspiraba a sacar las conclusiones teóricas de la experiencia revolucionaria cubana, bastaba un foco armado, compuesto por hombres intrépidos, para
abrirle a la revolución, de manera inmediata, un camino.
Con este catecismo en su mochila, muchos jóvenes idealistas
se fueron al monte. ¿Cuántos murieron? Nunca se sabrá.
Delirio, en unos casos, interesada manipulación desde La
Habana en otros, el mito revolucionario devoró vidas valiosas a todo lo largo del continente. Hubo figuras como el cura
Camilo Torres o Manuel Vásquez Castaño en Colombia, como
Fabricio Ojeda en Venezuela, Jorge Ricardo Masetti en la
Argentina, Javier Heraud, Guillermo Lobatón o Luis de
la Puente en el Perú, Alejandro de León o Luis Augusto Turcios Lima en Guatemala que, buscando repetir en sus respectivos países la empresa exitosa de Castro en Cuba, murieron
en la década de los sesenta, algunos de ellos en la primera
fase de la lucha armada. Otros, como el poeta Roque Dalton
en El Salvador o Jaime Arenas, Julio César Cortes o Ricardo Parada en Colombia fueron «ajusticiados» por sus propios
compañeros de armas acusados de supuestos desvíos revolucionarios. Mejor suerte corrieron quienes en algún momento
de su actividad subversiva fueron detenidos, encarcelados o
juzgados, y posteriormente amnistiados como fue el caso del
trotskista Hugo Blanco, en el Perú, de Teodoro Petkoff en
Venezuela y Antonio Navarro Wolf en Colombia. Jefes de
movimientos políticos legales de izquierda, llegarían al Congreso; dos de ellos, Petkoff y Navarro, serían, además de candidatos a la presidencia, ministros en sus respectivos países de
gobiernos, por cierto, bastante lejanos a sus concepciones
marxistas de juventud.

De los nombres atrás citados, vale la pena retener el del
cura Camilo Torres. No sólo por haber quedado iluminado,
como el del Che Guevara, por una aureola de leyenda sino
especialmente porque, en virtud de ese halo santificador, se
convirtió en ejemplo y referencia de los eclesiásticos todavía

enajenados en el continente, y tal vez en otras latitudes, por la llamada Teología de la Liberación. La realidad no oscurece, en realidad, la aventura de este sacerdote y sociólogo colombiano, muy carismático entre los universitarios de su país en aquellos febriles años sesenta, pero sí permite examinarla con mayor objetividad. Condiscípulo y amigo de García Márquez en la Universidad Nacional, antes de ingresar en el seminario, Camilo Torres tuvo desde su adolescencia una generosa vocación apostólica. Seducido por el precepto cristiano del amor al prójimo, quería hacer el bien y, sobre todo, compartir la suerte de los pobres y ayudarlos. Sus estudios en la Universidad de Lovaina, en Bélgica, no hicieron sino conferirle a esta vocación una dimensión académica. El joven sacerdote fue, desde entonces, un estudioso de los problemas sociales de su país. Alternando sus cátedras con experiencias directas en los barrios pobres de Bogotá, debió resultarle a la postre irrisoria, desalentadora, toda la acción caritativa que cumplió en aquellos suburbios y tal vez insoportable el contraste de tanta miseria con la vida de la alta clase social bogotana, en cuya vecindad, por familia y apellidos, había crecido. La efervescencia revolucionaria que hervía en las aulas de la Universidad Nacional, el ejemplo cubano y sobre todo la idea de que el amor cristiano para ser efectivo –o eficaz, como él decía– requería un orden social distinto, lo llevaron, sorpresivamente para sus propios amigos, a crear un movimiento político, el Frente Unido, y luego a la lucha armada que el llamado Ejército Nacional de Liberación había emprendido en el montañoso departamento de Santander, al nororiente del país. Su aventura guerrillera terminó muy pronto. Hombre montaraz, entrenado en Cuba sin que por ello perdiera los bigotes y la arrogancia de un caudillo rural de otros tiempos, Fabio Vásquez Castaño, fundador del ELN, lo vio llegar a las montañas con sumo recelo. No quería que nadie le hiciera sombra. Aspiraba a ser el Castro colombiano. Así que le recordó al recién llegado su condición de simple soldado, sometido a sus órdenes, y lo lanzó al primer combate, de una manera suicida, sin arma alguna y exigiéndole que recogiera la primera que encontrara entre los soldados caídos. Y así, estúpidamente, murió Camilo Torres. Quizá este prematuro y trágico desenlace fue, después de todo, una suerte suya, pues no tuvo tiempo de ver la pesadilla que siguió después: todos los líderes universitarios amigos suyos, que, siguiendo su ejemplo, se enrolaron en la guerrilla, fusilados o asesinados por orden de Vásquez Castaño, tras sumarios consejos de guerra. Vásquez no quería universitarios incómodos a su lado que hicieran patente la rusticidad de su formación. Los suprimió. Y sobre todas estas tumbas que él mismo hizo cavar, alzó en su favor el mito del cura guerrillero y dejó que éste se propagara a los cuatro vientos (hoy el ELN se llama, en realidad, Unión Camilista Ejército de Liberación Nacional).

Con el mismo poder sugestivo que siglos atrás tuvo el del buen salvaje, dicho mito cruzó el Atlántico y llegó a España para encender la imaginación de tres curas aragoneses. José Manuel Pérez Martínez, Domingo Laín y Juan Antonio Jiménez tenían en común el sueño apostólico de compartir la vida y desventuras de los pobres siguiendo el ejemplo de los curas obreros de Francia y la acción, en París, del abate Pierre y de los traperos de Emaüs. Con la idea de «ser uno más de los que en el mundo no tienen casa, ni cama, ni mesa», como decía Laín, abandonaron sus pueblos en aquellas tierras de viñedos y cultivos de remolacha y se fueron primero a París, luego a Arras y más tarde a las minas de carbón del norte de Francia y de Bélgica. Finalmente, detrás del mismo empeño de llegar a los parajes extremos de la pobreza, recalaron en la República Dominicana, vivieron en la provincia de San Juan de la Majuana, muy cerca de la frontera con Haití, habitada por una población negra y analfabeta. Expulsados por las propias autoridades eclesiásticas del país, llegaron a Cartagena de Indias, en Colombia, se instalaron en los barrios miserables que se extienden en torno a la Ciénaga de la Virgen, dispuestos, como en la República Dominicana, a compartir la vida de los pobres. La miseria que veían en torno suyo, las censuras al capitalismo hechas en la encíclica *Populorum Progressio* y las justificaciones dadas a la opción revolucionaria por el Concilio Vaticano Segundo y sobre todo por la II Conferencia General Episcopal de Medellín los llevarían muy poco tiempo después a enrolarse, como años atrás lo había hecho Camilo Torres, en el Ejército de Liberación Nacional (ELN). En esta aventura guerrillera, la suerte de los tres curas sería muy diversa. Laín moriría en un enfrentamiento con el ejército y José Antonio Jiménez a consecuencia de las penurias sufridas en sus largas marchas por la selva. Pérez sobreviviría milagrosamente a un combate donde los suyos fueron diezmados y más tarde a un consejo de guerra ordenado por Vásquez Castaño por motivos disciplinarios: condenado a muerte, la pena le fue finalmente conmutada por una expulsión temporal de la guerrilla. Reincorporado a filas, acabó sustituyendo al propio Vásquez, fundador del ELN, como comandante supremo de esta organización guerrillera. La enajenación ideológica, propia de la llamada opción revolucionaria, no tardaría en convertir al apóstol, amigo de los pobres, en la temible cabeza de una sangrienta organización terrorista. Su idea del «amor eficaz», expuesta muchas veces por él para justificar su doble condición de sacerdote y guerrillero, lo llevaría a ver a la violencia revolucionaria como una terapia redentora y a considerar como legítimo todo lo que contribuyera al triunfo del movimiento armado: asaltos, asesinatos, bombas, secuestros. Antes de morir en Cuba, a comienzos de 1998, a consecuencia de una hepatitis, Pérez le infligió a Colombia, durante sus largos años como supremo comandante del ELN, un abrumador baño de sangre. A él se debieron las tristemente célebres minas «quiebrapatas». Fabricadas en los campamentos guerrilleros, según modelos importados del Vietnam, y colocadas en fincas y plantaciones, han dejado en las aldeas colombianas renuentes a la guerrilla docenas de campesinos y campesinas sin piernas. Como consecuencia de esta supuesta guerra de liberación, los pobres de las extensas zonas rurales del país se volvieron más pobres, pues para salvar sus vidas más de un millón de ellos han tenido que huir de los campos y engrosar los cinturones de miseria de las ciudades colombianas. Obligados a pagar elevados impuestos a la guerrilla –la famosa «vacuna»– y frecuentemente amenazados de secuestro, muchos propietarios agrícolas debieron abandonar fincas y haciendas, lo cual ha representado una considerable baja en la producción agrícola y ganadera del país y, por lo consiguiente, más desocupación y penuria en el campo. Víctimas del delirio terrorista, que señala como «objetivo militar» a quien se considere un obstáculo para el avance de la subversión armada, han muerto en Colombia no sólo militares y policías, sino también periodistas, dirigentes políticos, alcaldes, jueces, parlamentarios y concejales municipales por el solo hecho de no plegarse a los dictámenes de la guerrilla o por oponerse a ella. Incluso jerarcas eclesiásticos: en octubre de 1989, un obispo, monseñor Jesús Emilio Jaramillo Monsalve, fue asesinado por el frente Domingo Laín del ELN, en el departamento de Arauca. Y tres años y medio más tarde, en mayo de 1993, un sacerdote español, Manuel Cirujano, muy popular entre los campesinos de San Jacinto, una aldea de la costa colombiana donde se había establecido treinta años atrás, fue secuestrado, castrado y muerto a golpes por el frente guerrillero Francisco Garnica como represalia por sus sermones, en los cuales condenaba a la Teología de la Liberación considerando que la violencia no era evangélica ni cristiana. No obstante estas atrocidades, la guerrilla en Colombia ha contado con el apoyo de numerosos sacerdotes y de algunos altos jerarcas de la Iglesia Católica, comprometidos, desde el Concilio Vaticano II, con las diversas formas de la llamada acción revolucionaria.

El Pol Pot de los Andes

Abimael Guzmán no tuvo necesidad de los malabarismos ideológicos de Pérez y otros clérigos empeñados en conciliar sus principios religiosos con los de la lucha armada, aunque su objetivo fuera el mismo –la supuesta redención de los pobres– y pusieran en la mira idénticos enemigos: el imperialismo y la llamada por todos ellos «burguesía neocolonial». El fundador de Sendero Luminoso, que en la guerra adoptaría el nombre de Presidente Gonzalo, tiene el triste mérito de haber sido siempre consecuente con las ecuaciones teóricas que predicaba en sus cátedras universitarias: un marxismo leninismo maoísmo supuestamente enriquecido o adobado con algunos aportes suyos. En efecto, desde su primera proclama de guerra, en 1980, titulada «somos los iniciadores», Guzmán se definió sin modestia como la cuarta espada de la revolución después de Marx, Lenin y Mao. «El vórtice se acerca –escribió entonces en un arranque de apocalíptico lirismo– el vórtice está comenzando, crecerán las llamas invencibles de la revolución convirtiéndose en plomo y acero, y del fragor de las batallas con su fuego inextinguible saldrá la luz, de la negrura a la luminosidad y habrá un mundo nuevo... Sueños de sangre de hiena tiene la reacción, agitados sueños estremecen sus noches sombrías; su corazón maquina siniestras hecatombes, se artillan hasta los dientes, pero no podrán prevalecer, su destino está pesado y medido. Ha llegado la hora de ajustarle las cuentas.» Mezclando profecías de la cultura incaica con las leyes del materialismo histórico, Guzmán decidió dividir la historia del Perú en tres etapas: una oscura, «de cómo prevalecieron las sombras»; otra esperanzadora, «de cómo surgió la luz y se forjó el acero» y una tercera abiertamente triunfalista, «de cómo se derrumbaron los muros y se desplegó la aurora». Todo el lenguaje y el ceremonial de Sendero Luminoso, impuesto por Guzmán, provenía de una extraña amalgama de ritos andinos ancestrales y de letanías maoístas. Así, por ejemplo, los guerrilleros de Sendero Luminoso tenían en su agenda cotidiana más de veinte saludos a su jefe, uno de los cuales lo exaltaba como «el más grande marxista-leninista-maoísta pensamiento Gonzalo hoy viviente, gran estratega, político, militar, filósofo, maestro de comunistas».

Esta explosión de megalomanía, de admoniciones bíblicas y de fanatismo produciría hilaridad, si no hubiese venido acompañada de reales horrores. La supuesta etapa histórica iniciada por Sendero Luminoso y expresada metafóricamente en el derrumbe de muros y el despliegue de la aurora, se inició en la década de los ochenta y de los noventa con más de veintitrés mil acciones que, además de asaltos, atentados y masacres de campesinos, incluyeron voladuras con dinamita de instalaciones eléctricas, telefónicas o de televisión, líneas férreas, represas, puentes y tanques de agua y bombas incendiarias en juzgados, empresas estatales, locales de partidos políticos, bancos, fábricas, almacenes, embajadas e iglesias. El periodista inglés Simon Strong, en su libro *Sendero Luminoso*[2] nos recuerda: «En las calles, sobre todo del distrito de clase alta de Miraflores, estallaron cartuchos de dinamita, también hubo bombas en las oficinas de los periódicos y ocupaciones de las estaciones de radio. El Hipódromo de Arequipa fue blanco de un ataque con dinamita, al igual que la sinagoga de Lima, el Congreso y la torre de control del aeropuerto de Ayacucho. Las haciendas sufrieron incursiones y su ganado y cosechas fueron repartidos entre los campesinos más pobres. Los terratenientes más ricos fueron asesinados, también los líderes campesinos a los que se consideraba del lado de ellos o del gobierno, y las autoridades políticas y estatales. Patrullas policiales fueron emboscadas y las comisarías asaltadas... Aunque la violencia se dio mayormente en Ayacucho, Lima, Junín y Apurímac, sólo dos de los veinticuatro departamentos del país permanecieron indemnes.»

Los costos de semejante empresa sediciosa fueron muy grandes para el Perú. En la sola década de los ochenta, se calcula oficialmente que veintiún mil peruanos perdieron la vida como consecuencia de la guerra adelantada por Sendero Luminoso y por el Movimiento Revolucionario Túpac Amaru (MRTA). Pero es posible que hoy, para fines de la década

2. Strong, Simon, *Sendero Luminoso*, Emecé Editores, Buenos Aires, 1993.

de los noventa, esa violencia se haya cobrado cerca de treinta mil vidas. Como dijimos al comienzo de este capítulo, el costo económico, según la Comisión (parlamentaria) de Violencia y Alternativas de Pacificación, presidida por el senador Enrique Bernales, se aproxima a los veinte mil millones de dólares hasta 1991, suma equivalente, o ligeramente superior, al 80 por ciento de la deuda externa peruana y al 75 por ciento de su producto bruto interno anual. Sin embargo, hoy se menciona como más aproximada la cifra de veinticinco mil millones de dólares. Los mayores desastres de la acción terrorista los sufrió la ya insuficiente infraestructura eléctrica y vial del país. Según la mencionada Comisión del Senado, el total de torres eléctricas derribadas entre 1980 y 1991 fue de 1.414. A este rubro catastrófico, habría que agregar otros: la fuga de capitales, los gastos en seguridad privada, el abandono de los campos y el intenso crecimiento de una miserable población marginal en Lima y los llamados pueblos jóvenes, el éxodo de técnicos y profesionales calificados a Estados Unidos y otros países y, en general, la emigración al extranjero de peruanos de muy diversa condición social. Los apagones y las alteraciones en el suministro de agua provocaron en la década de los ochenta una considerable baja en la productividad industrial y un incremento del desempleo. Sendero Luminoso decidió sabotear también la producción agrícola y pecuaria con una barbarie que parecía inspirada en los delirios de un Pol Pot. Así, por ejemplo, importantes centros de investigación como el Centro Internacional de la Papa y el Banco Nacional de Semen fueron dinamitados. Igual suerte corrió, en noviembre de 1989, una importante empresa cooperativa agroindustrial, la Sais Cahuide, cuyas instalaciones y camiones de transporte fueron pulverizadas y cientos de ovejas, vacas y alpacas degolladas e incineradas con fanática ferocidad. Dentro de este propósito de aniquilamiento de todo el aparato productivo del país (no hay construcción sin destrucción, explicaba Guzmán a sus seguidores), el terrorismo tuvo también, como blanco, la floreciente industria turística: hubo trenes dinamitados, tu-

ristas muertos salvajemente y bombas colocadas en los restaurantes de lujo de Lima y otras ciudades. En suma, Sendero fue
el protagonista de una verdadera catástrofe nacional, que sal-
picó de sangre al país, aterrorizó y empobreció aún más a su
población campesina y puso de rodillas a la economía peruana.

No fue, desde luego, el único agente de violencia, porque
también en parte de estos desastres llevó acciones otro grupo guerrillero, el MRTA. Señalado por los senderistas como
revisionista (impugnación hecha por ellos a quienes obedecían
la línea de Moscú o de La Habana), este movimiento nació de
una confusa amalgama de izquierdistas del Apra, indigenistas, militares nacionalistas que añoraban la dictadura del
general Velasco Alvarado, devotos del Che Guevara y de la
revolución sandinista y otros cuantos especímenes de la fauna revolucionaria latinoamericana. Poco importan las diver-
gencias ideológicas o de estrategia que dirigentes suyos, como
Víctor Polay, expusieron en relación a Sendero. El hecho es
que también el MRTA contribuyó al caos económico y político del país, utilizando no sólo la guerrilla sino el terrorismo
urbano como arma de lucha y rivalizando con los maoístas en
robos y atentados a empresas norteamericanas y bancos.

La captura de Abimael Guzmán, el 12 de septiembre
de 1992, y la muerte, en abril de 1997, de los guerrilleros del
MRTA que se habían tomado la embajada del Japón en Lima
y retenido un considerable número de rehenes, debilitaron
evidentemente a los movimientos sediciosos en el Perú y permiten considerar que su aventura ha entrado en una etapa
agónica. No por ello dejan de aparecer asociados en el Perú a
otros presuntos liberadores de pobres que han sido y siguen
siendo fabricantes de miseria. Extrañamente, este país ha
sido campo privilegiado para alternativas igualmente ruinosas, unas abiertamente populistas como la de Alan García,
otras, como la de Fujimori, ligadas al militarismo represivo y
a la corrupción y todas ellas de espaldas a un modelo fundado
en la libertad política y económica, en un respeto de los derechos humanos y en una justicia confiable.

El caso colombiano

Para Colombia, el costo representado por la guerrilla es aún mayor que el del Perú. En primer lugar, porque es una guerrilla antigua –la más antigua hoy del continente–. Abarca dos generaciones y, lejos de estar declinando, tiene en jaque a un Estado débil, por largo tiempo corroído por la corrupción y el clientelismo político, y a unas Fuerzas Armadas con escasa capacidad de respuesta. No es tampoco una guerrilla popular. Según las encuestas, sólo un 3 por ciento de la opinión –el eterno nicho electoral de una extrema izquierda encerrada como ninguna en los polvorientos esquemas de un marxismo primario– le da su beneplácito, en tanto que el 97 por ciento la teme y la rechaza. Colombia vive lo que ha dado llamarse una guerra irregular. No es una guerra civil; ella no divide a la nación: solamente la horroriza. Y no obstante su impopularidad, dicha guerra, conducida por las Fuerzas Armadas Revolucionarias de Colombia (FARC) y por el Ejército de Liberación Nacional (ELN), al lado de otras organizaciones de menos importancia, crece y se extiende como un cáncer a lo largo y ancho del territorio colombiano dejando suspendida una grave amenaza sobre el futuro inmediato del país, sobre su orden jurídico y sus instituciones democráticas. ¿Cómo explicarlo? ¿Por qué en Colombia lo que en otros países fue un intenso pero efímero sarampión revolucionario de los años sesenta echó raíces tan profundas? Tres razones lo explican.

La primera es de carácter histórico. A diferencia de lo ocurrido en otros países latinoamericanos, las guerrillas colombianas no fueron exclusivamente una empresa revolucionaria inspirada en la experiencia cubana. Tuvieron, en realidad, un origen más profundo y antiguo: la situación de violencia vivida por el país en la década de 1947 a 1957. Dicha violencia, que sacudió con su barbarie el mundo rural del país provocando cerca de trescientos mil muertos y el éxodo de millares de campesinos a las ciudades, fue como una prolongación, en plena mitad del siglo xx, de las sangrientas guerras que a lo largo del siglo anterior enfrentaron a conservadores y liberales. Dueños del gobierno en 1946, a merced de una división del partido liberal, los primeros quisieron evitar el regreso al poder de los segundos mediante la represión y la violencia, una violencia que llegó a su punto más dramático con el asesinato del caudillo liberal Jorge Eliécer Gaitán, el 9 de abril de 1948, ocasionando una de las más tremendas revueltas populares que se hayan conocido en el continente: el famoso «bogotazo». La desigual guerra civil que siguió a esta revuelta empujó a muchos liberales a los llanos y a las montañas. Surgieron así en Colombia las primeras guerrillas, como réplica a una feroz represión realizada por los gobiernos conservadores y por la dictadura militar de Rojas Pinilla, mucho antes de que se tuviera noticia de los barbudos de Fidel Castro en la Sierra Maestra. Convertidas más tarde en autodefensas, catequizadas por el partido comunista, fueron la semilla de las FARC. El ELN, en cambio, aparecido a mediados de los años sesenta, fue en su origen un movimiento guerrillero organizado por estudiantes entrenados en La Habana. Pero una y otra organización contaron con el apoyo de una base campesina forjada de tiempo atrás en la lucha armada y para la cual ejército y policía eran ya sus enemigos naturales. Y éste es un rasgo muy particular y distintivo de la guerrilla colombiana: sus raíces en una infortunada tradición nacional.

La segunda razón que explica el alcance logrado en cuatro décadas por la subversión colombiana es el hecho de haberse trazado una exitosa estrategia, que es a la vez militar, política y económica. La primera busca el control efectivo y gradual del territorio mediante la táctica, inspirada en el ejemplo del Vietcong, de fragmentar las fuerzas militares dispersándolas y colocándolas en una posición defensiva, mientras la guerrilla conserva toda su movilidad y la iniciativa y la sorpresa en sus ataques e incursiones. De hecho el crecimiento militar de la guerrilla ha venido cumpliéndose conforme a las metas que sus dirigentes se propusieron desde el comienzo mismo de la lucha armada. Así, los quince frentes con mil doscientos hombres que tenían las FARC en 1978, veinte años después llegan a sesenta y el número de sus integrantes se calcula entre doce y quince mil. De su lado el ELN, que sólo disponía en aquel entonces de cuatro frentes con 230 hombres en armas, hoy tiene treinta y dos frentes con cerca de cinco mil hombres.

La estrategia política, muy hábil, busca debilitar al Estado arrebatándole poderes y herramientas en la lucha antisubversiva, para lo cual mueve sus alfiles en el Congreso e infiltra la Justicia y órganos neurálgicos como la Procuraduría, la Fiscalía y la Defensoría del Pueblo. También toma posiciones claves en el establecimiento sindical y aun en las organizaciones de Derechos Humanos. Al mismo tiempo, la subversión en Colombia ha logrado la toma sistemática y progresiva de las administraciones municipales mediante el terror, al punto que más de quinientos municipios (la mitad de los que existen en el país) se encuentran bajo su poder de intimidación. Los comandantes guerrilleros colocan gente suya en los cargos públicos, obtienen contratos, retienen porcentajes de sueldos e imponen condiciones a quien quiera hacer en estas zonas campaña política.

La tercera estrategia, también triunfante, se propone dotar al movimiento insurreccional de un considerable poder económico con base en los ingresos obtenidos del narcotráfico, los secuestros, los asaltos y el impuesto forzado a agricultores y ganaderos. Estas acciones combinadas han tenido un efecto desastroso sobre la economía colombiana y, por ello mismo, constituyen un factor primordial de empobrecimiento. Narcotráfico y guerrilla se necesitan y se retroalimentan. Se trata de un verdadero matrimonio de conveniencia. La permanencia y auge del primero requiere la capacidad armada de la segunda, que protege cultivos de coca y los laboratorios donde la pasta de coca se procesa y los aeropuertos clandestinos donde aterrizan y despegan las avionetas utilizadas para el transporte de estupefacientes. A su turno, la continuidad y desarrollo del proceso guerrillero no existiría sin los ingresos provenientes del narcotráfico. Gracias a esta colaboración estrecha, los cultivos de coca han pasado en sólo siete años de cuarenta mil hectáreas a ochenta mil y los cultivos de amapola de cero a diez mil, pese a las fumigaciones. Las FARC son dueñas hoy, según el Ministerio de Defensa Nacional, de 13.765 hectáreas de coca (fuera de las doce mil que protegen) y de 1.271 pistas de aterrizaje. La guerrilla colombiana, una de las más temibles, anacrónicas y despiadadas del mundo, ha puesto al servicio de sus objetivos ideológicos una verdadera y bien organizada empresa capitalista. Sus ingresos han sido oficialmente calculados en algo más de dos millones de dólares diarios (la DEA norteamericana habla de mil millones de dólares anuales), la mitad de los cuales proviene del narcotráfico y la otra mitad de los secuestros y las extorsiones a hacendados y ganaderos. No es sorprendente, pues, que contando con recursos tan gigantescos esté mejor equipada que el ejército: dispone de modernos equipos de telecomunicaciones, de una flotilla de aviones y de un sofisticado armamento que incluye misiles y lanzacohetes.

La tercera razón que explica su amenazador avance corre por cuenta del propio Estado colombiano, que ha sido débil y corrupto y sin voluntad ni estrategia para enfrentarla. Desde 1982, cada nuevo presidente sólo tiene en su menú de gobierno un plan de paz que la guerrilla, consciente de su poder y de lo que dicho poder basado en la guerra le reporta, no tarda en desdeñar. Mal preparadas, mal equipadas, las fuerzas armadas colombianas sólo disponen de ciento veinte mil hombres, efectivos insuficientes para un país en guerra y con un accidentado y vasto territorio de 1.147.000 kilómetros cuadrados. Buena parte de estos efectivos cumplen funciones policiales de protección de la infraestructura petrolera, vial y de comunicaciones, de suerte que sólo están disponibles para el combate un número no superior a treinta mil hombres, la mayor parte de ellos reclutas sin mayor experiencia y conocimiento del terreno. Por otra parte, los militares en Colombia han sido despojados de las herramientas legales que tenían en otro tiempo y que todavía tienen las Fuerzas Armadas de países vecinos para enfrentar la insurrección o el terrorismo: la justicia penal militar no puede investigar, interrogar o juzgar rebeldes, el fuero militar ha sido desmantelado y la justicia civil, intimidada o infiltrada, se muestra inepta para cumplir estas tareas. Sobre la legislación colombiana pesa un fantasma histórico común a todo el continente: el temor al despotismo o autoritarismo militar, tan presente en el pasado latinoamericano. Hasta el punto de que, hasta 1998, se mantuvo vigente en el código penal un estrambótico artículo según el cual «los delitos cometidos por los sediciosos en combate no son punibles». En Colombia, el romanticismo legalista, muy arraigado en la tradición del país, deja a la nación desamparada frente al triple flagelo del narcotráfico, la guerrilla y los llamados grupos paramilitares.

El costo de la guerra en este país es enorme: se calcula en cinco mil millones de dólares por año; es decir, una quinta parte de la deuda externa colombiana. Y su efecto se hace sentir sobre todo en los estratos más bajos de la población. Los ingresos anuales de las FARC y del ELN equivalen al 0,58 por ciento del Producto Bruto Interno. El ingreso per cápita de la guerrilla es 62 veces más alto que el ingreso de un colombiano que vive dentro de la ley. Los ingresos obtenidos sólo por las FARC con el narcotráfico, el secuestro y la extorsión, calculados en 685 millones de dólares anuales, son mayores que las utilidades reportadas por el grupo empresarial Bavaria, el mayor del país (670 millones).

Los mayores costos que ocasiona la guerrilla provienen de los atentados contra los oleoductos y las torres de transmisión de energía. Entre 1986 y 1997 la Empresa Colombiana de Petróleos, Ecopetrol, de propiedad estatal, fue objeto de 699 atentados. Cada uno de estos ataques representa tres graves perjuicios a la economía colombiana. El primero es el costo ecológico por la contaminación de las aguas, por culpa de la cual disminuyen o desaparecen los recursos naturales que aprovechan los moradores de vastas zonas campesinas para la pesca o riego de tierras. El segundo es el costo económico que representa el crudo derramado. El tercero es el costo de las reparaciones y el del crudo, que mientras éstas se efectúan, se deja de producir.

Igualmente ruinosos son los daños infligidos al sector agrícola por culpa de las extorsiones y sobre todo de los secuestros. Sólo estos dos delitos le han reportado a la guerrilla, desde 1991, mil setecientos millones de dólares. En ese lapso, 2.668 personas –comerciantes, ganaderos y agricultores–, vinculadas a este sector, fueron secuestradas. Debido a esta situación, la producción agrícola ha registrado un dramático descenso y la desocupación ocasionada por tal crisis ha empujado a millares de campesinos, que antes vivían de los cultivos de algodón, café y otros productos, a emigrar hacia las zonas selváticas, en el sur del país, para trabajar en los cultivos ilícitos de coca y amapola auspiciados por la guerrilla y el narcotráfico.

Otra parte importante de los costos de la violencia en Colombia tiene relación directa con los gastos militares. En promedio, América Latina utilizó en 1995 el 1,7 por ciento de su Producto Bruto en defensa, mientras que Colombia destinó a este rubro el 2,6 por ciento en el mismo año. Expertos internacionales, al analizar la situación colombiana, hablan con razón del «exceso del gasto militar», al tiempo que fundándose en la dramática situación del país y, por desgracia, también con fundamento, los mandos militares lo consideran insuficiente. Como sea, el hecho evidente es que la pérdida del monopolio de la Fuerza por parte del Estado, el millón de desplazados por la guerra interna, el debilitamiento en los mecanismos de la justicia (el 98 por ciento de los delitos quedan en la impunidad) y las dificultades para consolidar en algunas regiones del país las políticas macroeconómicas, afectaron gravemente la capacidad productiva y la competitividad del país en los mercados internacionales. Los efectos sociales de tal situación, cuyo vórtice explosivo es la guerrilla, son inocultables: desempleo, pobreza, inseguridad. Y las primeras víctimas de la guerrilla han sido precisamente los pobres que pretendía redimir.

La guerra en Centroamérica

Igual cosa puede decirse de Guatemala y de El Salvador. En el primero de estos dos países centroamericanos, la guerra duró cerca de 36 años. Concluyó el 29 de diciembre de 1996 con la firma de un Acuerdo Global de la Paz, firmado por el gobierno del presidente Álvaro Arzú Irigoyen y la Unidad Revolucionaria Nacional Guatemalteca (URNG). Fue la culminación de un largo proceso, iniciado bajo el gobierno del presidente Vinicio Cerezo, que tuvo como punto de partida los Acuerdos de Esquipulas suscritos por los Presidentes Centroamericanos el 25 de mayo de 1986 con miras a lograr la pacificación del istmo. Pero las negociaciones propiamente dichas se iniciaron en Oslo, en 1990, con un acuerdo entre la URNG y la Comisión Nacional de Reconciliación encabezada por el obispo Rodolfo Quezada Toruño.

Todavía es difícil evaluar en Guatemala el costo de la insurgencia armada y aún más conflictivo situar las responsabilidades de todo lo ocurrido en las tres décadas y media del conflicto. Una Comisión, que trabaja bajo los auspicios de las Naciones Unidas, adelanta un copioso y terrible inventario de los atropellos a los derechos humanos cometidos por ambas partes. De su lado, el Arzobispado de la Ciudad de Guatemala ha publicado recientemente dos de los cuatro volúmenes con los innumerables relatos de las atrocidades perpetradas en el país durante los 36 años del conflicto. Investigadores y académicos adelantan investigaciones sobre las víctimas de los campos minados por la guerrilla, los daños a la infraestructura, a la economía y al tejido social del país, especialmente aquellos que afectaron al Estado de Derecho, la familia, la moral y las instituciones. La Asociación Nacional del Café ha recopilado en cinco volúmenes, no publicados aún, todos los ataques de la guerrilla a las fincas cafetaleras. Los cálculos sobre pérdidas en vidas humanas oscilan entre cuarenta y cinco mil muertos (cifra prudente, citada dentro del país) y los ciento cuarenta mil de que suelen hablar entidades internacionales. El ejército por su parte, reconoce cinco mil bajas y nueve mil incapacitados.

Como sea, el balance de la subversión armada es catastrófico sobre todo si se tiene en cuenta que más de veinticinco mil campesinos perdieron la vida y que en las zonas urbanas fue incontable el número de empresarios, profesores, universitarios y dirigentes sindicales asesinados. Los daños a la infraestructura física del país (voladuras de puentes, destrucción de cosechas, atentados a los oleoductos, quema de vehículos privados y de transporte público, incendios y daños a las instalaciones eléctricas) han sido calculados en veinte mil millones de dólares sin contar las pérdidas representadas por la fuga de capitales al exterior y las inversiones que dejaron de hacerse en el país por razones de seguridad.

Alguna vez serán reconocidos objetivamente los detonantes de esta cruenta acción subversiva y de las consecuencias que ella tuvo en Guatemala: golpes militares, quiebra de todo un orden jurídico y aparición de un vasto rosario de grupos paramilitares o contrainsurgentes que contribuyeron, con los mismos métodos de la guerrilla (asesinatos, secuestros, torturas), a salpicar de sangre campos y ciudades. Dictaduras y guerrillas: en la aparición de unas y otras jugaron agentes internacionales de signo contrario. Concretamente Estados Unidos y Cuba.

No cabe duda, por ejemplo, que la intervención de la Agencia Central de Inteligencia de Estados Unidos en el derrocamiento del gobierno izquierdista del coronel Jacobo Arbenz Guzmán, en junio de 1954, tuvo una perniciosa influencia en la aparición de movimientos guerrilleros no sólo en Guatemala sino en el resto de América Latina. Equivocada o no, surgió en aquella época, entre muchos latinoamericanos, la idea de que el gobierno norteamericano, cuyo amenazador exponente en las conferencias internacionales era el señor John Foster Dulles, amparaba las dictaduras militares del continente a tiempo que era abiertamente hostil a gobiernos empeñados en sustanciales reformas económicas y sociales. La idea, confirmada pocos años después por la propia revolución cubana, de que los verdaderos cambios sólo podrían efectuarse y defenderse con las armas, ante la fragilidad de las estructuras legales, prosperó en buena parte de la juventud de entonces.

Sin duda esta semilla debió quedar también en los cuarteles de Guatemala. Lo cierto es que el 13 de noviembre de 1961 se produjo allí un levantamiento militar contra el dictador Ydígoras Fuentes encabezado por el coronel Rafael Sessan Pereira. Algunos analistas guatemaltecos aseguran que se trató de una sedición típicamente nacionalista, sin sustentación ideológica, motivada por el entrenamiento militar de exiliados cubanos en suelo guatemalteco, impuesto por el gobierno norteamericano como paso previo a la llamada invasión de Bahía Cochinos. Otros consideran que realmente aquellos oficiales tenían simpatías por el marxismo y querían seguir en su país los pasos de Castro. De cualquier modo, develada la insurrección militar, los principales dirigentes de esa rebelión, entre ellos los tenientes Marco Antonio Yon Sosa y Luis Turcios Lima, serían cabezas primero del MR13 y luego del grupo guerrillero Fuerzas Armadas Rebeldes, FAR.

Fidel Castro sería, en realidad, el principal promotor de esta empresa subversiva, así como la que tuvo lugar en El Salvador por parte del movimiento guerrillero Farabundo Martí. Bajo sus directos auspicios y los del Che Guevara, las FAR guatemaltecas nacieron en La Habana en septiembre de 1962. Allí se convino que los militares insurrectos crearían varios frentes de guerrilla y que los dirigentes del partido comunista (el Partido Guatemalteco del Trabajo) se ocuparían del trabajo político. Desde entonces, Cuba fue el eje de esta larga y sangrienta guerra, no sólo en el plano militar sino también ideológico. Así, cuando Yon Sosa decidió declararse trotskista, Turcios Lima lo apartó de las FAR en nombre de la ortodoxia imperante en La Habana y Moscú. Y en 1980, fue Fidel Castro quien intervino para imponer, como condición a su apoyo logístico, la unión de las tres organizaciones subversivas que operaban en Guatemala: la Organización Revolucionaria del Pueblo en Armas (ORPA), el Ejército Guatemalteco de los Pobres (EGP) y las Fuerzas Armadas Revolucionarias (FAR).

Por esas distorsiones daltónicas que le son propias, la izquierda, no sólo de América Latina sino también de Europa, suele vestir de insurgencia legítima, producto de la explotación y de la pobreza, lo que ha sido en todas partes una subversión fríamente organizada con apoyo externo. Al mismo tiempo, en los países que son víctimas de esta acción guerrillera, hace recaer exclusivamente la responsabilidad de la violencia en las Fuerzas Armadas o en los grupos llamados paramilitares que inevitablemente aparecen como una respuesta, igualmente bárbara, a la guerrilla marxista. Haciéndole eco a esta manipulación, las ONGs que se ocupan de los derechos humanos suelen tomar como causa lo que es una consecuencia derivada de la empresa subversiva.

Naturalmente que en este proceso satánico la propia amenaza que representa la guerrilla y el terrorismo conduce, como ocurrió en Guatemala en los años sesenta y setenta a la instauración de gobiernos represivos apoyados en el ejército y a la utilización de escuadrones de la muerte o grupos de contrainsurgencia, dejando a la población campesina emparedada entre dos tipos de violencia. No hay nada tan terrible para un país como esta polarización. El terrorismo de izquierda casi fatalmente conduce a un terrorismo de derecha: sin que ello represente justificación alguna para las sangrientas dictaduras que padeció la Argentina y a sus métodos horrendos, es claro que sin la acción de Los Montoneros no se explica un Videla. La dictadura y la represión ciega nunca han sido una respuesta efectiva al hecho guerrillero; más bien, le hacen el juego. Pero tampoco puede enfrentarlo exitosamente una democracia débil como la de Colombia. Quizá el único ejemplo de lucha antisubversiva recuperable es el de Venezuela en la década de los sesenta. La movilización firme de toda la nación, representada por los partidos, gremios, medios de comunicación, autoridades civiles, eclesiásticas y militares, permitió a Rómulo Betancourt derrotar a una vasta insurrección armada apoyada abiertamente por Cuba. Es cierto también que a la pacificación del país contribuyó el lúcido examen autocrítico de los propios guerrilleros, que contaban entre sus dirigentes hombres tan bien dotados y tan poco ortodoxos, desde el punto de vista marxista, como Teodoro Petkoff o Pompeyo Márquez, fundadores del Movimiento al Socialismo (MAS).

Petkoff, por cierto, es autor de un libro de mucha agudeza crítica titulado *Proceso a la Izquierda,* que los partidarios de esa llamada por él mismo «izquierda litúrgica» prefieren ignorar con un incómodo desdén. Se explica: allí hay una severa denuncia de esa cartilla marxista, indigestada de dogmas primarios, que han hecho en el continente latinoamericano, y fuera de él, la gloria de un Galeano. No es extraño, dada la revisión de estas posiciones ortodoxas, que Petkoff, como ministro del presidente Rafael Caldera, haya sido el inspirador del viraje que salvó a Venezuela de una catástrofe económica en la década de los noventa. El camino que propone este antiguo guerrillero es el mismo de un Tony Blair o de los laboristas neozelandeses: el único que podría rescatar a la izquierda latinoamericana de los viejos y desastrosos modelos que ha recorrido circularmente desde hace décadas. Estatismo, populismo y, en el confín de sus desvaríos, la llamada opción revolucionaria por la vía armada, sólo han servido para dejarnos en el subdesarrollo tercermundista y en la pobreza más abrumadora.

Las guerrillas del sur

La fiebre revolucionaria que sacudió al continente en los años sesenta alcanzó dos países que, por madurez intelectual y por sus afinidades culturales con Europa, parecían en principio vacunados contra las aventuras guerrilleras: Argentina y Uruguay. La tradición cívica y democrática de este último país parecía una sólida defensa contra los virus propagados desde Cuba. La Argentina, en cambio, ofrecía un paisaje político muy revuelto tras la caída de Perón, en septiembre de 1955. El hecho es que la dictadura populista ejercida a nombre del justicialismo, la imagen santificada de Evita y toda la desaforada demagogia que puso de su lado al mundo sindical, habían producido una polarización muy profunda en la sociedad argentina: la clase popular seguía fiel a Perón en tanto que las capas medias y altas eran abiertamente antiperonistas. Este conflicto social y cultural —especie de guerra civil no declarada— estaba en su punto de ebullición cuando se produjo el triunfo de la revolución cubana, cuyo segundo gran protagonista era precisamente el argentino Che Guevara. Probablemente el ejemplo de los guerrilleros de Sierra Maestra inspiró la primera aventura insurreccional de los peronistas: los llamados Uturuncos que, con la bandera del retorno de Perón, organizaron un minúsculo grupo armado en las montañas de Tucumán. Aunque para el año 1960 habían desaparecido, sectores importantes de la juventud y de los trabajadores argentinos fueron deslumbrados por las figuras de Castro, el Che y Camilo Cienfuegos y aun la del líder africano Patricio Lumumba. Bajo el gobierno de Illia, aparecieron los primeros focos guerrilleros. Jorge Ricardo Masetti, el fundador de la agencia cubana Prensa Latina, fue, bajo el nombre de Comandante Segundo (se suponía que el Comandante Primero sería el propio Che Guevara) el organizador de un grupo armado, rápidamente liquidado por el ejército en el norte del país. Este trágico desenlace no desanimó a los movimientos insurgentes de izquierda, de origen marxista, que en la misma década promovieron toda suerte de organizaciones armadas: el Ejército Revolucionario del Pueblo (ERP), liderado en las montañas tucumanas por Mario Santucho; las FAL (Fuerzas Armadas de Liberación), de origen maoísta; el movimiento católico Tierra Nueva, inspirado en el ejemplo del cura colombiano Camilo Torres y en las conclusiones del Concilio Vaticano II. Los jóvenes peronistas, de su lado, promovieron las Fuerzas Armadas Peronistas (FAP), Los Descamisados y, finalmente, el más importante de todos los grupos armados, Los Montoneros, que, como formas de lucha, combinó el atentado individual, el secuestro, los asaltos a cargo de sus milicias urbanas.

Todos estos brotes insurreccionales, inspirados en el ejemplo cubano y, en algunos casos, apoyados por el gobierno de Castro (que auspició el entrenamiento militar de numerosos jóvenes) tendrían, en la Argentina, graves consecuencias políticas, económicas y sociales. Entre estas aventuras y las dictaduras militares que ensangrentaron al país y fueron responsables de torturas, desapariciones y otras salvajes operaciones represivas, existe una evidente relación de causa a efecto. Ninguno de esos horrores cometidos por la cúpula militar es justificable. Pero nunca debe olvidarse que la violencia genera violencia, aunque venga acompañada de los más altruistas propósitos. Por otra parte, la acción insurgente y en particular los secuestros, que fueron su forma predilecta de financiación, produjeron el éxodo de muchos empresarios y ejecutivos de empresas extranjeras. Todo esto representó graves lesiones al aparato productivo del país y a su propia estructura institucional y jurídica, y fue, por lo consiguiente, una causa más del empobrecimiento de la población.

Los tupamaros

Con domicilio conocido, ocupando cargos públicos, participando activamente en política o dedicados a sus negocios particulares, los supervivientes de la cúpula dirigente del Movimiento de Liberación Tupamaros se encuentran integrados en la vida del país, muchos de ellos militando como un segmento menor en el Frente Amplio que llegó a situarse a veinte mil votos de lograr el gobierno de Uruguay. Sin embargo, no faltan observadores que suponen que la adhesión de los «tupas» al Frente Amplio debilita a esta coalición, pues los hacen responsables de las acciones que llevaron al país al borde del caos, el golpe militar y a la ruptura de la ejemplar legalidad que la nación había conocido a lo largo de casi todo el siglo xx.

El movimiento de los tupamaros fue uno de los pioneros entre los creados bajo el resplandor de las primeras horas de la revolución cubana. Sus fundadores, hijos de familias de clase media liderados por Raúl Sendic, soñadores y utópicos, convulsionaron al continente con su audacia, la captura de la ciudad de Pando, la fuga de sus presos de la prisión Punta Carretas, y los sangrientos actos terroristas en los que incurrieron con el objetivo de crear en ese pequeño país –uno de los de mayor tradición democrática en Latinoamérica– una dictadura de corte cubano-soviético. Su final relativamente civilizado, pese a los abusos del régimen militar, constituye una expresión original de transición hacia la democracia.

El caso de España

Si en Colombia o Centroamérica el daño económico de la guerrilla y de los terroristas se puede cuantificar en cientos de millones de dólares, en España no es muy diferente, aunque ese costo terrible se concentra en las tres provincias vascas –Álava, Guipúzcoa y Vizcaya– y, en menor medida, en la vecina Navarra, territorio también reivindicado por los nacionalistas de Euskadi junto a la zona vasca de los Pirineos franceses.

ETA, naturalmente, es el protagonista principal de este desaguisado. Las siglas provienen de «Euskadi ta Askatasuna», frase que pudiera traducirse al castellano como «Vasconia y Libertad», una organización terrorista surgida con el propósito de «liberar a Euskadi del control de los españoles», aunque inicialmente se trataba de un grupo de origen católico, creado en 1951, llamado «Ekin», palabra que en esa lengua vasca quiere decir «actuar».

Esto no es sorprendente, porque el nacionalismo vasco tiene un fuerte componente católico desde los días en que Sabino Arana, el fundador del Partido Nacionalista Vasco, a fines del siglo pasado formulara las bases en las que se asentaba la agrupación que había creado. Se era vasco por razones raciales, culturales, lingüísticas y morales. Y entre estas últimas estaba el acendrado y estricto catolicismo que Arana le atribuía a sus coterráneos frente a las debilidades e inmoralidades propias de la «degenerada» raza española.

Sin embargo, a lo largo de la década de los sesenta, el catolicismo originario de ETA fue perdiendo fuerza dentro del grupo dirigente –pese al apoyo de gran parte del clero vasco– mientras la organización se fue radicalizando paulatinamente en el sentido del marxismo-leninismo. En 1968, al calor del mayo francés, y ya en contacto con otros grupos terroristas del mundo –el Ejército Rojo, Baader Meinhoff, Brigadas Rojas– ETA firma documentos junto al IRA de Irlanda, el Frente de Liberación Bretón de Francia, el Fatah palestino y el PDK kurdo. En esa fecha ya no es un movimiento nacionalista que reivindica el derecho de una nación a contar con un Estado propio y democrático –aspiración legítima para cualquier etnia–, sino es una banda convencida de la conveniencia de establecer en Euskadi un Estado calcado del modelo soviético, una especie de Albania pirenaica. Algo que se trasluce con brutal franqueza en los archivos del KGB moscovita y la STASSI alemana, abiertos tras el derrumbe del campo socialista de 1989.

La peor labor destructiva de la ETA se puede resumir en casi un millar de asesinatos, aunque alguno de ellos, como el del almirante Carrero Blanco, presunto heredero de Franco, ocurrido el 20 de diciembre de 1973, acaso despejó el camino de la transición democrática. En todo caso, el 90 por ciento de los crímenes de ETA no han sido cometidos durante la lucha contra el franquismo, sino en la etapa democrática, tras una amnistía y la mano abierta de los demócratas para que se integraran en el ruedo de la controversia política parlamentaria, y entre estos crímenes se incluyen bombas en supermercados, cafeterías, en la vía pública y en sitios donde las víctimas tenían que ser niños, mujeres y simples e inocentes transeúntes que fatalmente acertaban a pasar por el lugar de la explosión.

Esta estrategia de terror, en cuya fatídica cuenta hay que incluir a algunos políticos socialistas y conservadores asesinados con tiros en la nuca y por medio de explosivos –el propio José María Aznar se salvó milagrosamente de un atentado dinamitero–, ha sido acompañada de por lo menos tres fórmulas ilícitas de recaudación de fondos: los asaltos a bancos, los secuestros, y el llamado «impuesto revolucionario». Los secuestros han producido sumas enormes de dinero a unos terroristas cuyo presupuesto anual de operaciones se ha calculado en por lo menos quince millones de dólares. El secuestro de Emiliano Revilla se saldó con once millones de dólares. El de Julio Iglesias Zamora, padre del famoso cantante, costó casi cuatro; José Lipperheide, Miguel I. Echevarría y J. Guibert, millón y medio cada uno; Luis Suñer, casi tres; Pedro Abreu, uno; por sólo citar los más sonados.

Pero tal vez más suculentos son los ingresos «fiscales». Es decir, la cantidad extorsionada a los empresarios para no matarlos o destrozarles sus talleres y oficinas. «Impuestos» revolucionarios cuya «evasión» a veces se paga con la vida o con disparos en las rodillas, práctica, por cierto, muy habitual entre la mafia.

Este permanente chantaje sobre la clase empresarial, inevitablemente se revierte en los trabajadores, que ven cómo los empresarios, discretamente, trasladan sus actividades a otras zonas de España, o a otros países más seguros, empobreciendo progresivamente a los más necesitados. El investigador Álvaro Baeza lo resume en un párrafo exacto: «Años después el "impuesto" se convertirá en una lacra, y la situación se irá minando progresivamente. Los empresarios abandonan muchas de sus empresas, o simplemente dejan de invertir en Euskadi para zafarse de este acoso. El trabajo se convierte en un lujo, y los izquierdistas verán algo que desde el punto de vista teórico de estos años les parecía imposible: los trabajadores apoyarán, secundarán y arroparán a sus patronos en contra de la organización liberadora etarra.»[3]

Esta contradicción, sin embargo, no es la única: no deja de ser una ironía de gran calibre que la ETA, enemiga de lo que ellos llaman España, de cierta manera beneficia a los «españoles» en perjuicio de los vascos cada vez que una empresa de esa región se traslada a otro punto de la Península. Fenómeno sin duda parecido al de los terroristas latinoamericanos, feroces enemigos del imperialismo yanqui, que cada vez que secuestran a un rico industrial o ganadero, o cada vez que con sus actos brutales estremecen las sociedades en las que viven, lo primero que provocan es una fuga de capitales hacia Miami y un grado mayor de pobreza entre su propia gente.

¿Se percatan estos guerrilleros y terroristas de que ellos son unos (desgraciadamente) eficaces fabricantes de miseria? Probablemente no. La acción revolucionaria es como una especie de opio que adormece las entendederas y anestesia las sensaciones humanas más elementales. Se equivocan quienes creen que los terroristas sienten remordimientos ante el niño despanzurrado por una bomba o ante los obreros hambrientos porque su centro de trabajo ha tenido que cerrar. Ésos son dos meros accidentes de la lucha, anécdotas sin importancia. Lo importante, lo trascendente no es el hombre pequeñito, municipal y espeso, sino el Hombre Histórico, así con grandes mayúsculas llenas de intenciones patrióticas. ¿No lo dijo, en

3. Baeza, Álvaro L., *ETA nació en un seminario*, ABC Press, Madrid, 1997.

otro contexto, un poeta romántico español del xix? «Que haya un cadáver más ¿qué importa al mundo?» Como si son diez millones. Lo que importa es la revolución.

Es que la guerrilla nunca ha sido solución de nada en ninguna parte. En cambio, su capacidad destructiva en todos los campos: económico, moral, ecológico, jurídico; sus enormes costos en vidas, en dinero, en recursos, la ubican en un puesto de primera línea entre nuestros fabricantes de miseria, por encima del propio Estado burocrático y dirigista que hemos padecido, de las oligarquías sindicales, de los empresarios mercantilistas, de los anquilosados partidos y de la pauperización académica, aunque sí muy cerca de los eclesiásticos que le dan su apoyo en nombre de la Teología de la Liberación. Es un mal nefasto que desencadena con frecuencia remedios o respuestas igualmente deplorables. Guatemala, El Salvador, Perú y sobre todo la infortunada Colombia son el mejor ejemplo de los horrores y desastres que el cáncer revolucionario puede ocasionar en el organismo de una nación. Aun si llega una paz negociada, como ocurrió en Centroamérica, luego de un largo proceso, las secuelas que deja en el tejido social son gravísimas. Desmovilizados, muchos colaboradores de la guerrilla se convirtieron en delincuentes comunes y la inseguridad en un país como El Salvador, ya concluido el conflicto armado, bate todos los récords. Adoptando al servicio de una ideología ya anacrónica los métodos de la delincuencia (asaltos, secuestros, robos), la guerrilla corrompe a sus propios militantes. Cuando el objetivo político desaparece, las armas se convierten para muchos en un instrumento de trabajo y de sobrevivencia económica: no hay nada más peligroso. El dilema de Sarmiento –civilización o barbarie– volvió a cobrar vigencia en América Latina con los postulados violentos de la guerrilla y su abierto desconocimiento del orden democrático y legal. El mito revolucionario no conduce a ningún futuro mejor. Al contrario, no ha sido sino un regreso a ese bárbaro pasado nuestro, marcado por el desprecio a la ley, donde las armas y la sangre vertida tenían la última palabra, así provocaran ruina y pobreza.

IV. LOS CURAS

CON LA IGLESIA HEMOS TOPADO

> Díjole uno de la muchedumbre: Maestro, di a mi hermano que parta conmigo la herencia. Él le respondió: Pero hombre, ¿quién me ha constituido juez o repartidor entre vosotros?

> SAN LUCAS 12:13-14

Entre todos los fabricantes de miseria, probablemente de los más perniciosos –y los mejor intencionados–, sean algunos miembros de la estructura religiosa católica. Y la razón de esta dañina potencialidad radica en la capacidad que tienen como maestros de jóvenes y como orientadores de la opinión pública; todo ello, además, legitimado por los propósitos que los animan: suelen ser hombres y mujeres bondadosos que buscan el bien común. Están llenos de buenos deseos. Gozan de un admirable espíritu de servicio. Aman a los seres humanos y quieren su bienestar. Pero, simultáneamente, sostienen ideas equivocadas y las enarbolan con la pasión de quienes se creen poseedores de la verdad final. Son capaces de identificar correctamente los problemas, pero proponen modos contraproducentes de afrontarlos. No es una cuestión de maldad, sino de ignorancia.

En América Latina esto es especialmente grave, porque la Iglesia Católica posee una indudable autoridad moral reflejada en acciones como evitar la guerra entre Argentina y Chile o en la estabilización de Argentina tras la guerra de las Malvinas. Cuando hablan los curas, los obispos, o las conferencias episcopales, y cuanto dicen sobre cualquier cosa, suele ser tomado muy en serio, pues siempre se les presume buena fe, que suelen poseer, y peso intelectual, tal vez menos abundante. No obstante, hay que aclarar que el catolicismo latinoamericano no tiene una sola voz en materia de análisis social o económico. Una cosa es lo que opinan los jesuitas –populistas o cuasimarxistas en Centroamérica, especialmente en El Salvador y Nicaragua–, y otra muy distinta lo que sostienen el Opus Dei –elitista, defensor del mercado y de la libre empresa– o, los anticomunistas Legionarios de Cristo. No es lo mismo lo que aseguran las teresianas que las Hijas de la Caridad. Incluso, a veces dentro de las mismas órdenes suelen existir discrepancias de fondo. Entre los jesuitas de la Universidad Centroamericana (UCA) predomina un discurso bastante más radical que en la Javeriana de Colombia o que en la Universidad Católica Andrés Bello que dirige en Venezuela el padre Ugalde. En la Argentina de la dictadura militar de los setenta la jerarquía eclesiástica apoyó la represión, mientras en Chile se opuso a ella. También es conveniente aclarar que cuando los sacerdotes, obispos, y hasta el Santo Padre, hablan de problemas sociales y económicos, no lo hacen con carácter dogmático. Sólo son opiniones que en modo alguno obligan a los católicos. Es posible, por ejemplo, ser un católico ejemplar y pensar que la *Doctrina Social de la Iglesia* está llena de errores e incoherencias, y hasta que se trata de un perfecto disparate teórico. La infalibilidad que se le supone al Papa no se refiere a estas cuestiones mundanas. En este terreno el inquilino del Vaticano es tan falible como cualquier hijo de vecino.

De ahí las diferencias de opinión entre los propios jerarcas católicos. Precisamente, lo que desde sus orígenes caracteriza a la posición social de la Iglesia es la confusión, la ambigüedad y –a menudo– la contradicción. En una investigación inédita de Francisco Pérez de Antón, titulada «*El socialismo de rostro cristiano*» y a la que mucho debe este capítulo, se hace un minucioso recorrido por los textos de las más destacadas figuras de la Iglesia hasta llegar a una inesquivable conclusión: los católicos pueden tener cualquier opinión sobre el modelo económico que mejor conviene a la sociedad, o sobre las actitudes que deben adoptar los cristianos ante los fenómenos económicos.

De esta suerte, mientras se suele citar la conocida metáfora «primero pasará un camello por el ojo de una aguja que un rico por la puerta de los cielos», se olvida que San Mateo (25:14-30), en la *Parábola de los talentos,* recoge las censuras de Jesús a quien no invierte convenientemente su dinero –lo que de algún modo significa el aprecio por la prosperidad individual–. Precedente que no obsta para que, posteriormente, San Gregorio de Nisa sea capaz de censurar a quienes ejercen la caridad porque, supuestamente, esos excedentes con los que pretenden aliviar la miseria de los menesterosos provienen, precisamente, del despojo de éstos: «Quizá tú des limosnas, pero ¿de dónde las sacas, sino de tus crueles rapiñas, del sufrimiento, de las lágrimas y los suspiros? ¿Qué bien puedes hacer consolando a un pobre cuanto tú creas cientos?» *(Sermón contra los usureros).* Ataque –por cierto– que contradice al mismísimo San Pablo, quien en su *Segunda Epístola a los Corintios* 8:13-14, defiende el ejercicio de la caridad admitiendo, naturalmente, que para que unos den y otros reciban es indispensable la existencia de diferencias económicas: «Porque no se trata de que para otros haya desahogo y para vosotros estrechez, sino de que ahora, con equidad, vuestra abundancia alivie su penuria...»

Por su parte, Juan Crisóstomo, Patriarca de Constantinopla, en su *Homilía sobre Eutropio,* asegura que sus «diatribas no van dirigidas contra los ricos, sino contra los que usan mal de sus riquezas,... pues tan amigos míos son los ricos como los pobres. Ambos tienen un mismo origen y un mismo destino». Equivalencia que ni siquiera sostiene siempre, pues en la *Homilía sobre la Primera Epístola a los Corintios, 34* afirma que «las riquezas no proceden de Dios sino del pecado».

Es lógico que los dirigentes de una institución sometida desde hace casi dos mil años a los naturales cambios de perspectiva, no digan siempre las mismas cosas, pero sucede que el mecanismo por el que la Iglesia arriba a conclusiones no está basado en la observación de la realidad, sino en la palabra de las autoridades. Como se trata de una religión organizada en torno a creencias reveladas, la «verdad» y la «mentira» no son lo que se puede extraer de la experiencia, sino lo que afirman los textos escritos por personas investidas de poderes religiosos. Ése es, exactamente, el razonamiento escolástico, que explica por qué Giordano Bruno acabó en la hoguera, o por qué Galileo tuvo que retractarse: las investigaciones de ambos contradecían las aseveraciones de Aristóteles convertidas por la Iglesia Católica en artículo de fe, y sustentaban la falsa racionalidad con que ésta pretendía «probar» sus dogmas.

Lamentablemente, esa tendencia al dogmatismo que se observa en la Iglesia Católica –y que llega hasta nuestros días– comenzó (y no ha cesado) exactamente con el *Edicto de Tesalónica* (380 d.C.) promulgado por el Emperador Teodosio (de origen hispano), en el momento mismo en que convierte al catolicismo en la religión oficial del Imperio. Dice así este canto a la intolerancia: «Queremos que todos los pueblos regidos por nuestra clemencia y templanza profesen la religión que el divino apóstol San Pedro enseñó a los romanos, como lo declarara la religión que él mismo introdujo y es la que profesa el Pontífice Dámaso y Pedro de Alejandría, obispo de apostólica santidad. Mandamos que los que siguen esta ley tomen el nombre de cristianos, católicos. Los demás son unos dementes y unos malvados, y mandamos que soporten la infamia de su herejía, que sus conciliábulos no reciban el nombre de iglesias, y que sean alcanzados por la venganza divina, primero, y luego también por nuestra acción vindicativa, que hemos emprendido por determinación del cielo.»

Sin embargo, la romanización del catolicismo –lo que algunos llaman el catolicismo «constantiniano», por haber sido Constantino el primer emperador que se acercó a esta religión–, entre otras consecuencias tuvo la de haber conciliado a los padres de la Iglesia con la propiedad privada consagrada por el Derecho Romano, y con la posesión de bienes materiales abundantes, circunstancias que en modo alguno repugnaban a la mentalidad de esta civilización.

San Agustín de Hipona –testigo él mismo de la decadencia política de Roma– en sus *Sermones 107 y 113* lo dice con absoluta claridad: «Si tienes riquezas, no lo censuro, son de herencia, tu padre hombre rico te las dejó, tienen origen honesto, son el fruto acumulado de un honrado trabajo, nada tengo que reprocharte (...) Amar lo tuyo y no pretender lo de otro; trabajo tuyo es, en justicia lo que posees; te lo mandaron en herencia, te lo dio un agradecido; navegaste, afrontaste peligros, no has engañado a nadie, no juraste con mentira, adquiriste lo que a Dios plugo, y esto guardas ávidamente con sosegada conciencia, porque ni lo allegaste de mala manera ni buscas lo ajeno.»

El mismo santo, principal pilar intelectual de la Iglesia hasta la aparición de Santo Tomás de Aquino, lo asegura con precisión de jurista en el epígrafe 26 de su *Epístola 153:* «bien no ajeno es aquel que se posee con derecho; con derecho se posee lo que se posee justamente; y justamente se posee lo que se posee bien». Para San Agustín, como para Jesús, la posesión de riquezas no era un obstáculo en el camino de la bondad, siempre que esa riqueza se utilizara correctamente: «No seáis amantes del dinero, pero si lo tenéis, usad de él convenientemente» *(Sermón 56)*. Y de la misma forma que la riqueza no hacía malas a las personas, la pobreza tampoco les confería una mejor categoría: «En la posesión no está necesariamente la virtud; un pobre concupiscente es peor que un rico.»

Esta opinión contrasta con la afirmación de los obispos católicos reunidos en Puebla, México (1966), cuando aseguraron que «los pobres son los predilectos de Dios», contrasentido que el citado Pérez de Antón deshace con una lógica aplastante: si los pobres son los predilectos de Dios, en el momento en el que se consiga rescatarlos de la pobreza «dejarán de ser hijos de Dios»; marginación teológica que parece, por lo pronto, tremendamente injusta.

Legitimado el derecho a la propiedad privada, a la posesión de bienes e, incluso, a cierta ostentación de la riqueza, fue fácil para la Iglesia Católica recibir enormes donaciones de bienes muebles e inmuebles por parte del poder político, así como el diezmo de la renta que percibía de los creyentes y no creyentes sujetos a su ley (un impuesto que, en términos reales equivale al 30 por ciento de las utilidades). Estos ingresos convirtieron a Roma en el primer poder económico del mundo, y se mantuvieron hasta los siglos XVIII y XIX, cuando el creciente proceso de secularización surgido a partir del Renacimiento y acelerado tras la Revolución Francesa, provocó la separación de la Iglesia y el Estado. Esta ruptura, en su momento, condujo a la confiscación o desamortización de los bienes eclesiásticos, generalmente mediante una limitada compensación económica. En España, la desamortización de Mendizábal llevó al abandono de los monasterios por parte de la Iglesia y a la pérdida o expolio de un enorme tesoro artístico.

La Doctrina Social de la Iglesia

La pérdida del poder económico fue pareja a su pérdida del poder político, como se refleja en la desaparición de los Estados Pontificios (1870), aunque la Iglesia defendió hasta el último momento sus viejos privilegios. De 1864 es el sílabo de Pío IX en que reivindica el antiguo régimen antidemocrático, y es por aquellos años cuando se abre paso la afirmación de que «el liberalismo es pecado». En 1870 el Concilio Vaticano I, asediado por fuerzas que percibe como hostiles, en un mundo en el que el anticlericalismo había ganado numerosos adeptos, intenta mantener la autoridad moral de Roma y declara la infalibilidad del Papa, al menos cuando habla de cuestiones religiosas.

Afortunadamente para la Iglesia, en 1878 es elegido Gioacchino Pessi al trono de San Pedro, quien elige el nombre de León XIII, y se da a la tarea de tratar de devolver a la institución el peso que el catolicismo había perdido en su lucha contra las ideas liberales. Fijado ese objetivo, el nuevo Papa advierte que sus enemigos no son ya los liberales decididos a implantar una sociedad laica y democrática, sino los socialistas y comunistas que niegan el carácter de derecho natural que Roma confiere a la tenencia de bienes.

En el epígrafe 10 de la carta encíclica *Quod apostolici muneris*, León XIII afirma: «Porque mientras los socialistas presentan el derecho de propiedad como "invención" que repugna la igualdad natural de los hombres y, procurando la comunidad de bienes, piensan que no debe sufrirse con paciencia la pobreza y que pueden violarse impunemente las posesiones y derechos de los ricos; la Iglesia, con más acierto y utilidad, reconoce la desigualdad entre los hombres –naturalmente desemejados en fuerza de cuerpo y espíritu– aun en la posesión de bienes, y manda que cada uno tenga, intacto e inviolado, el derecho de propiedad y dominio que viene de la misma naturaleza.»

No es extraño, pues, que León XIII, hombre bien versado en los clásicos católicos, especialmente en su compatriota Tomás de Aquino, en 1891 publicara *Rerum Novarum*, una encíclica que sería la piedra fundacional de lo que luego se llamó *Doctrina Social de la Iglesia* (DSI). En este texto, que defiende la caridad y las actitudes piadosas que debe exhibir todo buen cristiano, hay además, una manifiesta voluntad de dejar muy en claro que la Iglesia Católica no es clasista –no es una institución creada para servir solamente a los desposeídos–, y, al mismo tiempo, sostiene y aprueba la existencia de la propiedad privada. En su epígrafe 2, desmintiendo a las entonces pujantes ideas marxistas, dice este Papa: «creen los socialistas que en el traslado de los bienes particulares a la comunidad se podría curar el mal presente. Pero esta medida es tan inadecuada para resolver la contienda que incluso llega a perjudicar a las propias clases obreras; y es, además, sumamente injusta, pues ejerce violencia contra los legítimos poseedores, altera la misión de la república y agita fundamentalmente a las naciones».

Algunos párrafos más adelante, en el epígrafe 6 de la misma encíclica, León XIII hace a Dios partidario del mercado y de la competencia entre las personas, al tiempo que ratifica su aprecio por la existencia de la propiedad privada: «El que Dios haya dado la tierra para usufructuarla y disfrutarla a la totalidad del género humano no puede oponerse en modo alguno a la propiedad privada. Pues se dice que Dios dio la tierra en común al género humano, no porque quisiera que su posesión fuera indivisa para todos, sino porque no asignó a nadie la parte que habría de poseer, dejando la determinación de las propiedades privadas a la industria de los individuos y a las instituciones de los pueblos.»

Tras la muerte de León XIII en 1903, nada diferente se proclamó en Roma en materia de doctrina social. Benedicto XV y Pío X, los papas sucesivos, no promulgaron una letra que contradijera lo proclamado por León XIII en *Rerum Novarum*.

En 1922 fue elegido Pío XI, quien en 1931, en medio del ácido debate que dividía a los fascistas, comunistas y demócratas, aprovechó los cuarenta años de la *Rerum Novarum* para dictar una nueva encíclica, la *Quadragesimo Anno*, en la que se ratifica el carácter normativo de lo expresado por León XIII. El epígrafe 39 lo afirma rotundamente: «La *Rerum Novarum* es la Carta Magna del Orden Social.» Y para que nadie se llame a engaño con respecto a la posible relación de los cristianos con el socialismo o el comunismo, su epígrafe 120 asegura que: «socialismo religioso, socialismo cristiano, implican términos contradictorios; nadie puede ser a la vez buen católico y verdadero socialista». En 1937, poco antes de desatarse la Segunda Guerra Mundial, en otros dos documentos que lo honran, Pío XI condena al nazismo (*Mit brennender Sorge*) y al comunismo (*Divini Redemptoris*).

Su sucesor, el cardenal Eugenio Pacelli, elegido Papa en 1939 con el nombre de Pío XII, tampoco se apartó en lo más mínimo de esta línea de pensamiento. Más aún: al cumplirse medio siglo de la *Rerum Novarum*, en 1941, mediante un difundidísimo mensaje radial que llegó al mundo entero por medio de la onda corta, el nuevo Pontífice reiteró la posición oficial de la Iglesia con relación a la propiedad privada y a las ideas comunistas.

A fines de la década de los cincuenta, las percepciones políticas y los juicios económicos de Occidente comienzan a dar un giro significativo, del que la Iglesia Católica no queda excluida. Las ideas marxistas y los gobiernos comunistas empiezan a valorarse de otro modo, pues la URSS muestra un impresionante crecimiento económico desde el fin de la guerra (1945), así como un envidiable desarrollo tecnológico que se pone de manifiesto con el lanzamiento en 1957 del primer satélite colocado por el hombre en el espacio. Ser anticomunista en aquellos años podía ser un estigma, y hasta merecer el calificativo de «perro», como en 1953 proclamara despectivamente Jean-Paul Sartre.

Por otra parte, las ideas keynesianas parecen enterrar definitivamente las concepciones de la economía clásica y se abre paso el criterio de que el Estado tiene un importante papel que desempeñar en el desarrollo económico de las naciones. John Maynard Keynes, economista británico sin veleidades marxistas —en su juventud había sido asesor de los rusos blancos que combatían la instauración de los bolcheviques en Rusia—, publicó en 1936 un influyente libro titulado *Teoría general de la ocupación, el interés y el dinero*, en el que proponía la utilización del presupuesto público para estimular la demanda, generar empleo, garantizar el crecimiento sostenido de la economía y evitar las crisis cíclicas que estremecían a la sociedad —como la ocurrida en 1929—. En realidad se trataba de una propuesta técnica, basada en la manipulación de los equilibrios macroeconómicos y no en una postura ideológica.

Pero lo que el economista inglés prescribía como fórmula de salvación del capitalismo —ensayada con cierto éxito por Franklin D. Roosevelt en Estados Unidos—, aun sin proponérselo, coincidía tangencialmente con la visión que fascistas y comunistas le atribuían al Estado. Esto es: un rol central como creador de riqueza y asignador de recursos, y no como un conjunto de instituciones neutras al servicio de los individuos. Sólo que Keynes no pudo prever que, al margen de las presiones inflacionistas, su propuesta, pasada en América Latina por la CEPAL, daría lugar a ineficientes y corruptas burocracias creadas por Estados-empresarios que se convirtieron en la mayor fuente de despilfarro que había conocido el continente.

En cualquier caso, la Iglesia Católica acusó el impacto de esta reformulación del papel del Estado. En 1958 el cardenal Angelo Giuseppe Roncalli se convierte en el papa Juan XXIII y lleva al Vaticano una imagen de bonachona generosidad, un tanto diferente a la culta pero más bien fría que había proyectado su antecesor Pío XII. Poco después de asumir la dirección espiritual de la Iglesia Católica, Juan XXIII proclama la encíclica *Mater et Magistra*, en cuyos apartados 117 y 118, muy «keynesianamente», admite que «la época registra una progresiva ampliación de la propiedad del Estado y la causa es que el bien común exige hoy de la autoridad pública el cumplimiento de una serie de funciones».

¿Quién las llevaría a cabo? La burocracia estatal, según Juan XXIII, investida de virtudes casi angelicales: «[las funciones] confiadas a ciudadanos que destaquen por su competencia técnica y su probada honradez (...) cumplirán con fidelidad una función social encaminada al bien común». De alguna manera, esta nueva visión de la Iglesia desmentía el «principio de subsidiaridad» proclamado varias décadas antes, es decir, la convicción de que el Estado sólo debía sustituir a la sociedad civil en los asuntos económicos cuando ésta no pudiera o quisiera acometer alguna actividad fundamental para el conjunto de los ciudadanos.

Ello no quiere decir, por supuesto, que Juan XXIII rectificara la tradición romano-tomista de la Iglesia con relación al derecho natural que asistía a las personas de poseer bienes con carácter individual, posición que fija firmemente en el epígrafe 109 de la citada encíclica: «Los nuevos aspectos de la economía moderna han creado dudas sobre si, en la actualidad, ha dejado de ser válido, o ha perdido, al menos, importancia, un principio de orden económico y social enseñado y propugnado firmemente por nuestros predecesores: esto es, el principio que establece que los hombres tienen un derecho natural a la propiedad privada de bienes, incluidos los de producción. Estas dudas carecen de absoluto fundamento, porque el derecho de propiedad privada, aun en lo tocante a bienes de producción, tiene un valor permanente, ya que es un derecho contenido en la misma naturaleza, la cual nos enseña la prioridad del hombre sobre la sociedad civil.»

Y, todavía dentro de la mejor tradición liberal, el mismo texto señala a continuación el grave peligro que sobreviene para el mantenimiento de las libertades cuando se suprime el derecho de propiedad, tal y como sucedía en las naciones organizadas de acuerdo con el modelo comunista: «La historia y la experiencia demuestran que en regímenes políticos que no reconocen a los particulares la propiedad, incluida la de los bienes de producción, se viola o suprime totalmente el ejercicio de la libertad humana en las cosas más fundamentales, lo cual demuestra con evidencia que el ejercicio de la libertad humana tiene su garantía y al mismo tiempo su estímulo en el derecho de propiedad.»

Sin embargo, Juan XXIII no pasaría a la posteridad por *Mater et Magistra* o por *Pacem in terris* –una encíclica relacionada con los peligros de la guerra fría–, y ni siquiera por su notable papel durante la llamada Crisis de los Misiles (1962) que puso al mundo al borde de la destrucción, sino por haber convocado en 1959, a los pocos meses de su elección, al Concilio Vaticano II, evento que se llevaría a cabo entre 1962 y 1965, y que culminaría su sucesor Giovanni Battista Montini, arzobispo de Milán, conocido como Pablo VI a partir de su elección en 1963.

El Concilio Vaticano II

Entre los antiguos romanos se llamaba «concilio» a las asambleas de los patricios, pero dentro de la tradición católica desde los orígenes cristianos se empezó a calificar de esta forma a las reuniones de obispos. No obstante, los concilios ecuménicos –de toda la cristiandad– tuvieron su origen en Nicea, en el 325 d.C., cuando el emperador Constantino convocó a los jerarcas católicos a uno de sus palacios imperiales para ponerlos de acuerdo en las creencias fundamentales de la religión –luego expresadas en el «Credo» que todavía se reza–, y para expulsar al hereje Arrio del seno de la Iglesia por sus opiniones teológicas sobre la real naturaleza de Jesús.

Ese primer concilio marcaría el objetivo de este tipo de evento durante quince siglos –del 325 al 1870–, y dentro de ese espíritu de ajustar las posiciones oficiales de la Iglesia frente a innumerables problemas, se llevarían a cabo una veintena de estas magnas reuniones. Sin embargo, al declararse en 1870, como resultado del Concilio Vaticano I, que el Papa era infalible, que no se podía equivocar cuando creía interpretar la voluntad de Dios, súbitamente la utilidad de estos Concilios quedó devaluada: si el Papa no erraba nunca, la Iglesia no debía debatir sino, simplemente, obedecer.

De ahí la extraordinaria importancia del Concilio Vaticano II: no era un concilio más. Era la oportunidad de revisar la postura de la Iglesia ante una infinidad de problemas, pero ahora los desacuerdos no eran tanto teológicos como sociales. Al fin y al cabo, desde la celebración del último Concilio (1870) habían sucedido dos guerras mundiales, la instauración del comunismo en la URSS, Europa Oriental, China, Mongolia, Corea y Vietnam del Norte, y hasta en Cuba, donde la revolución que había triunfado en 1959 había confundido a numerosos jóvenes radicales del Tercer Mundo, especialmente en América Latina. Incluso el propio Juan XXIII, poco antes de morir, en un gesto en el que reconocía la necesidad de llegar a una suerte de entendimiento con un poder tan formidable como el que exhibían los comunistas, había recibido en audiencia privada al director de *Pravda*, Serguéi Adzhubei, yerno de Nikita S. Jruschov, entonces máximo dirigente soviético.

Es interesante constatar algunas diferencias demográficas entre los Concilios Vaticanos I y II. El que convocó Pío IX en el siglo xix tuvo una participación de 793 prelados, de los que apenas una veintena provenían de América Latina. Los italianos, en cambio, con 285 representantes, alcanzaban más de un tercio de los presentes. En Vaticano II la asistencia media total fue en torno a los dos mil quinientos religiosos, de los que más de cuatrocientos procedían de América Latina. Italia seguía siendo la nación con una mayor presencia (385), pero su peso relativo había disminuido. Por primera vez la presencia del Tercer Mundo comenzaba a ser muy notable en las decisiones de la Iglesia: Congo con 44 obispos, Tanganika con 23, India con 72, Filipinas con cuarenta. Los representantes de Albania, Bulgaria, República Popular China, Corea del Norte y Vietnam del Norte no pudieron asistir.

Pese a esta «democratización» del Concilio Vaticano II, en realidad el Papa mantuvo el privilegio de elegir a los expertos que asesorarían a los obispos (casi todos los asistentes lo eran) y a otros dignatarios de la Iglesia, grupo que sobrepasó los cuatro centenares de personas, abrumadoramente procedentes de los países desarrollados del Primer Mundo. Italia –tanto con Roncalli como con Montini– aportaba más de un tercio de estos notables asesores. Los laicos, invitados como oyentes o «auditores», fueron muy pocos, y las mujeres –a las que se les vedó el acceso en las dos primeras sesiones generales– sólo tuvieron una mínima presencia de 23 personas, diez de las cuales eran religiosas y trece laicas. Indudablemente, la vieja tradición sexista de la Iglesia prevalecía, aunque algo debilitada por los tiempos modernos.

Vaticano II, como hemos señalado, duró tres años (1962-1965), algo más que Vaticano I (1869-1870), cuyo trabajo se vio interrumpido por la Guerra Franco-Prusiana, período no demasiado largo si sabemos que el Concilio de Trento tardó nada menos que dieciocho años, tras una convocatoria de ocho. Y el fruto de estos tres años de trabajo intenso, de reuniones interminables y de debates en los que participaban centenares de expositores, algunos conducidos en latín, generó dieciséis documentos conciliares.

Naturalmente, la discusión más espinosa fue la referida a *Gaudium et Spes*, pues en este texto se abandona la tradición tomista de considerar la propiedad privada como un derecho natural, y hasta se ignora la petición de 332 obispos que habían propuesto una contundente condena al comunismo. En cierta forma, queda abierto el camino para lo que luego se llamaría «Teología de la Liberación».

Populorum Progressio

Poco después del Vaticano II, y basado en *Gaudium et Spes*, Pablo VI proclama su encíclica *Populorum Progressio*, cuyo epígrafe 22 muestra la ruptura con el pasado: «El reciente Concilio lo ha recordado: Dios ha destinado la tierra y todo lo que en ella se contiene para uso de todos los hombres y de todos los pueblos, de modo que los bienes creados deben llegar a todos en forma justa, según la regla de la justicia inseparable de la caridad. Todos los demás derechos, sean los que sean, comprendidos en ellos los de propiedad y comercio libre, a ello están subordinados; no deben estorbar, antes al contrario facilitar su realización, y es un deber social grave y urgente hacerlos regresar a su finalidad primera.» De manera dulce, sin decirlo, pero diáfanamente, en *Populorum Progressio* la Iglesia rompía con *Rerum Novarum* y se acogía a lo que Carlos Rangel luego llamaría «la mentalidad tercermundista».

¿Cómo había surgido esta transformación? Probablemente, como consecuencia de la frustración ante el fracaso de las teorías económicas que explicaban el origen del subdesarrollo. A lo largo de la década de los cuarenta y cincuenta, la hipótesis desarrollista cepalina –planificación, protección arancelaria, Estados-empresarios, sustitución de importaciones, industrialización forzada– había naufragado, y lo que en 1960 proponía Walt Rostow en su libro *Las etapas del crecimiento económico*[1] no parecía compadecerse con los hechos. La verdad es que alcanzar un cierto PIB por habitante –el «umbral» mítico– o una determinada tasa de formación de capital interno, no franqueaba automáticamente las puertas de la prosperidad. El «problema» parecía estar en otro lado.

Es entonces cuando comienza a abrirse paso la llamada «teoría de la dependencia» –originalmente proclamada por los cepalinos, luego formulada por Fernando Henrique Cardoso en un libro que llevaría ese nombre–, mediante la cual los políticos y académicos del vecindario marxista atribuyen la pobreza del «periférico» Tercer Mundo a una especie de diseño a que le condenan los centros de poder del capitalismo «central», pues lo inducen a producir aquello que conviene y cuanto conviene a las naciones del Primer Mundo.

Dentro de este contexto intelectual Pablo VI proclama en 1967 la encíclica *Populorum Progressio*, tras recibir la ayuda decisiva del dominico Louis-Joseph Lebret, un científico social que en el libro *Dinámica concreta del desarrollo*[2] había demostrado su rechazo a la economía de mercado y su orientación marcadamente radical.

Esta encíclica muy bien puede considerarse como uno de los documentos clave para percibir los errores de juicio que convierten a la Iglesia en un fabricante de miseria. Y –como veremos más adelante– la *Populorum Progressio (P.P.)* construyó el equivocado paradigma sobre el que se constituyó, primero, la llamada *Teología de la Liberación*, y luego y hasta hoy, la base de los razonamientos económicos sobre los que obispos y órdenes religiosas suelen edificar sus propuestas en América Latina.

1. Rostow, Walt, *The stages of economic growth*, 3.ª ed. Cambridge University Press, 1990.
2. Lebret, Louis-Joseph, *Dinámica concreta del desarrollo*, Herder, Barcelona, 1966.

Es tal el galimatías ideológico y la confusión provocados por estos textos, que en el otro extremo del abanico político los militares argentinos más reaccionarios solían invocar las mismas encíclicas que defendían los partidarios de la Teología de la Liberación.

La primera objeción que hay que hacerle a este texto tiene que ver con su raigal irracionalidad teórica. Todo el juicio crítico está montado sobre la base de una comparación. Hay países ricos en los que el lujo puede llegar a ser ofensivo, y hay países pobres en que las personas están desprovistas de los bienes más elementales. Hay personas ricas que gozan de toda clase de comodidades y, en la misma región, hay personas miserables que, literalmente, mueren de hambre y de enfermedades perfectamente curables.

Es decir: lo que la Iglesia está haciendo es una comparación cuantitativa y cualitativa de la riqueza. Está comparando viviendas, alimentación, vestido, atención médica, educación, medios de transporte, disponibilidad de ocio, etc. Al Papa —y con él a la Iglesia— le duele, le lastima, que unos tengan más que otros, postura, por demás congruente con la más vieja tradición cristiana.

Nótese que lo que provoca la indignación de la Iglesia son las diferencias materiales. En ningún momento el Papa, a través de su encíclica, censura las posibles diferencias espirituales o morales entre ricos y pobres, probablemente porque no existen, o porque no son observables y —por lo tanto— resulta imposible cuantificarlas. Pero esta omisión no le impide asegurar que: «El desarrollo no se reduce al simple crecimiento económico (...) para ser auténtica [la transformación] debe ser integral, es decir, promover a todos los hombres y a todo el hombre» (*P.P.* 14).

Para la Iglesia, «integral» es lo opuesto a lo económico, a lo mensurable. Es algo impreciso que engloba todas las dimensiones de la persona, mostrando cierto ascético desprecio por la satisfacción de los aspectos materiales. «El tener más, lo mismo para los pueblos que para las personas, no es el fin último. Todo crecimiento es ambivalente» (*P.P.* 19).

¿En qué quedamos? La Iglesia sabe que hay personas que tienen muy poco porque las compara con otras que tienen mucho. Es obvio que el desarrollo es siempre una categoría comparativa. Si todos los humanos vivieran miserablemente, la pobreza o la riqueza habrían desaparecido. Sabemos que Paraguay es pobre porque lo comparamos con Dinamarca. Y sabemos –exactamente igual que lo sabe la Iglesia– que es más pobre porque consume menos.

La ambigüedad en el lenguaje puede ser una forma de enmascarar la ignorancia o –en el peor de los casos– un síntoma de poca seriedad intelectual. Cuando la Iglesia –o las instituciones que la componen– reclaman el desarrollo integral de la persona y la relación que esto tiene con la posesión de bienes materiales ¿qué es, exactamente, lo que están proponiendo? ¿Quiénes son los modelos humanos que se comportan con arreglo a lo que la Iglesia supone moralmente aceptable y qué bienes poseen? ¿Es la clase media canadiense o la sueca? ¿A quiénes quiere la Iglesia que se parezcan los pobres del mundo? Supongamos que la justa medida es la que se refleja en el modo de vida de la mayor parte de los obispos y cardenales, pues si ellos son los que dictan las normas, y ellos, junto al Papa, interpretan la voluntad de Dios, ellos deben constituir el canon. ¿Cómo suelen vivir los obispos y cardenales hoy, tras el Concilio Vaticano II? No nos referimos al de Trento, en el que el cardenal Gonzaga llevaba ciento sesenta sirvientes y ayudantes, o al de Constanza, en el que el arzobispo de Maguncia se presentó con quinientos.

Pues hoy los obispos y cardenales suelen tener viviendas confortables, agradablemente «climatizadas», coche, medios de comunicación modernos (TV, teléfono, fax, Internet), comida suficiente y balanceada, y ayuda doméstica. *Grosso modo*, estos dignatarios de la Iglesia viven como vive la clase media alta en cualquier nación del Primer Mundo, como viven los ejecutivos de las grandes corporaciones. No tienen yates (en una época los tuvieron), ni coches muy lujosos, pero tampoco la clase media alta puede disfrutar de estos lujos costosos.

¿Qué parte de los bienes que los obispos y cardenales utilizan son realmente necesarios? Y si es cierto que las diferencias en los modos de vida y en el uso de ciertos bienes ofenden a Dios ¿es eso lo que sucede cuando se compara el estándar de vida de la jerarquía eclesiástica con la de los pobres que malviven en los peores tugurios de los cinturones urbanos o en los inmundos caseríos rurales?

Otra duda surge, simultáneamente, que merece una precisa respuesta de la Iglesia. En la *P.P.*, y en decenas de documentos de la Iglesia desde su fundación hasta hoy, se insiste en la relación perversa de quienes tienen y quienes no tienen, achacándoles a los primeros las desdichas de los últimos. Cuando un obispo o un cardenal de esos que, en un elegante latín, redactaron el *Gaudium et Spes*, o cuando el Papa, tras proclamar la *Populorum Progressio*, contrastaron sus modos de vida con los de quienes Franz Fannon llamaba «los condenados de la tierra», ¿se preguntaron cuántos de los bienes que ellos consumen y cuánto del costo de la vida confortable que ellos disfrutan es el producto del despojo de quienes nada tienen? Porque si la lógica económica de estas personas –afortunadamente para sus conciencias, notablemente disparatada– las incluye a ellas mismas en sus conclusiones, si no están exentas de sus propios juicios universales, hay gentes en este mundo injusto que «pagan» por lo que ellos gozan.

Sigamos con las contradicciones. Según se infiere de la *Populorum Progressio,* el objetivo de la Iglesia es rescatar a los pobres de su miseria y elevarlos a un estándar de vida digno, comparable –ya lo hemos dicho– al que se observa en los países explotadores. Pero ¿cómo alcanzaron las sociedades del Primer Mundo el nivel de vida que poseen? Lo hicieron, a juicio de la Encíclica, de una manera reprobable, que recuerda a la etapa de la «acumulación primitiva» señalada por los marxistas en sus textos. La *Populorum Progressio* es terminante: «Pero, por desgracia, sobre estas nuevas condiciones de la sociedad se construyó un sistema que consideraba el lucro como el motivo esencial del progreso económico, la competencia como la ley suprema de la economía, la propiedad privada de los medios de producción como un derecho absoluto, sin límites ni obligaciones sociales correspondientes.»

Este liberalismo económico conducía a la dictadura, justamente denunciada por Pío XI como generadora del imperialismo internacional del dinero. Pero si es verdad que un cierto capitalismo fue la causa de muchos sufrimientos, de injusticias y de luchas fratricidas, cuyos efectos duran todavía, sería injusto que se atribuyera a la industrialización misma los males que son debidos al nefasto sistema que le acompañaba (*P.P.* 26).

Es interesante que, en las tres o cuatro primeras líneas del párrafo citado, Pablo VI consigna las tres fobias que, por razones morales, una y otra vez fustiga el catolicismo: la búsqueda del lucro, la competencia y la propiedad privada. Es como si el Santo Padre o sus asesores en materia económica no entendieran la naturaleza humana y mucho menos los mecanismos íntimos que rigen la creación de riquezas, algo difícil de comprender en una sabia institución que cuenta con dos mil años de existencia, casi todos en compañía, precisamente, de las clases dirigentes y adineradas.

Sin el afán de lucro, sin la voluntad de sobresalir, las personas no consiguen prosperar. ¿Conocía Pablo VI lo que sucedía en las dictaduras comunistas, en las que se había demonizado el afán de lucro? ¿No sabía de esas muchedumbres impasibles, apáticamente marginadas de la actividad económica por la falta de motivaciones? ¿Sería cierto, como en 1905 escribió Max Weber, que las comunidades protestantes son más ricas que las católicas porque cultivan una ética de trabajo que no penaliza el afán de lucro, siempre que se mantenga dentro de los límites que marca la ley? Y si el «afán de lucro» forma parte de la ética de trabajo que impulsa la creación de riquezas, lo que se traduce en unas formas más ricas de vida, ¿cómo aspirar lógicamente a los niveles de confort y prosperidad que caracteriza a las sociedades ricas si se renuncia al resorte sicológico que mejor los propicia?

En cuanto a la competencia, sucede exactamente lo mismo. De acuerdo con la *P.P.*, no hay duda de que Su Santidad tiene serias dificultades en entender el papel que desempeña la competencia en la mejoría de la sociedad. Sin ella, sencillamente, no hay progreso ni desarrollo. La competencia es el modo que tiene la sociedad de purgar sus errores y de crear formas de vida cada vez mejores y, allí donde funciona el mercado, más baratas. Es cierto que la competencia coloca sobre la persona una durísima tensión o estrés, como se dice en nuestros días, pero de ella depende la posibilidad de mejorar el mundo en que vivimos.

Hace ochenta años que esto lo explicó con toda claridad un economista austríaco llamado Joseph Schumpeter. La competencia dura, demandante, a veces agónica, es lo que hace que las personas y las empresas se esfuercen por hacer las cosas mejor y a mejores precios. ¿Que en el camino hay personas y empresas que fracasan? Por supuesto. Si no hubiera fracasos, si diera igual producir poco o mucho, bien o mal, ¿por qué las personas o las empresas se iban a esforzar?

Los mejores ejemplos para ilustrar lo que Schumpeter –que era liberal *ma non troppo*– llamaba la «destrucción creadora» del mercado y el efecto de la competencia hay que buscarlos en aquellos países en donde ese mecanismo dejó de funcionar. Había dos Alemanias. En una, la Occidental, los productores vivían atenazados por la necesidad de competir. Se competía entre empresas que fabricaban los mismos productos –Mercedes, BMW, VW–, entre personas que aspiraban a los mismos puestos de trabajo, entre políticos que deseaban ocupar los mismos cargos. En la otra Alemania no se competía. La moral marxista tampoco creía en la deshumanizante tensión que eso generaba entre las personas. ¿Resultado? La Alemania comunista era infinitamente más pobre, desesperanzada y ruin que la capitalista, y quienes vivían «protegidos» por un muro de los efectos de la competencia, corrían toda clase de riesgos para trasladarse al otro lado. Hasta el día que consiguieron derribar la infausta pared.

Algo similar puede alegarse de la propiedad privada. Sin propiedad privada –y así lo sostuvo la Iglesia durante quince siglos– es muy difícil mantener la libertad de las personas. Es un derecho natural, porque es algo que las gentes conquistan con su trabajo. Cuando se pierde esa relación entre el esfuerzo personal y la obtención de bienes privados, los seres humanos quedan a merced de quien detenta los derechos de propiedad, sea el Estado u otra entidad colectiva. A partir de ese momento las posibilidades de decidir sobre la propia vida se reducen notablemente, porque el control de nuestros actos queda en las manos de otras personas.

Pero hay más. Al margen de este debate abstracto –aunque de muy concretas consecuencias– está archidemostrada la vinculación que existe entre la prosperidad y el respeto por la propiedad privada. Douglas North y Ronald Coase han obtenido el Premio Nobel por exponer esa relación sin la menor duda. Violar esos derechos, redistribuir tierras o riquezas «revolucionariamente» para lograr un mayor grado de equidad, suele ser una receta infalible para provocar el fracaso. América Latina ha comprobado este fenómeno innumerables veces. Lo ha visto con Perón, con Castro, con Velasco Alvarado, incluso con la tan alabada revolución agraria mexicana, que al cabo de más de setenta años mantiene a la mitad de la población –mayoritariamente la de carácter rural– por debajo de los niveles de pobreza.

No estamos diciendo que la *P.P.* se coloque al lado de la subversión –aunque al comunismo sólo lo condena implícitamente–, porque sería ignorar el siguiente párrafo: «Sin embargo, como es sabido, la insurrección revolucionaria –salvo en el caso de tiranía evidente y prolongada, que atentase gravemente contra los derechos fundamentales de la persona y dañase peligrosamente el bien común del país– engendra nuevas injusticias, introduce nuevos desequilibrios y produce nuevas ruinas. No se puede combatir un mal al precio de un mal mayor.» (*P.P.* 31)

Lo que afirmamos es que, cuando una y otra vez la Iglesia subordina el derecho de propiedad a que éste cumpla esa vaporosa «función social» que se le exige para que sea moralmente justificable, fórmula imprecisa que alienta cualquier arbitrariedad, lo que se consigue no es una sociedad más equitativa, sino una sociedad más pobre, en la que los capitales nacionales –el ahorro– se destruyen, y los capitales internacionales no acuden por falta de garantías. Lo que afirmamos es que en el lenguaje de la Iglesia Católica –especialmente a partir de la *Populorum Progressio*– hay una permanente censura moral contra el capitalismo que le hace un flaco servicio a los menesterosos del Tercer Mundo, que padecen, precisamente, la desgracia de no poseer suficientes capitales y un número adecuado de empresas vigorosas.

¿Es acaso tan difícil de entender uno de los mecanismos que explican la dinámica del desarrollo económico? Si no hay ahorro e inversión no es posible eliminar la miseria. Es el ahorro suficiente o excesivo del que ha superado el umbral de lo imprescindible lo que hace posible un aumento de los ingresos de los menos favorecidos. Al mismo tiempo, es la inversión en bienes de capital lo que suele aumentar la productividad, reducir los costos y generar un crecimiento intensivo de la economía, fenómeno que acaba por multiplicar los puestos de trabajo y el monto de los salarios.

Demonizado el capitalismo, colocado bajo sospecha el mercado, ¿qué fórmula propone la *P.P.* para sacar a los pobres de su dolorosa miseria? Propone algo tan irreal, tan fuera de este mundo, que no pasa de ser una posición meramente retórica: sugiere que los países (y las personas) poderosos transfieran una parte importante de sus riquezas a los necesitados. Es decir, para la *P.P.* el modo de abordar la miseria es la caridad internacional: «Ante la creciente indigencia de los países subdesarrollados, se debe considerar como normal el que un país desarrollado consagre una parte de su producción a satisfacer las necesidades de aquéllos; igualmente normal que formen educadores, ingenieros, técnicos, sabios que pongan su ciencia y su competencia al servicio de ellos» (*P.P.* 48).

Para las personas, la proposición no es menos ilusa: «A cada cual toca examinar su conciencia, que tiene una nueva voz para nuestra época. ¿Está dispuesto a sostener con su dinero las obras y las empresas organizadas en favor de los más pobres? ¿A pagar más impuestos para que los poderes públicos intensifiquen sus esfuerzos para el desarrollo? ¿A comprar más caros los productos importados a fin de remunerar más justamente al productor?» (*P.P.* 47).

Por supuesto que los países prósperos en alguna medida –generalmente pequeña– ayudan a los más necesitados. Naciones Unidas ha tratado de generalizar que se done el 0,7 por ciento del PIB para estos fines, pero muy pocos son los Estados que alcanzan esa cifra, una de las partidas del presupuesto que más rechazan los electores, especialmente en los países católicos (los escandinavos, mayoritariamente luteranos, son los más generosos). Y es muy natural que así sea. Quien conozca la historia y el efecto real de esas ayudas no puede menos que sentirse escéptico ante el planteamiento del Papa: ninguna sociedad ha prosperado con la caridad externa. Cuando J. F. Kennedy dedicó treinta mil millones a la *Alianza para el Progreso*, se creía que esto constituiría una gran sacudida. Y no pasó nada. A lo largo de treinta años Cuba recibió unos cien mil millones de dólares en subsidios soviéticos y, pese a esa gigantesca limosna, el país estaba en peores condiciones que cuando se asoció a la URSS.

El problema radica en que el alivio y la solución de la pobreza en América Latina habría que abordarlos con los métodos que la Iglesia censura: contribuyendo a crear una cultura empresarial tensa, competitiva, ambiciosa, innovadora; estimulando en las personas el deseo de sobresalir, y reconociéndoles todos los méritos cuando han logrado triunfar y hacer fortuna. Porque no es con la humilde actitud contemplativa o con el desprecio olímpico por los bienes materiales con lo que se crea riqueza, sino con el deseo de triunfar, de poseer, de disfrutar. La pobreza no se puede extirpar con el espíritu ascético, sino con el lúdico, con el que no rehúye las cosas gratas y el confort que la vida puede brindar a este no necesariamente «valle de lágrimas».

Cristianismo y marxismo iberoamericanos

A partir del pontificado de Juan XXIII, en todo el mundo político iberoamericano comenzó a percibirse un acercamiento entre ciertos sectores cristianos y las posiciones marxistas. En esa relación contranatura, los marxistas, sin renunciar al materialismo dialéctico y a su connatural ateísmo, redujeron al mínimo el habitual anticlericalismo de la secta, y –a cambio– estos cristianos hicieron suyos muchos de los diagnósticos comunistas, así como el recetario terapéutico que los acompañaba, simbiosis que acabó pagando la sociedad como consecuencia de las disparatadas políticas públicas defendidas por unos y otros.

En España –o más bien fuera de ella– el socialdemócrata Partido Socialista Obrero Español (PSOE), en su X Congreso realizado en el exilio, en agosto de 1967, cita profusamente los documentos de Vaticano II y declara que «no es verdad que exista esa escisión maniquea entre un mundo ateo y materialista y un mundo religioso y espiritualista». Y no era sorprendente que se proclamara tal cosa, porque ya había comenzado un proceso de radicalización de los democristianos tradicionales, que terminaron creando en 1959 la Izquierda Demócrata Cristiana, bajo la inspiración del catedrático de Derecho Manuel Giménez Fernández. Algunos de estos democristianos «progresistas», como es el caso de Julio Rodríguez Arramberri, «avanzarían» tanto en sus posiciones que terminaron por convertirse en ideólogos de la trotskista Liga Comunista Revolucionaria; otros, en cambio, como D. Gregorio Peces-Barba, Félix Pons, Juan Manuel Eguiagaray o Pedro Altares, se quedarían dentro de las coordenadas de un dulce socialismo vegetariano, afortunadamente defensor del Estado de Derecho y de la democracia representativa.

Los comunistas españoles de línea soviética también advirtieron que el cambio que se operaba en la Iglesia podía ser un buen instrumento estratégico para ganar espacio político. En 1963 inauguran la publicación teórica *Realidad* con un elogio a la Encíclica *Pacem in Terris* de Juan XXIII, por todo lo que tiene de defensora de la tesis moscovita de la coexistencia pacífica. Tampoco ignoran que los sindicalistas católicos han alcanzado una gran penetración en el aparato obrero ante el desprestigio creciente del sindicalismo vertical franquista. Jorge Semprún, comunista importante en la década de los sesenta –y luego uno de sus más lúcidos y efectivos críticos– lo dejó en claro en 1967 en el número 11 de *Cuadernos de Ruedo Ibérico*: «nuestro esfuerzo ha de ser apoyar a este sector más avanzado del movimiento católico sin confusionismos ideológicos ni oportunismos». Esa política de brazos abiertos pronto le dio frutos al Partido Comunista y en 1974 en él ingresaba Alfonso Comín, un intelectual cristiano notablemente influyente entre los creyentes y entre los marxistas, quien en 1970 formaba parte de Bandera Roja y mucho antes había estado entre los gestores del Frente de Liberación conocido como FELIPE.

Ese desembarco de los cristianos de izquierda en el socialismo y en el comunismo provocó ciertos reparos ideológicos en intelectuales marxistas como Manuel Sacristán, a quien no se le ocultaban las contradicciones que tal cosa entrañaba, pero las ventajas tácticas que ofrecía esa colaboración eran mucho mayores que la incoherencia que generaba en un marxista que se tomara en serio el pensamiento del autor de *El Capital*. A fin de cuentas, todo cristiano, por definición, debe tener como centro de sus creencias una concepción trascendente de la existencia humana, es decir, exactamente lo contrario del punto de partida teórico de las elucubraciones marxistas. Por otra parte, si la dialéctica materialista era cierta, la trascendencia cristiana resultaba falsa, y viceversa. Sólo que en la década de los setenta ese debate «filosófico», a punto de morir Franco, era tan bizantino como discutir el sexo de los ángeles con los turcos a las puertas de Constantinopla.

En América Latina ocurrió exactamente lo mismo que en

España y dentro de un calendario muy parecido. El triunfo de
la revolución cubana en 1959 coincidió con el pontificado
de Juan XXIII, quien poco antes de morir, en 1962, tras la
Crisis de los Misiles que puso al mundo al borde de la destrucción, pese a que Castro le pidió a Jruschov que lanzara los
cohetes contra Estados Unidos, no tuvo inconveniente en otor-
garle al dictador cubano una medalla de reconocimiento por
medio de la embajada de La Habana ante el Vaticano.

Muy pronto la estrategia castrista y sus vínculos con los
cristianos radicales se hicieron sentir. A mediados de la década de los sesenta, el sacerdote colombiano Camilo Torres
moría en un enfrentamiento con el ejército tras haber creado un frente guerrillero. Aunque el término se acuñaría
algunos años más tarde por el teólogo peruano Gustavo Gutiérrez, Torres fue el primer representante genuino de la *Teología de la Liberación*. Esto es, la aceptación, por parte de los
cristianos, de la inevitabilidad de la lucha armada, ante la
imposibilidad de desmontar las injusticias sociales por vías pa-
cíficas.

Eso era, precisamente, lo que se desprendía con toda lógica de la admisión de la *Teoría de la Dependencia*. Según sus
ideólogos, como hemos señalado, América Latina no podía
desarrollarse como consecuencia de un modo y una clase de
producción impuestos desde el centro desarrollado –los países
imperialistas–, aliados con la burguesía local, grupo que no
era otra cosa que una correa de transmisión de los grandes
poderes capitalistas internacionales. Ante esa infame alianza, no quedaba otra opción que el levantamiento armado y la
creación de un gobierno revolucionario. ¿Y cómo se llevaría a
cabo esa epopeya? Pues, por el procedimiento cubano descrito por el Che Guevara en *La guerra de guerrillas*[3] y por Régis Debray en *¿Revolución en la revolución?*[4] Mediante focos
guerrilleros surgidos en las zonas rurales que fueran desarro-

3. Guevara, Ernesto, *La guerra de guerrillas*. Incluida en *Obra Revolucionaria*, Era, México, 1968.

4. Debray, Régis, *¿Revolución en la revolución?*, Era, México, 1976.

llándose y «concientizando» a los grupos radicales urbanos hasta llegar a la toma de las ciudades y a la destrucción y sustitución del Estado burgués.

Esa tesis insurreccionalista, sin embargo, debió coexistir con otra de carácter electoralista surgida básicamente en Chile como consecuencia de distintos desprendimientos por la izquierda del Partido Demócrata Cristiano. En 1969 se escindió el Movimiento de Acción Popular (MAPU) y en 1971 se crea *Cristianos por el Socialismo* para, simultáneamente, respaldar al gobierno de Allende y radicalizar en el plano teórico a los democristianos más propicios.

En ese mismo año, no obstante, en el Congreso Nacional de Educación y Cultura celebrado en La Habana, durante un acceso de estalinismo que superaba con creces al modelo soviético de entonces, tras arremeter contra los homosexuales y los intelectuales críticos, los organizadores del evento, sin duda interpretando el pensamiento de Castro, declaraban paladinamente y sin el menor rubor: «no estimular, apoyar o ayudar a ningún grupo religioso ni pedir nada de ellos. No compartimos las creencias religiosas ni las apoyamos». Postura que será la oficial del gobierno cubano hasta el IV Congreso del Partido (1991), tras la desaparición de la URSS y el fin del millonario subsidio que Cuba recibía de Moscú, fecha en que se decide permitir el ingreso de los creyentes al Partido Comunista, fenómeno, por cierto, que sucedió en sentido contrario. Fueron algunos comunistas quienes se acercaron a la Iglesia para bautizar a sus hijos y a reconciliarse con la religión tradicional de Cuba.

México y Brasil son dos de los países latinoamericanos en los que la coincidencia entre cristianos laicos, marxistas y clérigos radicalizados ha alcanzado una mayor fusión. En México el motejado como «obispo rojo de Cuernavaca», Sergio Méndez Arceo, amigo y defensor de la dictadura cubana, y Samuel Ruiz, obispo de Chiapas –a quien sus compatriotas sindican como el verdadero *Comandante* del movimiento zapatista, ya que el famoso Marcos se hace llamar *Subcoman-*

dante–, son buenos ejemplos de los vínculos entre sectores de la Iglesia y los comunistas.

Pero es en el Brasil donde la *Teología de la Liberación* y el acercamiento entre marxistas y curas radicalizados ha rendido a los comunistas los mayores dividendos. Marta Harnecker, chilena y dirigente católica en su juventud, maoísta posteriormente, luego convertida al castrismo más burdo y represivo, lo afirmó con toda franqueza en 1994: «Todos los movimientos sociales que surgieron al final de la dictadura [brasilera] tuvieron su origen en el trabajo de la Iglesia.» Y tenía porqué saberlo. Era la esposa del general cubano Manuel Piñeiro Losada, primero viceministro jefe de la Dirección General de Inteligencia y luego director de América Latina del Comité Central del Partido Comunista de Cuba, desde cuyos cargos organizaba la subversión en América Latina.

En efecto, como afirma Rafael Díaz-Salazar:[5] «Cristianos formados y alentados por la Comisión Pastoral de la Tierra dieron vida al MST (Movimiento de los Sin Tierra) y a organizaciones ecologistas campesinas, uno de cuyos líderes fue Chico Mendes.» Y luego añade: «En el ámbito político, la influencia de la Iglesia y del cristianismo de la liberación han sido totalmente decisivas para la creación en 1980 del Partido de los Trabajadores, el mayor partido de izquierda de toda América Latina.» Algo que tácitamente admite Lula da Silva en una cita recogida por Díaz-Salazar: «En América Latina gran parte de los avances políticos se deben a la Iglesia Católica a través de las comunidades de base, de la pastoral de la tierra, de la pastoral obrera, etc. Un trabajo fantástico, serio, de la Iglesia Católica en los sectores populares. La Iglesia tiene que servir para eso, para animar al pueblo en sus derechos y luchas, darle fuerza espiritual y ofrecerle caminos para luchar contra las injusticias, pues al fin y al cabo eso es lo que hizo Jesucristo la vida entera.»

5. Díaz-Salazar, Rafael, *La Iglesia y el Cristianismo*, Taurus, Madrid, 1998.

Según el citado autor, a cuya investigación hemos recurrido profusamente en este epígrafe, esta colaboración entre el Partido del Trabajo y la Iglesia se puede demostrar en el éxito de Lula precisamente allí donde la labor de la Iglesia ha sido más intensa.

El peso del CELAM

En el verano de 1998 el presidente del Consejo Episcopal Latinoamericano (CELAM), monseñor Óscar Andrés Rodríguez, declaró que pensaba recurrir a la Corte Internacional de Justicia para que determinara si es legal cobrarles a los países del continente la deuda contraída con los centros financieros internacionales.

En realidad eso era meterse en camisa de once varas, pues alguien podía sentirse tentado por el precedente para preguntar si fue legal cobrarles el diezmo a los cristianos (y no cristianos) sin su consentimiento expreso durante mil quinientos años, pero la relevancia que alcanzó esa noticia en la prensa sirve para subrayar otra cosa tal vez más importante: el peso destacado que ha adquirido el CELAM dentro de la conciencia política latinoamericana. Lo que dice el CELAM –nunca mejor dicho– va a misa. Pero el asunto es que el CELAM suele incurrir en notorios disparates de tipo conceptual que acaban generando un mayor número de problemas que los que pretende solucionar. En cierto sentido, los obispos, cuando se reúnen a opinar de cuestiones económicas, se convierten en unas eficientes máquinas de fabricar miseria.

El CELAM es un organismo oficial de la Iglesia Católica, creado por Pío XII en 1955 poco antes del final de su pontificado. Es el punto de encuentro de las 22 Conferencias Episcopales del mundo latinoamericano, incluido el Caribe y las Antillas. Cada cuatro años se reúne la Asamblea Ordinaria y los presidentes de estas Conferencias locales eligen a los directivos del CELAM. Con bastante justicia puede decirse que la confusión en materia económica y política introducida por los obispos tuvo su inicio en la convención reunida en Medellín en 1968. Y también sin faltar a la verdad es posible afirmar que los documentos del CELAM, a partir de esta fecha, muestran una variante diferenciada de la *Doctrina Social de la Iglesia* (DSI). Lo razonable sería hablar de una «DSI latinoamericana», pero hasta ahora, ignoramos las razones, no se ha querido reconocer esta desviación ideológica.

«Medellín» tuvo su origen, por supuesto, en Vaticano II. Tras finalizar el Concilio, los obispos decidieron adaptar la acción de la Iglesia Católica a las nuevas directrices, y tras varias reuniones previas y documentos de trabajo, las dieciséis comisiones consiguieron redactar un documento final en el que se hicieron eco de equivocadas formas de interpretar los hechos económicos. En la parte titulada *Promoción Humana*, en el capítulo llamado *Justicia*, ya en el primer párrafo censuraron la globalización económica sin darse cuenta de que ésta —como se demuestra en diversos casos— favorece a las masas: «Los pequeños artesanos e industriales son presionados por intereses mayores y no pocos grandes industriales de Latinoamérica van pasando progresivamente a depender de empresas mundiales. No podemos ignorar el fenómeno de esta casi universal frustración de legítimas aspiraciones que crea el clima de angustia colectiva que ya estamos viviendo» (Medellín, 1, 1).

Más adelante, en el epígrafe denominado *Empresa y economía*, con un toque claramente demagógico, descalifican el derecho a poseer empresas, apoyándose en el peregrino argumento de que, al ser la producción el resultado de la coordinación entre el capital y el trabajo, no es posible que nadie posea individuos. Dicen los obispos: «el sistema empresarial latinoamericano y, por él, la economía actual, responden a una concepción errónea sobre el derecho de propiedad de los medios de producción y sobre la finalidad misma de la economía. La empresa, en una economía verdaderamente humana, no se identifica con los dueños del capital, porque es fundamentalmente comunidad de personas y unidad de trabajo, que necesitan de capitales para la producción de bienes. Una persona o un grupo de personas no pueden ser propiedad de un individuo, de una sociedad o de un Estado».

Esta última frase los lleva a establecer una equivalencia moral entre la economía de mercado y la economía colectivista defendida por los comunistas, con un párrafo tan injusto como resultaría de afirmar que apenas hay diferencias entre Costa Rica y Cuba o entre Holanda y Corea del Norte. Veámoslo: «El sistema liberal capitalista y la tentación del sistema marxista parecieran agotar en nuestro continente las posibilidades de transformar las estructuras económicas. Ambos sistemas atentan contra la dignidad de la persona humana; pues uno tiene como presupuesto la primacía del capital, su poder y su discriminatoria utilización en función del lucro; y el otro, aunque ideológicamente sostenga un humanismo, mira más bien al hombre colectivo, y en la práctica se traduce en una concentración totalitaria del poder del Estado. Debemos denunciar que Latinoamérica se ve encerrada entre estas dos opciones y permanece dependiente de uno u otro de los centros de poder que canalizan su economía» (Medellín, Conclusiones, 1, 10).

¿Cómo proponen los obispos poner fin a la pobreza? Con una cándida falta de imaginación, sin percatarse de que ese terco camino había sido emprendido mil veces, el CELAM asegura que: «Esta promoción [la de los campesinos] no será viable si no se lleva a cabo una auténtica y urgente reforma de las estructuras y de la política agraria (...) Es indispensable hacer una adjudicación de las mismas bajo determinadas condiciones que legitimen su ocupación y aseguren su rendimiento, tanto en beneficio de las familias campesinas, cuanto de la economía del país» (Medellín, Conclusiones, 1, 15).

¡Otra reforma agraria! que, para que dé sus magníficos frutos, deberá ir acompañada de un proceso de industrialización que los obispos despachan en un párrafo lleno de intenciones tan magníficas como vacías: «La industrialización será un factor decisivo para elevar los niveles de vida de nuestros pueblos y proporcionarles mejores condiciones para el desarrollo integral. Para ello es indispensable que revisen los planes y se reorganicen las macroeconomías nacionales, salvando la legítima autonomía de nuestras naciones, las justas reivindicaciones de los países más débiles y la deseada integración económica del continente, representando siempre los inalienables derechos de las personas y de las estructuras intermedias, como protagonistas de este proceso.»

¿Cuáles creen los obispos que son los factores que «más influyen en el empobrecimiento global» de la región, «constituyendo por lo mismo una fuente de tensiones internas y externas»? Cinco son estos enemigos identificados por la Iglesia: Primero, la injusta asignación de los términos de intercambio. Los países desarrollados pagan menos por las materias primas y cobran más por los productos manufacturados. Segundo, la fuga de capitales económicos y humanos. Tercero, la evasión de impuestos y fuga de ganancias y utilidades. Cuarto, la creciente deuda externa. Y quinto, lo que llaman el «imperialismo internacional del dinero», aquellas fuerzas que «inspiradas por el lucro sin freno, conducen a la dictadura económica...» (Medellín, Conclusiones, 2, 9).

¿No había nadie en Medellín que les explicara a los obispos que la supuesta injusticia de los términos de intercambio es un camelo que no resiste el análisis? La pregunta correcta no es cuántos sacos de café o azúcar hay que pagar por un tractor; sino cuántas horas de trabajo dedica un agricultor para comprar ese tractor. El problema no está en el precio del arroz o del maíz, sino en la productividad del agricultor. Para un campesino norteamericano u holandés, trabajadores con una enorme productividad, un tractor o un televisor comprado a fines del siglo xx es mucho más barato en horas de trabajo que el que sus padres adquirieron a mediados de siglo. Lo que mantiene en la pobreza a nuestros campesinos es la falta de productividad, que a su vez se deriva, básicamente, de la falta de inversión en bienes de capital y de la ausencia de infraestructuras. Ese mismo economista o persona medianamente informada, lamentablemente ausente en la reunión de Medellín, podía haberles contado a los obispos que existe una probada relación entre la fuga de capitales y cerebros y la puesta en práctica de medidas revolucionarias como las reformas agrarias, pues el capital y las personas sensatas suelen huir de donde no hay garantías jurídicas o de donde no se respeta la propiedad privada.

¿Cómo asombrarse de que los empresarios trasladen sus dividendos a Suiza o Miami si tienen que trabajar en un continente en el que nada menos que los obispos condenan la economía de mercado y advierten que el cristianismo es pacífico, pero «no es simplemente pacifista, porque es capaz de combatir»? Es cierto que la deuda externa es un ancla pesada sobre la espalda de América Latina; pero, ¿por qué nos van a prestar en el futuro si no cumplimos nuestros compromisos previos? Esos préstamos –¿cuántas veces hay que recordarlo?– provienen del ahorro de ciertas sociedades que no gastaron sus excedentes en consumo, sino los pusieron a disposición de otros pueblos para que los utilizaran adecuadamente.

Si los gobiernos hubieran utilizado sabiamente esos recursos, si no los hubieran dilapidado o robado, habrían servido para incrementar la riqueza de nuestros pueblos. El culpable no es el sistema financiero, sino quienes lo utilizan perversamente. Pagar intereses por el capital no devuelto no es una práctica infame, sino lo que permite la existencia de créditos a largo plazo. Si éstos no existieran, cientos de millones de personas, por ejemplo, jamás podrían poseer una vivienda. Lo que hace posible este «milagro» del siglo XX es la existencia de esos créditos, de sus vilipendiados intereses y el cumplimiento de los compromisos adquiridos. Tal vez, al cabo de veinte años, el deudor ha pagado en intereses el doble del préstamo originalmente recibido, pero así se convirtió él mismo en creador de riqueza, en dueño de su capital –su casa propia– y en sujeto de créditos futuros.

Once años más tarde, en Puebla, México, el CELAM vuelve a reunirse para examinar los problemas con que se enfrenta la Iglesia en América Latina, y al frente de ellos, por supuesto, está el tema de la pobreza. ¿Han aprendido algo los obispos en esa larga década? ¿Dicen algo diferente? En realidad, nada, lo cual es sorprendente, porque es en esa década cuando comienzan a verse los resultados de las reformas económicas llevadas a cabo en Asia por los llamados «dragones». Mientras la Iglesia condenaba la globalización, la economía de mercado y la «fiera competencia», ciertos países asiáticos, tomando el camino contrario, lograban reducir sustancialmente los niveles de pobreza, y algunos, como Singapur o Hong Kong, alcanzaban y hasta superaban el per cápita de las naciones europeas.

No obstante, ciegos ante la evidencia, los obispos reunidos en Puebla se permitían opinar que: «Al analizar más a fondo tal situación, descubrimos que esta pobreza no es una etapa casual, sino el producto de situaciones y estructuras económicas, sociales y políticas, aunque haya también otras causas de la miseria. Estado interno de nuestros países que encuentra en muchos casos su origen y apoyo en mecanismos que, por encontrarse impregnados, no de un auténtico humanismo, sino de materialismo, producen a nivel internacional, ricos cada vez más ricos a costa de pobres cada vez más pobres. Esta realidad exige, pues, conversión personal y cambios profundos de las estructuras que respondan a las legítimas aspiraciones del pueblo hacia una verdadera justicia social; cambios que, o no se han dado o han sido demasiado lentos en la experiencia de América Latina» (Puebla, Conclusiones, 30).

¿Quién es el culpable? ¿Quiénes van a ser? Los de siempre: «La economía de mercado libre, en su expresión más rígida, aún vigente como sistema en nuestro continente y legitimada por ciertas ideologías liberales, ha acrecentado la diferencia entre ricos y pobres por anteponer el capital al trabajo, lo económico a lo social. Grupos minoritarios nacionales, asociados a veces con intereses foráneos, se han aprovechado de las oportunidades que les abren estas viejas formas de libre mercado, para medrar en su provecho y a expensas de los intereses de los sectores populares mayoritarios» (Puebla, Conclusiones, 47).

Los obispos, que no han meditado o no saben cuantificar el costo inmenso de eludir las reformas económicas y de persistir en la tradicional falsedad del «Estado de Bienestar», como en el Perú de Alan García o en la Colombia de Ernesto Samper, creen que es preferible insistir en las políticas inflacionarias, o en los dispendios de los Estados-empresarios, porque les parece ver cierta «preocupación social» en esa forma de encarar las tareas de gobierno. Por lo menos, eso se desprende de la Conclusión 50 del mismo documento de Puebla: «Los tiempos de crisis económicas que están pasando nuestros países, no obstante la tendencia a la modernización, con fuerte crecimiento económico, con menor o mayor dureza, aumentan el sufrimiento de nuestros pueblos, cuando una fría tecnocracia aplica modelos de desarrollo que exigen de los sectores más pobres un costo social realmente inhumano, tanto más injusto que no se hace compartir por todos.»

Es una lástima que el CELAM haya preferido ignorar la Encíclica *Centesimus Annus*, promulgada por Juan Pablo II en 1991, en conmemoración del siglo que cumplía la *Rerum Novarum*, pues en este nuevo texto, en el que se advierten las brillantes ideas del teólogo católico Michael Novak, hay una reivindicación del mercado y de su lógica productiva. Ese texto hubiera podido servir de punto de partida de una revisión profunda de lo que ha sido la DSI latinoamericana a partir de Medellín. Y a veces hasta se notan destellos de lucidez en los obispos, como cuando en *Tertio Millennio (TM)* admiten que «el agotamiento de las economías de la antigua órbita soviética ha desacreditado muy decisivamente la planificación estatal como método para guiar y dirigir la economía, y también las experiencias populistas tuvieron resultados desastrosos (Argentina y Perú). Por otra parte, hay experiencias cuyas fórmulas técnicas ganan mayor legitimidad (una mayor confianza en el mercado como asignador de recursos, la desregulación de importantes sectores para que haya más competencia, la introducción de mayor competencia en las economías locales por la vía de mayor apertura al comercio exterior, las privatizaciones de empresas públicas que persiguen mayor eficiencia en las economías domésticas) y se pide a los gobiernos mayor eficiencia, eliminar lo superfluo, y hacer políticas sociales efectivas». (*TM*, Economía, 2).

Pero una vez dicho esto, en el epígrafe siguiente dedicado a la política, párrafos 11 y 12, los obispos se contradicen lastimosamente: «El capitalismo mostró toda su capacidad de instalar como referencias a las sociedades un cuerpo doctrinal no definido, una serie de creencias no fundadas, un conjunto de tópicos y de intereses revestidos de lenguaje pseudocientífico, al que pretende convertir en pensamiento hegemónico bajo el nombre de neoliberalismo. Éste, en asociación al mercado, pretende erigirse como síntesis del pensar y el hacer de una modernidad que, según esa concepción, será capaz de superar las crisis del presente.»

¿Qué va a suceder, según estos obispos tan tenazmente adversarios de la libertad económica? Dicen: «Inevitablemente surgirán dos versiones (o conceptos) de la democracia: la una asociada a la democracia de mercado (¿o mercado de la democracia?) y la otra a la democracia como escenario de la humanización. La confrontación entre estas dos versiones dará lugar a nuevos conflictos con los correspondientes costos sociales porque, aunque la democracia no repele al mercado, sin embargo hay ciertos puntos donde el mercado parece repeler a la democracia.»

Lo trágico de esta obstinada resistencia de los obispos católicos a admitir la realidad en materia económica –fielmente reproducida por órdenes como la *Compañía de Jesús*– le hace un terrible daño a los pobres latinoamericanos, porque contribuye a perpetuar políticas públicas contrarias al desarrollo intensivo de nuestros pueblos. Esos disparates, dichos desde las cátedras universitarias, reiterados desde los púlpitos y difundidos por todos los medios de comunicación al alcance de la Iglesia, provocan como resultado la involución o la parálisis del proceso de creación de riquezas y un grave estado de confusión intelectual que aumenta la frustración de todo el continente. Es como si estos ilustres purpurados no pudieran darse cuenta que los veinte países más prósperos y felices del planeta son, precisamente, democracias políticas en las que impera la economía de mercado.

¿Qué podrían hacer los católicos lúcidos ante esta situación? Probablemente, crear algo así como *Cristianos por la Libertad Económica* para salirles al paso a sus equivocados pastores en el mundano terreno de la economía política. No se trata de un problema de fe o de teología. No es un cisma. Es, simplemente, un debate de carácter intelectual con unos señores secularmente anclados en el error, la incomprensión y el desprecio por la razón. Si los obispos no son capaces de entender el enorme peso ético que hay tras la libertad económica y lo que eso significa como responsabilidad individual; si no comprenden el mercado como expresión de la soberanía del individuo; si no son capaces de valorar la importancia de la competencia y no entienden el carácter ineludible del afán de lucro; si pretenden que una burocracia, generalmente ineficiente y corrupta, fije «precios justos» a la infinita variedad de bienes y servicios que circulan en la sociedad; si permanecen ciegos ante el único mecanismo racional que tienen los seres humanos para la satisfacción de sus necesidades materiales; si continúan empeñados en acercase a los fenómenos económicos blandiendo la utopía de crear «hombres nuevos» que no conozcan la ambición y disfruten con el aguijón de la pobreza; si insisten en condenar a los ricos porque poseen lo superfluo y consumen «codiciosamente»; si yerran al pedir niveles dignos de consumo para los pobres, sin aclarar qué es superfluo y qué es esencial; si persisten en desconocer que las necesidades humanas son infinitas e imprecisables en número y variedad; entonces lo mejor es ignorar totalmente a estos santos varones, por lo menos en los asuntos que tan poco conocen, y –de paso– perdonarlos porque, francamente, no saben lo que hacen. Ni lo que dicen.

LA *INTELLIGENTSIA* ENAJENADA

Desde hace por lo menos tres mil años, el intelectual va por la vida como un ser superior. Platón creía que la facultad intelectual otorgaba un don de mando sobre los demás y proponía coronar a sus escogidos. Para Aristóteles la contemplación intelectual era la actividad más estimable. En la Edad Media, al intelectual se le llamaba clérigo, en parte porque lo era y en parte porque la inteligencia parecía indisociable de la teología, la actividad suprema. Cuando la razón coló las narices por entre la cota de malla de la teología y el derecho divino, los intelectuales fundaron la era moderna. Nadie se acordó de los comerciantes y los burgos, que habían desarmado, en la práctica, el muñeco medieval. Desde entonces, todos los sistemas políticos y económicos han prometido la salvación en la Tierra con razones suministradas por el intelectual, ese clérigo moderno. En algo, pues, Platón acertó: estamos ante un bicho de cuidado. Para él, había que cuidarlo bien. Para nosotros, hay que cuidarse de él porque su capacidad de convocatoria y su influencia en la sociedad pueden convertirlo en un peligroso fabricante de miseria.

Los intelectuales, mediante su comportamiento y pensamiento político contribuyeron a impedir durante mucho tiempo que la democracia y la economía de mercado –la única capaz de generar prosperidad– arraigaran en nuestras tierras de un modo firme. Incluso ahora, casi una década después del desplome del Muro de Berlín, los intelectuales parecen empeñados en justificar formas autoritarias de poder bajo el pretexto del «progreso» y enfilan sus baterías, a veces con lenguaje nuevo, contra el viejo enemigo: el capitalismo. Todas las acciones de gobierno se han llevado a cabo en un cierto clima intelectual, bajo el influjo de determinadas ideas, que fueron conduciendo a nuestros países por una senda de dictadura, a veces totalitaria, a veces populista, siempre enemistada con las evidencias que la realidad ponía frente a los ojos de todo el mundo y que los propios intelectuales deberían haber sido los primeros en ver. Todas las teorías que han querido explicar la pobreza a partir de conspiraciones internacionales y nacionales, y escudarse detrás de la lucha de clases para justificar el odio al éxito y la empresa libre, han tenido un origen intelectual. Los gobiernos y los partidos no producen ideas: generalmente las encarnan. Quienes las producen, o ayudan, mediante su prédica, a entronizarlas, son los intelectuales. Por eso cabe una responsabilidad principalísima a esta variante de la especie en el fracaso político y económico de tantos años.

La enajenación ideológica, que impedía ver la realidad y hacía pasar gato por liebre cada vez que se analizaban los fenómenos políticos y económicos, ha causado verdaderos estragos en América Latina y en España. A diferencia de lo que ocurre con un producto comercial, que si fracasa arruina a la empresa que lo produce y vende, una idea equivocada en política o economía perjudica al conjunto de la sociedad. Cuando los intelectuales que se calificaban a sí mismos de «progresistas» irresponsablemente apoyaron todas las tesis que conducían a la pobreza económica y la miseria política, lo que hicieron fue perjudicar a esas mismas sociedades en cuyo nombre decían estar actuando, escribiendo, pensando. El socialismo, el desarrollismo, el proteccionismo, el victimismo, las teorías de la dependencia y las distintas formas de combatir el verdadero progreso a las que nos hemos referido en nuestro libro anterior han sido ideadas, justificadas, difundidas y convertidas en prejuicios de numerosas generaciones por obra de intelectuales, a veces grandes creadores y personas de merecidísimo prestigio artístico.

Julien Benda llamó a nuestro siglo –y eso que escribió su famoso libro en los años veinte– «el siglo de la organización intelectual de los odios políticos».[1] Aunque en todas las épo-

1. Benda, Julien, *La trahison des clercs,* París, 1927.

cas antes citadas los intelectuales han tenido algo que ver con la barbarie política, la nuestra ha llevado ese parentesco a su forma más carnal. La mentira política ha estado siempre presente –la historia sería una excelente cosa, si fuera cierta, decía Tolstoy–, pero la época contemporánea, que es la de los totalitarismos y la masificación de la política, ha tenido que usar la mentira ideológica y política de un modo más sistemático y refinado que otras. La dependencia del intelectual con respecto a los poderes –el Estado, la Iglesia, los mecenas privados– hizo de él, a lo largo del tiempo, un cortesano, un «Zelig» que, como el personaje de Woody Allen, se disfrazó con gimnástica periodicidad para adaptarse a la cambiante circunstancia. En nuestra época ha sido mayor la necesidad que ha tenido el poder de justificarse y más angustiosa la necesidad del intelectual, que había trocado el indumento del clérigo por el de ciudadano, por dejar su huella en la historia (el nuevo mecenas ha sido la burguesía, a la que han servido no sólo los conservadores sino, y de qué manera, los «progresistas»).

Cortesanos y disidentes

Con excepciones notables, los intelectuales europeos y latinoamericanos (y muchos norteamericanos) han justificado el fin de la libertad o contribuido a impedir su despunte. Los persas de Herodoto pensaban que todo el mundo se equivocaba salvo ellos; los occidentales modernos piensan –pensamos– que todo el mundo tiene razón salvo nosotros. El intelectual parece alérgico a la democracia, en la que su actividad pierde prestigio político y en la que debe labrarse ese prestigio a partir de méritos propios, y al mercado libre, donde debe competir con otras actividades humanas sin la protección platónica que confiere el estatus intelectual. Aunque hemos tenido muchos intelectuales, buenos y malos, en los más altos escalones del poder político democrático y dictatorial –un

Manuel Azaña en España, un Domingo Sarmiento, un José Vasconcelos, un Rómulo Gallegos, un José Sarney, un Ernesto Cardenal, en América Latina–, por lo general nuestros intelectuales han estado relacionados con el poder sólo en la medida en que lo han servido desde posiciones medias –muchas veces mediocres– o lo han combatido y pagado un precio por ello. Se da esta constante: el período más mediocre, o menos glorioso, para los intelectuales ha sido el democrático. En dictadura, por lo general han servido a un poder que los necesitaba para justificarse, mientras que una minoría, a veces numerosa, se le ha puesto al frente. Cortesano o disidente parecen ser sus dos funciones políticas. Tampoco le interesa mucho cotejar sus ideas con la realidad. «El intelectual de izquierda», decía Aron (hubiera podido incluir a muchos de derecha), «comete el error de reclamar, para ciertos mecanismos, un prestigio que sólo pertenece a las ideas: propiedad colectiva o método de pleno empleo deben ser juzgados por su eficacia, no a partir de la inspiración moral de sus partidarios».[2] Por lo general, nuestra *intelligentsia* (término que –vaya ironía– inventó la Rusia del siglo XIX) nunca ha defendido aquello que la realidad era capaz de comprobar. La medida de la validez de una idea política no ha dependido de su verificación práctica; y la aprobación de un hecho público ha estado condicionada al grado de cercanía o lejanía de ese hecho con respecto a la idea preconcebida.

La historia de nuestra literatura está plagada de grandes nombres que si fueran juzgados sólo por el signo de su compromiso político serían expulsados del Olimpo. Nuestros intelectuales de hoy miran atrás y observan que nada –ni siquiera las peores ignominias políticas– impidió que ciertos grandes artistas alcanzaran la gloria. Advierten que, a diferencia de lo que hace con los políticos, la historia nunca juzga a los intelectuales y artistas a partir de su comportamiento político. ¿Quién se atreve a negar que Quevedo, ese genio

2. Aron, Raymond, *L'opium des intellectuels,* París, 1955.

conceptista del barroco español, merece un lugar de privilegio entre nuestros poetas y prosistas clásicos? Que fuera un representante artístico de la moral oficial, de la teología de Estado, casi un integrista religioso capaz de producir «La política de Dios, gobierno de Cristo y tiranía de Satanás», un texto que hubiera podido suscribir Joseph de Maistre, no lo condenó a las llamas eternas. Que sirviera al duque de Osuna, virrey de Sicilia y Nápoles y uno de los personajes más corruptos de los siglos XVI y XVII españoles, y que cayera en desgracia junto con él –sus huesos fueron a parar a la cárcel por orden del Conde-Duque de Olivares–, no quita a Quevedo, por lo demás un decidido antisemita, un ápice de gloria. Era la época, dicen algunos. No importa que Cervantes, contemporáneo suyo, nunca defendiera el estado teológico y más bien, desde su muy escasa fama en vida, apreciara la libertad (trabajó, a temprana edad, durante un tiempo corto, para el cardenal Acquaviva, pero éste ha pasado a la historia más bien por su independencia conflictiva frente al poder político). A Quevedo no lo juzgamos por lo que otros –seres muy excepcionales– sí fueron capaces de defender o no defender, sino por la época que le tocó vivir. Si no hiciéramos esto, su justificada gloria literaria mermaría. Aun menos rigor merecen, desde luego, los artistas que no eran intelectuales. ¿A quién le importa que casi toda la obra de Velázquez fuera hecha siguiendo órdenes de Felipe IV? ¿Y quién protesta porque Lope de Vega fuera colaborador de la Inquisición? En todo caso, a los intelectuales sólo los juzgan otros intelectuales, sus pares, y nunca las víctimas o beneficiarios de los sistemas que propugnan, lo que les confiere de entrada una suerte de impunidad moral.

Para entender el compromiso político del escritor contemporáneo, hay que mirar atrás. Es un proceso que viene de lejos, por lo menos desde el siglo XVIII. Algo extraño ocurrió a partir de ese momento. Los intelectuales, que se habían dedicado a pensar, decidieron que era la hora de actuar. Empezaron a concebir su rol de pensadores en función de los efectos que podían tener en la sociedad. «El desplazamiento de la moral», dice Julien Benda, «es la clave del clérigo moderno».[3] Ella descendió, del lugar elevado y distante en que estaba confinada, a la caldera de los hechos políticos, aquí en la Tierra. Aunque antes de esas fechas algunos escritores se habían pronunciado en materias políticas –allí están John Locke, o, en 1644, el *Discurso para la libertad de imprimir sin autorización ni censura,* de John Milton–, fue en ese momento cuando el intelectual empezó a divinizar la política.

En el siglo XIX, la política se volvió cada vez más una ciencia, gracias a Augusto Comte, un francés influido por Saint-Simon y la era de la *École Polytechnique* que llegó a tener una cataclísmica influencia en América Latina. Se le han atribuido, en algunos casos con exageración, todos los desastres propios de la conversión de la política en ciencia. Pero el positivismo empujó a los intelectuales a ver la política como una ciencia con leyes, y, en el clima moderno, a subordinar la moral a la voluntad triunfante en el teatro de la acción política. El hombre, como dijo Fichte sin saber que el asunto lo tocaba a él también, quiso «buscar el cielo desde la Tierra».

Por distintas vías, los intelectuales fueron llevando la ciencia y la utopía políticas a sistemas, valores o simples intuiciones que, al final del camino, negaban la libertad. El proceso iba por dos vías distintas hacia un mismo puerto: los que abogaban por la utopía del progreso revolucionario y los que, en contra de esa ciencia, se aferraban a valores tradicionales propios de un orden donde no reinaba el individuo libre. Los alemanes –un Fichte, con su idealismo, un Lessing, un Schlegel, con su romanticismo, un Nietzsche, con sus superhombres voluntaristas, un Hegel, con su justificación de la violencia a partir de la razón– elaboraron pensamientos, teorías y una mística que hicieron del patriotismo el valor supremo. En el caso de los franceses, allí están desde un Babeuf, que en 1796, poco antes de morir, proclamaba que el «robes-

---

3. Benda, Julien, *Ibíd.*

pierrismo es la democracia» hasta, en el bando contrario y unas décadas después, el más inofensivo sentimentalismo conservador de Balzac o Flaubert (y quizá el primer Victor Hugo), o, más a la derecha, el protofascismo de un Gobineau, que publicaba su *Ensayo sobre la desigualdad de las razas humanas,* y, un poco más tarde, el extremismo de un Maurras o un Barrès, suerte de expresión política de las tesis tradicionalistas y cuasi integristas de De Maistre.

Algunos creen que el salto de los intelectuales del mundo especulativo al mundo de los hechos terrenales tuvo que ver con el Estado-nación. Mientras no hubo Estados-nación, los Aquino, los Bacon, los Erasmo, los Galileo, especulaban genialmente; cuando los hubo, los intelectuales bajaron la mirada a la Tierra. Como Alemania e Italia no se hicieron Estados-nación hasta el siglo pasado, en esos lugares el proceso se retardó –pero hay que ver con qué fuerza llegó cuando los intelectuales justificaron al imperio de Federico y, más tarde, el nazismo–. Es una paradoja sólo en apariencia que Hegel fuera un defensor del Estado prusiano y al mismo tiempo el inspirador de Marx, padre de la revolución proletaria. En Francia, Maurras hablaba de «la diosa Francia», Sorel pedía no dejar en manos del proletariado el monopolio de la pasión de clase; en el Reino Unido, Kipling cantaba la gloria del imperialismo británico. Todos sentían el llamado de la nación y/o del Estado.

No hay que exagerar: hubo también quienes defendían la libertad, incluso si estaban influidos por la divinización de la política y el imperio de la razón en estas materias. Gentes como Tocqueville, Montesquieu, el propio Voltaire, Constant y alguien como Zola, con su valiente *Yo acuso* en defensa del injustamente condenado capitán Dreyfus, acuden rápidamente a la punta de la lengua. Y, por supuesto, en el mundo anglosajón destellan los nombres de Locke, Smith, Hume y otros. Pero, en general, de esa transformación de la función del intelectual y de la política misma –de ese espíritu moderno–, resultó la defensa de la utopía, la ilusión de la sociedad

145

perfecta, la sublimación del Estado, la colectivización de la
idea del hombre, y ello, en términos prácticos, ha significado
desde la degeneración de la revolución francesa y la perversión de la democracia hasta el totalitarismo contemporáneo,
es decir el ocaso de la libertad.

En nuestro siglo, muy pronto el intelectual sucumbió a la
tentación fascista o se situó en sus márgenes. No hablamos
sólo de los D'Annunzio, Pirandello, Papini, Marinetti, Unga-
retti (luego estalinista) y, temporalmente, Benedetto Croce, o,
en zona alemana, un Heidegger, que era enemigo incluso de
las traducciones. También de nada menos que Yeats, Eliot o
Pound. Y el estalinismo capturó el espíritu de buena parte de
los demás intelectuales. A diferencia del fascismo, que perdió
crédito intelectual con el colapso de su expresión política, el
estalinismo no lo ha perdido del todo ni siquiera en nuestros
días, por más que se disfraza de otro nombre.

La influencia del positivismo causó estragos en América
Latina. Aunque era un arma de doble filo, pues también acercó a algunos intelectuales y formadores de opinión al liberalismo, por lo general tuvo el efecto de justificar el despotismo
y la concentración del poder en pocas manos. Si todo quedaba reducido a un empirismo científico, y sólo unos pocos tenían en sus manos el conocimiento de lo científico, las repúblicas americanas podían justificadamente ser gobernadas por
unos «escogidos». En México, por ejemplo, el escritor Justo
Sierra, uno de los más famosos positivistas de la época y
autor del primer código civil de su país, contribuyó a crear el
clima que más tarde produjo la dictadura «modernizadora» de
Porfirio Díaz. En Brasil, los positivistas atacaron frontalmen-
te a la monarquía y lograron, socavándola primero, y reem-
plazándola por la república después, que los militares entraran a hacerse cargo de los asuntos políticos. El «progreso»
parecía justificarlo todo.

¿Hasta qué punto la influencia de Comte en un país como
México, metabolizada a través de Justo Sierra y de los «científicos» que dominaron el gobierno de Porfirio Díaz, no retar-

daron el surgimiento de una sólida economía de mercado? ¿Hasta dónde Comte, leído con mucho cuidado por el colombiano Rafael Núñez y por el venezolano Guzmán Blanco no tiene una huella en esos gobiernos de mano dura que –junto a ciertos logros– dejaron en la miseria a grandes masas de la población? ¿No hay en Comte y en sus epígonos una responsabilidad moral como fabricantes de miseria?

Nuestro panorama intelectual está bastante impregnado de lucidez en el siglo XIX, a diferencia de lo ocurrido en el siglo XX. Algunos más cercanos al conservadurismo, otros liberales sólo en ciertas materias, tenían sin embargo en común su apuesta por la convivencia civilizada bajo un Estado de legalidad, la democracia política y el desmantelamiento paulatino de aquella herencia española –por ejemplo el peso de la Iglesia en los asuntos de Estado– que impedía la creación de una sociedad más libre que la anterior. El venezolano Andrés Bello es quizá la figura intelectual más importante de la primera mitad del siglo, del mismo modo que el argentino Juan Bautista Alberdi es la principal cabeza liberal de la segunda mitad (sin lograr este último la fama de un José Martí, a quien acompañaba, además del talento intelectual, la grandeza del hombre de acción). Bello, que estaba a caballo entre el liberalismo y el conservadurismo, fue un humanista excepcional, una figura un poco patética en medio de aquella turbulenta época de frustraciones republicanas y de sueños bolivarianos hechos trizas. En Londres, donde frecuentó la biblioteca de Francisco de Miranda, otra lumbrera que se adelantó a su tiempo, Bello coincidió con un buen número de pensadores de lengua castellana, muchos de ellos españoles, que habían convergido en Inglaterra huyendo de la España autoritaria del Fernando VII que había dado la espalda al liberalismo. Como otros, pensaba que el romanticismo era inseparable del liberalismo (fue Vicente Llorens Castillo quien dijo «románticos a fuer de liberales»). El propio Lord Byron, que había decidido pelear por la idea liberal, había dudado entre la América hispana y Grecia para ir a librar su batalla, y optando finalmente por Grecia, adonde viajó en un bergantín de nombre «Bolívar»... Bello, en cambio, se decidió por América. Trasladado a Chile en 1829, donde permaneció hasta su muerte, Bello inspiró en parte la constitución de 1833, un texto flexible que permitió ciertos gobiernos autoritarios hasta mediados de siglo pero que también auspició, a partir de los años cincuenta, una era de gobiernos liberales responsables de que ese país se colocara a la vanguardia del continente en cuanto a instituciones políticas y sociales. Fustigó la censura eclesiástica y contribuyó a su desaparición, elaboró el código civil, al que incorporó el elemento consuetudinario que había aprendido del derecho británico liberal, e iluminó a los chilenos en asuntos de derecho internacional a partir de una concepción integradora y globalizadora de la política exterior. Logró cambiar algunas de las restricciones a la libertad económica, como la prohibición de vender las tierras –que estaban vinculadas– en la rica zona central del país o el impedimento para que los no católicos heredaran propiedades. Senador, consejero de presidentes y rector de la Universidad de Chile, Bello no fue un revolucionario liberal. Su talante más bien conservador lo llevó a preferir el método gradual en la traducción de sus ideas de libertad al mundo de los hechos, lo que explica que no aboliera el catolicismo como religión oficial, que no llegara a introducir el matrimonio civil –aunque sus discípulos luego lo hicieron– o que no quebrara del todo el privilegio de la primogenitura. Su propia vida –a pesar de haber sido tutor de Bolívar fue exiliado por sus ideas independientes y poco monárquicas– constituyó un ejemplo de conducta liberal, a contracorriente de la marcha de los acontecimientos en el continente americano. Cultivó todas las humanidades y se atrevió a predicar la reconciliación cultural con España, al rescate de la tradición europea sin despreciar esa inflexión de la historia de Occidente que era su propio continente, como resulta obvio en su *Alocución a la poesía*, donde pide a los poetas americanos buscar vigor en su propia historia, o en

Silva a la agricultura de la zona tórrida, donde habla del suelo americano como una base para crear una sociedad racional (la poesía de Bello, algo densa y tradicional, fue menos brillante que otras de sus facetas). Su idea del hombre y la sociedad era internacional, global.

Liberales benévolos

Para un liberal latinoamericano de fines del siglo xx resulta melancólicamente reconfortante entender que nuestro siglo xix tuvo a muchos intelectuales liberales que de haber influido más en el curso de los hechos habrían impedido nuestro catastrófico siglo xx –y el apogeo de la idiotez de nuestros intelectuales contemporáneos–. El grupo liberal más destacado fue el argentino, reunido en la Asociación de Mayo, con Alberdi, Sarmiento y Bartolomé Mitre. El último fue un hombre de acción, el segundo combinó la acción con la obra literaria y el primero fue esencialmente un pensador, autor del libro liberal más importante del siglo: *Bases y puntos de partida para la organización política de la República Argentina.* Este libro tuvo una influencia decisiva en la constitución de 1853, clave de la prosperidad argentina entre la segunda mitad del siglo xix y el declive de los años treinta, en este siglo, propiciado por el masoquismo político. Al ser hombres de acción, el liberalismo de los otros dos debe ser matizado, pues en el tumulto de la época más de una vez debieron actuar de un modo que contradecía la entraña liberal de sus ideas, tanto en el combate militar a partir de la vieja división entre unitarios y federales –ellos impusieron la unidad–, o, una vez en el poder, por razones de intervencionismo mediante la obra pública. Pero Mitre creó nada menos que el diario *La Nación* y Sarmiento escribió algunos libros importantes, entre ellos su portentoso *Facundo o civilización y barbarie,* beligerante texto liberal bajo la forma de una biografía del caudillo brutal y federalista Facundo Quiroga, en el que se ataca sin tregua a Juan Manuel de Rosas, la encarnación del autoritarismo argentino del XIX. Allí también se enfrentan los valores «civilizados» del Buenos Aires cosmopolita y abierto a los «bárbaros» del gaucho, y los de la ciudad de Córdoba, con su pesada influencia española, a los de –otra vez– Buenos Aires, con sus aires sajones. Otros enemigos de Rosas predicaban el liberalismo, aunque fuera con el contradictorio título de *Dogma socialista* (Esteban Echeverría).

En otras partes también arremetían contra la herencia autoritaria colonial. Por ejemplo Francisco Bilbao en Chile[4] y, bajo el ropaje de la ficción, el mexicano Fernández de Lizardi en la primera novela que se publicó como tal en la América Latina, *El periquillo sarniento*, que con un estilo anacrónico de picaresca española hacía la crítica del colonialismo español y proponía, sutilmente, los valores liberales que otros expresan de forma más intelectual.

Pero había, también, en las antípodas del liberalismo, un vago fermento «nacionalista» que expresaba una tensión entre los valores tradicionales, vernaculares, y los exteriores, europeos, cosmopolitas. Esa herencia será más tarde exacerbada por el indigenismo, una de las formas de subdesarrollo intelectual del siglo XX. El tema de la dicotomía entre la tradición y la modernización obsesionó al siglo XIX. La gran obra literaria que tiene al gaucho como tema central es *El gaucho Martín Fierro*, publicada en dos partes, tras la caída de Rosas. En ella se habla del mítico potencial del gaucho, pero en un mundo que va desapareciendo arrollado por la modernidad. En Brasil también hay quienes quieren rescatar al indígena y contraponerlo a la corrupción modernizadora, como el romántico Antonio Gonçalves Dias, el amigo del emperador Pedro II, autor de *Cançao do Exilio*, poema en el que el indio tupí simboliza el espíritu nacional y en el que se idealiza el

---

4. Debe agradecérsele a Bilbao, liberal en muchas cosas pero no en todas, que en su exilio peruano fuera una de las pocas voces intelectuales que abogó por la abolición de la esclavitud en ese país.

origen del Brasil. José Alencar pretende fundar una literatura nacional a partir de un rescate del indianismo para dar a mulatos y mestizos un pasado nacional y una leyenda histórica, pero lo hace con más prudencia, incorporando elementos de la herencia colonial. En Cuba –en verdad, en el exilio, donde luchaba por la independencia de su país– Cirilo Villaverde combate contra la esclavitud bajo el manto de la famosa novela *Cecilia Valdés*. En todos estos casos, no estamos ante un protoindigenismo todavía, pero sí ante una inquietud vagamente «nacionalista». La excepción es el poeta ecuatoriano José Joaquín de Olmedo, autor de *La victoria de Junín,* que lleva la idealización del indio a un extremo que acaso lo emparenta con los indigenistas posteriores.

En realidad nada había que reprochar al indigenismo o a algunas expresiones del nacionalismo si no hubieran estado impregnadas de un cierto rechazo a la modernidad de corte occidental. Cuando una figura como el venezolano Francisco de Miranda reivindica el incanato y propone su restauración, aunque su propuesta haya tenido poco eco, contribuye a la confusión ideológica y al atraso económico, porque no es ciertamente con esas tiranías guerreras donde podía aliviarse la miseria de nuestros pueblos, sino en el modelo democrático que desde el siglo XVIII acompañaba a la revolución industrial de los ingleses. ¿No hay en ese indigenismo un caldo de cultivo con el que se elaboraría nuestra secular miseria?

En todo caso, no eran estos «nacionalistas» los únicos que divergían, abierta o indirectamente, de los liberales. Estaban, por supuesto, además, los nostálgicos de la colonia, como Jorge Isaacs, autor de la novela más famosa del XIX, *María,* añoranza de un mundo hispano intocado que se apresta a ser barrido, o Ricardo Palma, en el Perú, que la reconstruía con ironía en sus *Tradiciones peruanas.*

El conflicto ideológico entre liberales y conservadores fue el hilo conductor de buena parte del siglo XIX. En México, el cura José María Luis Mora, figura intelectual de la época, defendió el liberalismo radical –la propiedad privada, la supresión de aranceles, la desamortización de los bienes de la Iglesia–, aunque un poco después, en los años treinta, aceptó de parte del gobierno conservador de su país algo de intervencionismo. Las reformas liberales de Benito Juárez, emprendidas en los cincuenta, deben mucho a las ideas de Luis Mora. En la trinchera conservadora, el hombre clave fue Lucas Alamán, ideólogo tradicionalista enfrentado al liberalismo –aunque no necesariamente en el terreno económico– e influencia notoria en los gobiernos conservadores de su tiempo. En Brasil se vivió parecida lucha ideológica. José Bonifacio de Andrada de Silva fue el arquitecto de la transición a la independencia. Era un liberal de ideas y un conservador de ritmo y método, que no quiso destruir toda la herencia colonial, previendo que por ese camino se podía desembocar en un extremo autoritario y en una utopía colectivista. Un conservador integral fue Machado de Asís, el mejor escritor brasileño del XIX, un mulato hijo de padres que servían bajo un terrateniente. Epiléptico y corto de vista, este genio incorporó la modernidad literaria europea (fue precursor de la gran innovación técnica de la literatura del siglo XX latinoamericano), pero en política reaccionó contra el positivismo y su racionalidad científica. Aunque era partidario de la monarquía, resultó en cierta forma el cronista del tránsito hacia la república y su equilibrio entre la conciencia individual y la demanda del orden social hicieron de él alguien que quería atemperar las ínfulas del liberalismo más que sofocarlas del todo.

Este rápido recuento del panorama intelectual del XIX nos habla de una tradición liberal que, aunque contestada desde el conservadurismo y el nacionalismo, llegó a ser poderosa en América Latina. En algún momento se perdió. Con excepciones temporales como la argentina, no llegó a cuajar nunca en la realidad de unas repúblicas donde campearon el autoritarismo, el mercantilismo y el patrimonialismo.

España

También en España, un poco más tarde que en América Latina, la realidad va a frustrar el fermento de corte más o menos liberal de toda una era intelectual. Hablamos no de mediados tanto como de fines del siglo XIX y comienzos del XX, de esas generaciones a las que la guerra civil vendrá pronto a desollar intelectualmente. La España que desemboca en la crisis de 1898, la España de la restauración, la de Cánovas del Castillo y Sagasta, es una España que, si bien tiene el mérito de unos gobiernos conservadores que han alternado en el poder y han intentado consolidar unas instituciones algo democráticas promoviendo una mayor participación, sigue reflejando un orden caduco, sin la suficiente energía creativa y libertad para asumir la modernidad e incorporar sus beneficios, a la manera de otros países. La derrota de 1898 lleva a todos los hogares españoles la cruda realidad de esta crisis de sistema, de nación, de Estado. Era una España atrasada, pálido reflejo de la que cuatro siglos antes había iniciado la conquista de medio mundo. En ella, la tierra aún ocupaba al 70 por ciento de la población, el analfabetismo tocaba al 67 por ciento, la Iglesia controlaba la educación y el 15 por ciento proletario trabajaba en fábricas obsoletas. El resto vegetaba en la administración pública. La Iglesia, con curas de misa y olla, el ejército, con más de veinticinco mil oficiales y cien mil soldados, y la aristocracia, con tres mil todopoderosos, reflejaban un mundo estático, renuente a la movilidad del mercado y la democracia plena.[5] Esa España estaba bien para leerla en las novelas de Galdós, no para vivirla. Pero surge una ola de intelectuales españoles que postulan una regeneración de las instituciones de España, una renovación política, incluso antes de la célebre generación del 98. Ellos piensan que el cambio sólo lo puede producir la clase

---

5. Las cifras figuran en el texto «La regeneración del 98», de Francisco Pérez de Antón, *Crónica,* 6 de febrero, 1998.

media. El iniciador de esta corriente que quiere regenerar a España —sus ideas serán luego recogidas entre otros por el propio Ortega y Gasset— es un intelectual humilde, Joaquín Costa, que sentencia: «Hay que dejar de llorar sobre los recuerdos del pasado y echar doble llave al sepulcro del Cid.» A su generación, y a su familia intelectual, que es liberal-conservadora, pertenecen también Ángel Ganivet, Giner de los Ríos, Ricardo Macías Picavea, el liberal que habla del «problema español». Es un espíritu, recogido por la generación del 98 sólo una vez que estalla la crisis de confianza en el país fruto de la derrota en el Caribe y Filipinas, que quedará sepultado bajo la guerra civil y los cuarenta años de dictadura de Franco. Como en América Latina, la realidad dejará en el vacío una tradición que si hubiera podido cuajar en los hechos públicos habría permitido ahorrar muchas décadas de barbarie. Es, como dice con justicia Víctor Quimette, el «naufragio del liberalismo» en España.[6]

Las figuras de la generación del 98 compartieron una juventud radical, reflejo de la situación política, y, con la excepción de Antonio Machado y, en menor medida, Valle-Inclán, pasaron de un encandilamiento con la lucha de clases a una perspectiva contraria, enemistada con la revolución, desde la cual escribieron sus mejores obras. Ha dicho, con razón, Blanco Aguinaga que lo que queda de ellos es una obra metafísica, agónica, escéptica, existencial.[7] Cualidades todas que en la España de la guerra civil y el largo franquismo quedaron desfasadas durante muchos años —salvo en el caso de los que se pasaron al franquismo—. Se señala con poca frecuencia el grado de compromiso que esa generación llegó a tener en su juventud con la revolución. Se trataba de pequeño-burgueses en una época con promesa de movilidad social y, en su caso, con la obligación de valerse por sí solos en el mercado pues el

6. Quimette, Víctor, *Los intelectuales españoles y el naufragio del liberalismo (1923-1936), I,* Pre-textos, Valencia, 1998.

7. Aguinaga, Blanco, *Juventud del 98*, Crítica, Barcelona, 1978.

mecenazgo había terminado en el siglo XIX. No pertenecían a la aristocracia ni al pueblo y se sentían en cierta forma la clase escogida para el cambio que España requería. Su problema era la confusión entre los valores refractarios a la herencia decimonónica y la opción revolucionaria propiamente, que secuestró esas aspiraciones sin dejar espacio para un pensamiento libre.

Unamuno fue marxista en sus años mozos y luego socialista más bien radical, y escribió en *La lucha de clases* de Bilbao (en una carta le decía a «Clarín»: «Yo también tengo mis tendencias místicas pero éstas van encarnando en el ideal socialista.»)[8] Andaba algo confundido porque interpretaba que las ideas positivistas de Herbert Spencer sobre el desarrollo orgánico y científico de la sociedad eran una demostración de que el camino hacia el socialismo estaba ya trazado, cuando el filósofo británico creía que el camino conducía al liberalismo. En su madurez, por supuesto, Unamuno renuncia a todo materialismo y hasta apoya temporalmente el golpe militar fascista. Luego, arrepentido, desemboca en un gran escepticismo. El propio Azorín, que después evolucionó hasta el conservadurismo y se deslizó hacia el franquismo (todavía en 1945 elogia al caudillo militar), fue de joven un anarquista, cuando firmaba como Martínez Ruiz, que escribía en *El pueblo* de Blasco Ibáñez y atacaba el «marasmo soñoliento» de la Iglesia y el militarismo. Publicó en 1895 *Anarquistas literarios* y años después hasta fue miembro de la Agrupación al Servicio de la República (antes de eso, siempre contradictorio, había sido diputado del conservador Antonio Maura; durante la dictadura de Primo de Rivera reservó sus críticas para la prensa argentina). En 1947, en su «Advertencia Importante», prólogo a sus *Obras Completas* publicadas poco después, se arrepiente de todo: «Mi catolicismo firme, limpio, tranquilo, ha compensado ya, creo yo, con muchos, con muchísimos libros de ideas justas y serenas, ortodoxas y españolísimas,

8. Aguinaga, Blanco, *Ibíd.*

esos diez, doce, catorce librillos juveniles en los que fue mucho más el ruido que las nueces.»[9] El Azorín literario valía más en sus años maduros; el político, a su pesar, valía mucho más en su iconoclasia juvenil. Blasco Ibáñez, por su parte, fue también a comienzos de siglo un radical anarquista que arremetía contra todo (en su *Historia de la revolución española* la emprende contra la España de la restauración), pero a diferencia de Azorín no se desplazó hacia el conservadurismo rancio sino hacia la celebridad internacional y el éxito comercial, que lo protegieron contra la tentación fascista. Ramiro de Maetzu, en cambio, otro joven radical de la generación, se pasará con cama y mesa al fascismo, apoyando a Primo de Rivera y luego la resistencia contra la república (muere asesinado en la cárcel en 1936). Pío Baroja, que intentaba sacar a España de su «africanismo», no se dejó encerrar en la cota de malla del pensamiento tradicionalista, prefiriendo, según su propia definición, ser el pequeño industrial individualista que escribía por aburrimiento, aunque quedó un poco anclado en la España anterior a la guerra civil. Machado y Valle-Inclán son de los pocos de esa generación intelectual que avanzan en su madurez por la vía de la izquierda radical hacia la república en su versión radical. No es la única ironía de esta generación que, mientras algunos fueron de la revolución al fascismo, otros, como Valle-Inclán, fueron de la tradición monárquica, legitimista y católica –cuando escribía literatura «pura» y modernista– al republicanismo revolucionario –cuando describía el «esperpento» español–. En el colmo político, el Machado republicano llegó a ser grotescamente utilizado, después de su muerte, por el franquismo, que creía leer en su poesía la «España eterna».

Los acontecimientos políticos de la España de la primera mitad de este siglo delataron en los intelectuales una incapacidad para optar por la democracia liberal y una fascinación por las dos formas de totalitarismo, el fascismo y el comunis-

9. Azorín, *Obras Completas*, Aguilar, Madrid, 1959.

mo. Muchos de ellos, a izquierda o a derecha, combatieron al enemigo correcto desde la trinchera equivocada. Aunque es cierto que en un clima de guerra civil y, luego, de dictadura fascista la opción de la democracia liberal se queda sin espacios, el hecho de que hubiera algunos intelectuales españoles haciendo esfuerzos titánicos para situarse en esa zona prohibida permite colegir que no era del todo imposible y, en todo caso, que las justificaciones de los otros no son moralmente aceptables. Sería ingenuo creer que un mayor apego a los valores de la democracia y la libertad por parte de los intelectuales españoles de la primera mitad del siglo hubiera acelerado la transición que sólo se produjo en los años setenta, pero no hay duda de que su contribución a la confusión política y moral fue grande.

Entre los partidarios de la república estuvo, por supuesto, la mítica figura de García Lorca, cuya muerte en plena guerra civil lo salvó, para la memoria del siglo, de la complicidad demasiado infamante con los peores excesos del totalitarismo encaramado en la bandera republicana. También estuvo Rafael Alberti, que participó por consigna del boicot contra André Gide para impedir que presidiera en 1937 el II Congreso de Intelectuales Antifascistas por su denuncia del estalinismo, que ha seguido siendo comunista hasta su vejez nonagenaria y de quien Neruda dijo que «inventó la guerrilla poética». Todos admiramos su poesía y su distinguida vejez, pero cabe preguntar: si un poeta importante se declarara aún hoy, con todo lo que esa palabra comporta, fascista, ¿gozaría del unánime respeto de que goza Alberti en España? A algunos los trataron de convertir a la causa de la república radical aunque no estuvieran tan convencidos de sus méritos. Otros, como Pérez de Ayala (el liberal de «la racionalidad»)[10] y Américo Castro, defendieron a la república con moderación, porque en esa circunstancia el fascismo era el enemigo a combatir, y se exiliaron muchos años sin volver-

10. Quimette, Víctor, *Ibíd.*

se comunistas (la lista de exiliados es tan larga que nombres como los de Antonio Machado, Juan Ramón Jiménez, el propio Alberti, Luis Cernuda, Max Aub, Joaquín Xirau, José Bergamín, María Zambrano o Salvador de Madariaga representaban apenas un puñado). Buero Vallejo fue consecuente en la defensa de la república y acabó preso –compartió cárcel con Miguel Hernández en el penal de Ocaña–. Tiene el mérito de haber roto la barrera de la censura a partir de 1949 publicando en España mucho teatro de claro contenido alegórico y por momentos con estilo realista, desde un humanismo refrescante para aquellos años negros. Fernando Arrabal, otro dramaturgo de nota, más joven, vacunado contra Franco por la desaparición de su padre, un oficial leal a la república, cuando él era un niño, y contra el comunismo por su vena surrealista, no pudo burlarla siempre y permaneció en el exilio. Hubo artistas que, como Luis Buñuel, combatieron al franquismo desde el anarquismo –un anarquismo suficientemente consecuente como para abominar también del estalinismo.

Ya durante la dictadura de Primo de Rivera, antes de la guerra civil y del surgimiento de Franco, algunos intelectuales habían asumido la dictadura militar. Otros, es cierto, la combatieron y debieron exiliarse –Unamuno es el ejemplo más notable– y hubo quienes, como Ortega y Gasset, convivieron con ella incómodamente. Sus adversarios le achacaban a Ortega una cierta complicidad con Primo de Rivera, pero nunca ha habido evidencia de ella; más bien, hay pruebas de que fue censurado por el dictador en los últimos tiempos de su régimen. Un buen número de intelectuales se convertirían con los años en devotos del otro Primo de Rivera, el fundador de la Falange, y lo tendrían como referencia cuasi mística durante el franquismo. De ellos, Pedro Laín Entralgo –que recibió el Premio José Antonio Primo de Rivera– y Torrente Ballester, que citaba con frecuencia al dictador, son los más conocidos y siguen vivos. Precisamente Laín Entralgo, Torrente Ballester y Dionisio Ridruejo constituirían, alrededor de la revista *Escorial*, que salió en 1940 anunciando que quería servir a la Falange como «mirador de la intelectualidad española», un núcleo de apoyo intelectual al franquismo y, en el campo internacional, al nazismo. Laín Entralgo fue uno de los veinticinco autores que publicaron *Corona de sonetos en honor de José Antonio Primo de Rivera,* en Barcelona, en 1939. Más bien surrealista fue el caso de Salvador Dalí, que regresó a España después de pasar un tiempo en el exterior y creyó conveniente declararse franquista –y los surrealistas lo declararon hereje.

Hay que decir que Laín Entralgo, desde su falangismo, estaba distanciado del sector más cerrado en el plano cultural, que era el católico, y trató de promover una apertura cultural desde su adhesión al régimen. En *España como problema*, en 1949, se permitió incluso rescatar la tradición liberal de la generación del 98. También franquista, aunque más moderadamente, fue Miguel Delibes, escritor católico que luego se conduciría de forma respetable en la democracia. En cambio, el falangista José María Valverde jugaría en tiempos democráticos la carta pseudoprogresista más demagógica, como tantos otros periodistas e intelectuales españoles, para limpiar el pretérito. Laín Entralgo y Torrente Ballester (este último obtuvo en 1938 con un auto sacramental el primer premio del régimen de Franco para ese género), se aclimatarían decentemente a la democracia sin necesidad de inventarse una imagen de izquierda para cambiar el pasado –muchos españoles les reconocerían, con justicia, su evolución democrática sin truculencias ni imposturas.

Camilo José Cela, el Premio Nobel español, autor de una obra muy justamente considerada, fue otro intelectual franquista destacado. Peleó en la guerra, trabajó de joven en los Sindicatos Verticales, colaboró en *Arriba*, el medio más emblemático del régimen, y fue censor de una publicación religiosa de poca importancia, un cargo que él justifica porque creyó que de esa manera podía hacer pasar por el cernidor el mayor número de textos. Es justo decir, asimismo, que fue víctima del régimen al que apoyó, pues también resultó censurado y debió publicar *La colmena* en Buenos Aires, en lugar de Madrid, en los años cuarenta. Para solaz de sus lectores, no se aplicó a sí mismo la censura: sus primeras obras, libérrimas, escandalosas, innovadoras, refrescaron la vida cultural española y contradijeron admirablemente su aquiescencia política (y alguna literaria, como la novela *La Catira* que complació a Pérez Jiménez, el dictador venezolano). La posterior evolución de Cela hacia la democracia, sin demagogia de izquierda, también es algo que hoy se agradece en España.

La gran figura intelectual de la España inmediatamente posterior a la generación del 98 fue sin duda José Ortega y Gasset. De ambas generaciones, la del 98 y la del 14, él es, junto con Madariaga y el Gregorio Marañón de *Ensayos liberales,* una de las poquísimas figuras de relieve a las que puede llamarse demócrata, liberal y moderno en términos políticos. Su caso sintetiza bien el drama al que se enfrentaba un intelectual español en aquellos años, obligado a navegar entre Escila y Caribdis para no caer en el fascismo ni en el estalinismo, las dos opciones que se disputaban a muerte las conciencias. Fue siempre un hombre convencido del vicio esencial del socialismo. No era un fascista y tenía una clara conciencia liberal de las reformas políticas que había que introducir en la España que no se había restregado las legañas del siglo XIX (en materia económica, en cambio, preocupa su olímpico desinterés). Por ello apostó por la república en un principio –en 1930 fue una figura clave de la Agrupación al Servicio de la República–, pero al advertir su degeneración y su secuestro por los enemigos de la libertad tuvo el coraje de criticarla, de proclamar «no es esto, no es esto» y distanciarse de ella.[11] Con el estallido de la guerra intentó casi un imposible: distinguir entre la cara liberal del Frente Popular, digamos

11. Sus valientes textos de crítica a la república a la que apoyaba figuran, bajo el título genérico de «Rectificación de la república», en el volumen 11 de sus *Obras Completas* (Alianza Editorial, Madrid, 1983).

la que encarnaba Azaña, y la totalitaria. Esta ambigüedad ha sido utilizada por sus enemigos para acusarlo de respaldar a los nacionalistas de Franco, pero, salvo el hecho circunstancial de que sus hijos combatieran en ese bando, no existe mayor evidencia de ello. Que criticara al sector totalitario de la república en el exterior –por ejemplo en el *Times* de Londres– no hacía de él un fascista. Tuvo luego que exiliarse y allí creció su nostalgia por España, su desgarramiento por un país que había eliminado de su horizonte toda opción que no fuera la totalitaria, al tiempo que iba en aumento su gran prestigio europeo. La posibilidad de restaurar un cierto orden democrático por vía de la monarquía lo llevó a considerar esta opción y, a fines de la Segunda Guerra Mundial, cuando parecía que la derrota del Eje tendría un efecto dominó en la dictadura española, decidió volver a su país. El regreso de 1945 a España, donde viviría hasta su muerte casi diez años más tarde, fue un error de cálculo y le costó caro: allí dentro el régimen intentó instrumentalizarlo, especialmente con motivo de su discurso en el Ateneo, en 1946, cuando habló de que «el horizonte de España está despejado» y de la «indecente salud» de que gozaba su país (frases que se prestaban a una manipulación). Es verdad que fue hasta cierto punto tolerado por un sector del falangismo intelectual que propugnaba una apertura –que pudiera circular la revista *Insula* lo demuestra–. Sin embargo, no se casó nunca con el sistema. Al contrario: el sector católico más asfixiante lo fustigó sin tregua; lo consideraba, con razón, un enemigo peligroso precisamente porque no cabía duda de su desprecio por el comunismo y de que era un partidario de la democracia liberal que quería articular a España con el resto de Europa. No pudo expresar con claridad sus ideas políticas dentro de España, y sus largos silencios –«El silencio, gran brahmán» era el título de un artículo suyo de 1930–[12] le han valido la sospecha de

12. Ortega y Gasset, José, *Obras Completas*, Volumen 2, Alianza Editorial, Madrid, 1983.

los comisarios de la moral. Hay que decir que, en un mundo donde un gran número de intelectuales españoles se pusieron al servicio de Franco y donde en el bando de enfrente consideraban traición todo lo que no fuera servir al amo soviético, la actitud de Ortega en esa última etapa de su vida, con sus innegables ingenuidades, fue la más digna posible. También consecuente con la que había descrito en *El Imparcial*, tan temprano como el 9 de febrero de 1913: «Una nueva España es sólo posible si se unen estos dos términos: democracia y competencia.»

En efecto, «democracia y competencia» eran la perfecta combinación liberal que acaso le hubiera ahorrado a España el horror de la guerra civil y la pobreza que el país padeciera desde 1936 hasta prácticamente treinta años más tarde. Es muy probable que una clase intelectual mejor formada e informada hubiera contribuido más eficazmente a colocar a España en la proa de Europa. Tal vez no sea del todo justo tildar a los intelectuales españoles de fabricantes de miseria, pero alguna responsabilidad, sin duda, les cabe.

Universalismo y americanismo

La primera parte del siglo xx vio dispararse en América Latina una polémica –en verdad ella no cesa del todo– entre hispanismo e indigenismo, por un lado, y americanismo y universalismo por el otro. El símbolo de los valores universales fue la revista *Sur*, fundada en 1931 por Victoria Ocampo en Argentina, en la que colaboraron, entre otros, Jorge Luis Borges y Jorge Bianco. No era la suya una actitud beata frente a Europa y la cultura occidental –«tratamos los temas europeos sin superstición y con irreverencia», decía Borges– sino consciente de que América Latina era una forma de Occidente. La disputa entre los espíritus de vocación universal y los nacionalistas no era la misma que aquella entre hispanistas e indigenistas. Los odios entre hispanistas e indigenistas soslayaron unos vicios complementarios en las visiones de estas dos corrientes, pues ambas tenían que ver, cada una a su manera, con el rechazo a la evolución del pensamiento europeo desde la Ilustración y a las ideas liberales. Los hispanistas, sobre todo la generación del novecientos en el Perú, compuesta por el gran historiador José de la Riva Agüero, Víctor Andrés Belaunde y los dos García Calderón, reivindicaban la herencia hispánica y colonial, pero no en nombre de la libertad occidental sino de la tradición católica, los valores aristocráticos y la visión conservadora. Había matices entre ellos: Víctor Andrés Belaunde, en el lado moderado, abría bastante las esclusas al resto de la cultura occidental; Riva Agüero, en el lado conservador, llegó a defender a Mussolini y el fascismo. Estos hispanistas a menudo apoyaron dictaduras militares, no sintieron la menor tentación por incorporar a los cuatro millones de indios desperdigados por los Andes a la vida moderna peruana y tuvieron una concepción autoritaria y jerárquica de la vida, írrita a la movilidad social, la participación democrática y la libertad económica. Por paradójico que parezca, algunos hispanistas delataban ya la influencia creciente de un nacionalismo cultural del que empezaban a beber distintas ramas del intelectual latinoamericano, desde el indigenista hasta el «arielista» y desde el socialista hasta el católico y el fascista.

Al despuntar el siglo XX, América Latina vio diluirse el ascendiente positivista. La publicación de *Ariel*, del uruguayo José Enrique Rodó, expresó una tendencia a valorar las virtudes espirituales de lo latinoamericano frente al materialismo occidental y específicamente norteamericano. Esta visión entroncó pocos años después con el pesimismo de muchos pensadores occidentales sobre el futuro de Occidente, patente en libros como *La decadencia de Occidente*, de Spengler, y, especialmente, *El redescubrimiento de América*, de Waldo Frank, del que publicó fragmentos la revista peruana *Amauta*, símbolo de un nuevo movimiento: el indigenismo. La rebelión brasileña de los yagunzos de Canudos, en 1897, contra la república recién estrenada dio el estímulo de un hecho popular a ese proceso intelectual de rechazo al progreso y reivindicación de la cultura tradicional indígena. De aquella rebelión dejó un decisivo testimonio en *Os sertoes* Euclides da Cunha, un periodista republicano que fue a cubrirla armado de mucho desprecio y quedó horrorizado con la brutalidad de la república, a la que vio liquidar a los campesinos a sangre y fuego, y fascinado con la renuncia al progreso por parte de una comunidad nativa. Mucho más importante, por supuesto, fue la revolución mexicana, una década más tarde, para el movimiento indigenista continental. Aunque la rebelión brasileña fue contra un poder «de izquierda» y la revolución mexicana contra un poder «de derecha», el de Porfirio Díaz, la raíz común que aquí nos interesa es la idea del indígena enfrentado a los valores occidentales, bandera que pronto enterneció a un número abrumador de intelectuales latinoamericanos de inconfundible raigambre... occidental y urbana. Un movimiento popular que había estallado contra el progreso —eso mismo encarnaba para la época, curiosamente, el sátrapa Porfirio Díaz— se volvía así, por birlibirloque ideológico, la nueva causa de nuestros «progresistas». Aunque un debate más importante sobre la identidad cultural subyacía al conflicto ideológico y cultural promovido por el indigenismo, nuestros indigenistas terminaron por ahogarlo. La identidad cultural se volvió una coartada para defender una idea colectivista y antiliberal de lo latinoamericano. Resulta desconcertante que, casi a la par con el modernismo, esa revolución de la lengua promovida por nuestros escritores, de horizonte amplio y mirada tendida al infinito, surgiera esta expresión cultural ensimismada, antimoderna, retrógrada, llamada indigenismo, primitivismo o costumbrismo según de qué intelectual hablemos. Su expresión literaria dio al movimiento, de la mano con su expresión pictórica, un prestigio estético de nefastas consecuencias políticas.

La raíz primera del indigenismo está en la cuzqueña Clorinda Matto de Turner y su *Aves sin nido*, que en 1889 inaugura la preocupación artística por el indio en América. Desde comienzos de siglo hasta el «boom» latinoamericano esa corriente será la dominante, y su influencia ideológica, cultural y política, además de estética, un decisivo elemento de nuestro subdesarrollo. Con un mundo folclórico poblado de comuneros, gauchos, campesinos, pongos, alpacas, vicuñas, huaynos, vidalitas, ojotas y chiripás, nuestros intelectuales creen despertar a la conciencia política bramando contra las oligarquías criollas y el imperialismo norteamericano, a la conciencia social descubriendo al indio tres siglos después de los conquistadores, y a la literatura autóctona después de copiar durante un siglo la moda europea. En verdad, hacen lo contrario: en lugar de liberar a América, la subdesarrollan; en lugar de reivindicar al indio, lo someten a una nueva forma del paternalismo; en lugar de literatura de vanguardia, hacen literatura primitiva y conformista, cuyos únicos admiradores estarán, no en los Andes, en Oaxaca o entre los maya-quichés, sino en Europa y Estados Unidos (decía Alfonso Reyes en su *Diario 1911-1930* que en París «sólo piden al americano que sea pintoresco y exótico» y añadía que «el exotismo y lo pintoresco son falsedad y más vale fracasar que mentir»).[13]

Hay, por supuesto, distintas versiones. Está la versión extrema, de un socialismo real asfixiante, de *Huasipungo,* la novela del ecuatoriano Jorge Icaza; la truculenta de *La vorágine,* del colombiano José Eustaquio Rivera, en la que la selva devora a Arturo Cova; y hasta la caníbal, como la publicación *Antropofagia* del marxista Oswald de Andrade en Brasil. Indigenistas o «telúricas» (vocablo privilegiado del subdesarrollo intelectual), todas estas creaciones, y otras, expresaban un odio cerval al capitalismo, a la civilización o a la influencia exterior, y a veces a las tres cosas juntas. Hubo también, claro, la versión *light,* entre idealista y cándida, de *Doña Bárbara,* del venezolano Rómulo Gallegos (intelectual

---

13. Reyes, Alfonso, *Diario 1911-1930*, Universidad de Guanajuato, Guanajuato, 1969.

que, con toda su ingenuidad, fue respetable: exiliado por Juan Vicente Gómez, subió al poder democráticamente y fue víctima a los pocos meses de un golpe de Estado). También era pintoresco, costumbrista, Ricardo Güiraldes, autor de *Don Segundo Sombra*, ese intento tardío de reconciliar barbarie y civilización en el que el protagonista parece mutilado por la pampa. Hay la versión sentimentalista, por ejemplo en la obra, rica y original, de Jorge Amado, el escritor de los oprimidos del nordeste brasileño, y, por supuesto, la propiamente indigenista de Miguel Ángel Asturias, para quien –con mucho talento literario– una sensibilidad por el indio se traducía en un maniqueo rechazo al capitalismo como sistema y a los valores occidentales. Menos importante que la obra de Rulfo, el indigenismo de Roa Bastos *(Hijo de hombre)* también ha alimentado la tradición arcaica. No siempre el sentimiento por el latinoamericano llevaba a la ideología indigenista: a veces cobraba, por ejemplo, con Gabriela Mistral, una forma más sublime, lírica. Y existieron los indigenistas desencantados, como el mexicano Mariano Azuela.

Había también quienes usaban el tema del indígena para una reflexión más honda y auténtica, o como elemento de una visión más universal del hombre. Es el caso de un Guimaraes Rosa en *Grande sertao: veredas*, de un José María Arguedas en *Los ríos profundos*, historia de un niño desgarrado por dos mundos, el indio y el blanco, que también desgarraron a su autor, hijo de blancos criado entre indios. Juan Rulfo fue el más importante de este grupo: sus historias metafísicas situadas en el corazón de una comunidad indígena, la de Comala, son, además de una reflexión espiritual sobre la condición humana, un alegato sutil contra la revolución mexicana, que no trajo el progreso prometido al indio.

La figura de José de Vasconcelos golpea la mente cuando se piensa en el indigenismo mexicano. Como secretario de Instrucción Pública, suerte de ministro de Educación, de Álvaro Obregón, fue el gran patrón de las artes mexicanas. Había fundado con Alfonso Reyes el Ateneo de la Juventud en

México y ambos habían arremetido contra el positivismo de Porfirio Díaz. Influido por el *Ariel*, Vasconcelos fue un nacionalista cultural que quiso traer al indio a la vanguardia de su país, aunque también impulsó decididamente los valores del mestizaje. Esta última apuesta fue previsora y acertada, aunque los torrentes de demagogia que fluyeron de su ministerio compensaron ampliamente ese y otros méritos, como el combate contra el analfabetismo (intelectuales como Samuel Ramos también promovieron el mestizaje, algo que ha permitido a México una paz social en todos estos años y una mayor integración que en otros países con culturas diversas). Aunque terminó mal y tuvo que exiliarse, el nombre de Vasconcelos es indesligable de esa fábrica de nacionalismo cultural que fue la revolución mexicana. No son tanto sus ideas sobre «la raza cósmica» –suerte de fusión de todas las culturas americanas– lo que queda de él, como el movimiento nacionalista por excelencia que financió y promovió hasta la exacerbación: el muralismo y sus tres figuras principales, Diego Rivera, David Alfaro Siqueiros y José Clemente Orozco. El muralismo cubrió de frescos de tema revolucionario los edificios públicos mexicanos y casó un indudable talento artístico con la demagogia, el subdesarrollo mental y la perversión totalitaria. Algunos eran marxistas, otros no, pero todos estaban influidos por la revolución rusa y ayudaron a legitimizar la revolución mexicana y la cultura de Estado. Rivera, que pasó del cubismo al estilo monumental, pintaba al indio tradicional pero también quería transmitir la promesa de la producción fabril; Siqueiros promovía la revolución comunista (la revolución mexicana ha sido experta en absorber a los comunistas) mediante el uso de la geometría de corte cubista y constructivista con su dramático impacto visual; Orozco se inspiraba en la mitología prehispánica. Aunque contribuían a la misma causa oficial, no eran una cofradía: Siqueiros ha pasado a la historia porque trató de asesinar a Trotsky en la villa de Coyoacán de Diego Rivera (su simpatía por Trotsky hizo que Rivera fuera expulsado del partido comunista). Hay que añadir que –costumbre, por lo visto, de antigua raigambre latinoamericana– el revolucionario Rivera no dudó en aceptar cuando los capitalistas norteamericanos de la Bolsa lo invitaron a exponer en Estados Unidos y a pintar murales y cuadros en hoteles y empresas norteamericanas, lo que no dejaba de ser una forma indirecta de apropiarse de la plusvalía que generaban los oprimidos.

En el Perú, el indigenismo estaba en su apogeo. Hemos citado *Amauta* y debemos citar a su fundador, José Carlos Mariátegui, el pensador marxista peruano que intentó afincar en la realidad andina sus tesis revolucionarias y fundó en 1929 el partido socialista. En sus *Siete ensayos de interpretación de la realidad peruana*, intentó integrar lo espiritual y lo material en el indio –mezcla de marxismo y «arielismo»– y convertir a la cultura india en el prototipo de la sociedad socialista. En sus textos exploró sin tregua el problema del indio y la tierra –por ejemplo en sus textos de la revista *Mundial*– y defendió la idea de la «comunidad orgánica» y la «cultura integral» por oposición a la occidentalización de las culturas nativas. Se trataba de un marxismo con adaptador: en el Perú no era tanto el proletario como el campesino el que debía constituir la clase revolucionaria. Junto con él hubo otros teóricos, del moderado Uriel García a Luis Valcárcel, cuasi racista en sus comienzos. Contribución importante a esa corriente fue la de Haya de la Torre, que había fundado el Apra en México en 1924. Acuñó el término «Indoamérica» y desarrolló la teoría del «espacio-tiempo histórico» inspirado por la teoría de la relatividad de Einstein para tratar de reconciliar los distintos tiempos históricos de acuerdo con las condiciones de cada país. En su discurso nacionalista, impregnado de marxismo aunque en su madurez se distanció claramente de esa ideología y de la revolución rusa, el imperialismo no era en América el último estadio del capitalismo sino el primero. La imagen del indio que transmitía Haya de la Torre era la del rebelde, no la del sumiso que perfilaba la literatura de Ventura García Calderón.

Con excepciones, como la de José María Arguedas, que nació en una comunidad indígena, se crió en quechua y vivió desde dentro la experiencia del indio, nuestros indigenistas fueron gentes de cultura enteramente occidental empeñadas en imponer una visión exterior al indio al que querían redimir de la explotación de Occidente. El indigenismo peruano produjo obras importantes, como *Los ríos profundos*, de Arguedas, o *El mundo es ancho y ajeno*, de Ciro Alegría, pero deformó la realidad, confundió la fuente de la miseria que sufrían los indios, inventó una utopía colectivista y fue uno de los elementos que enemistó a la cultura peruana con los valores de la libertad económica y política. Su denuncia de la condición del indio –por ejemplo en la prosa del anarquista González Prada– es de innegable valor moral, pero la dirección en la que apuntó el movimiento llevaba a América Latina –al conjunto de la sociedad– en dirección contraria al verdadero progreso.

Las influencias

El PRI mexicano, heredero de la revolución, logró mantener la pauta de la era Vasconcelos, instrumentalizando a los intelectuales mexicanos, aunque algunos de ellos tuvieron luego gestos de independencia y hasta ruptura muy notables. Los casos más célebres son los de Octavio Paz y Carlos Fuentes. Paz había sido marxista en su juventud, pero el surrealismo y la experiencia de la guerra civil española (y en parte su debilidad por la figura patética de Trotsky, el perseguido por Stalin) atemperaron en él esas exaltaciones políticas hasta empujarlo, en los años setenta, hacia la democracia liberal. Hay que decir que también se nutrió de la atmósfera nacionalista mexicana, como es obvio en su famoso *Laberinto de la soledad*. Como diplomático de carrera, sirvió al PRI en la India, pero renunció en 1968, con ocasión de la matanza de estudiantes en la Plaza de Tlatelolco bajo la presidencia de

Díaz Ordaz, cuando era ministro del Interior Luis Echeverría (que sería luego premiado con la presidencia). Aunque Paz ha dejado testimonio poético de este episodio –«Los empleados/ municipales lavan la sangre/ en la plaza de los sacrificios»–, fue sobre todo su renuncia al cargo lo que lo marcó como una figura independiente. Su posterior *El ogro filantrópico*, denuncia del Estado todopoderoso, representó un claro asalto intelectual al sistema del PRI. Las revistas *Plural* y, más tarde, *Vuelta*, que fundó en México, dieron continuidad a la famosa *Sur* de Argentina y bebieron de la tradición de *Revista de Occidente*, abriendo unos espacios de libertad en el asfixiante mundo cultural bajo el PRI. En el otoño de su vida, *Ladera Este* volvió a creer en el Estado mexicano, especialmente desde la etapa de Carlos Salinas y Ernesto Zedillo, cuyas promesas de cambio –y en algunos casos cambios reales– le parecieron marcar un inequívoco derrotero democrático.

El caso de Fuentes es más serpentino: el autor de notable novela que es *La muerte de Artemio Cruz* renunció a la embajada mexicana en París cuando Díaz Ordaz fue nombrado embajador en España por López Portillo con el encargo de reanudar las relaciones interrumpidas desde el reconocimiento de Lázaro Cárdenas a la república española. El inobjetable desplante democrático contrasta con el hecho de que Fuentes había sido embajador del presidente Echeverría, el ministro del Interior de Tlatelolco, y, junto con Fernando Benítez, se había constituido bajo ese gobierno en el escritor oficial del régimen. Desde su renuncia, ha sabido, como su personaje más famoso, el revolucionario Artemio Cruz, escalar mediante recursos diversos, no siempre reñidos con la integridad intelectual, aunque a diferencia del caudillo ficticio, que simboliza el anquilosamiento de la nueva sociedad, el rutilante Fuentes nunca se anquilosó (el refinamiento del PRI ha consistido siempre, entre otras cosas, en captar a los intelectuales de cualquier posición política, desde comunistas hasta un Alfonso Reyes, que también fue diplomático del PRI durante muchos años, y convertirlos en parte de su engranaje; el que intentó mantenerse puro fue a la cárcel). El perfil de Carlos Fuentes, sin duda un gran novelista que figura con todo derecho en la línea de vanguardia de los renovadores de la novela latinoamericana, trazado por su compatriota Enrique Krauze en *Vuelta* y *The New Republic* aún no ha sido superado. Su última faceta, la denuncia del PRI en nombre de la democracia después de creer en la esencia de ese sistema durante casi toda su vida, a este gran conocedor del universo precolombino mexicano en situación de encandilamiento con la revolución zapatista en Chiapas, «la primera revolución posmoderna» en palabras suyas (no más del diez por ciento de los mexicanos son indios). En esto –también en esto– es un exquisito producto cultural de la universidad norteamericana, tribunal ante el cual parecen diseñados sus cuidadosos movimientos en no menor medida que su brillantez expositiva.

El nacionalismo intelectual latinoamericano avanzó a lo largo del siglo en sus distintas vertientes. La vertiente del pensamiento económico desembocó en el desarrollismo –¿recuerdan la sustitución de importaciones?– propugnado por Raúl Prebisch y, una vez fracasada la receta en manos de Perón y otros, en la teoría de la dependencia, de la que fue excelso exponente Fernando Henrique Cardoso, el ex sociólogo, actual presidente del Brasil, autor de un libro que lleva precisamente por nombre *Dependencia y desarrollo en América Latina*. Ya hemos analizado extensamente en nuestro libro anterior estas ideas nacionalistas. En pocas palabras, la tesis desarrollista de Prebisch, que había sido presidente del Banco Central de Argentina y se constituyó en los años cincuenta en la gran figura de la Cepal, creada en Chile en 1948, era que para desarrollar América Latina había que aumentar los precios de los productos tradicionales, estimular la industria nacional con protecciones y sustituir importaciones (eso sí, como había que importar componentes para la industria nacional, el dólar debía ser barato). Paralelamente, creía, con Keynes, que el Estado debía ser un agente del crecimiento económico y el empleo. Cuando fracasó el desarrollismo, la teoría de la dependencia de Cardoso y compañía intentó explicar que una injusticia «estructural» impedía a los países de la «periferia» romper la dependencia con respecto a los países del «centro». Ello derivó en la exigencia de que el mundo desarrollado financiara al otro, transferencia que, facilitada por los petrodólares, en parte creó después la crisis de la deuda, al tiempo que potenció la hipertrofia del Estado. Nuestros nacionalistas económicos proponían también reformas agrarias que cambiaran el patrón-hacendado por el patrón-burocracia.

Uno de los enigmas que se desprenden de la conducta intelectual de América Latina es la contradicción entre la capacidad para alimentarse libremente y sin complejos del mundo exterior a la hora de crear y renovar el lenguaje —escrito o pictórico— y la incapacidad para hacer lo mismo en el dominio de las ideas políticas y sociales. Nuestra literatura del siglo XIX no hubiera existido sin la influencia del romanticismo y nuestra literatura del siglo XX tampoco sin el parnasianismo o el simbolismo, influencias a partir de las cuales nuestros literatos crearon libérrimamente. A la hora de crear, a veces recreábamos y cuando no, creábamos mediante el uso de instrumentos aportados por el mundo exterior; a la hora de pensar, rechazábamos lo exterior... usando para ello instrumentos aprendidos del exterior. ¿Hubiera existido Vicente Huidobro, el gran poeta «creacionista», sin la influencia surrealista europea? ¿Qué fue el primer Borges sino una hechura de la vanguardia europea? ¿Son concebibles un Roberto Matta, un Wilfredo Lam, sin la existencia del surrealismo de André Breton? ¿Qué hubiera sido del joven Tamayo sin el cubismo? ¿Qué hubiera sido de Onetti, o del «boom» latinoamericano, sin norteamericanos como Faulkner, Dos Passos? Nuestros intelectuales nunca dieron demasiada importancia a la contradicción entre estas realidades de una cultura sin fronteras y su visión ideológica de compartimientos estancos.

No es la única contradicción, en un continente donde nombres como el del Germán Arciniegas de *Entre la libertad y el miedo* o el admirable Carlos Rangel de *Del buen salvaje al buen revolucionario* y *El tercermundismo* son destellos de lucidez política rodeados de tiniebla intelectual. Algunas de las mejores novelas contra el autoritarismo en América Latina, en buena parte influidas por *Tirano Banderas* de Valle-Inclán, fueron escritas por gentes que admiraban o admiran distintas formas de autoritarismo de izquierda. Es el caso de *El señor presidente,* de Miguel Ángel Asturias, *Recurso del método*, de Alejo Carpentier, *El otoño del Patriarca*, de García Márquez, y *Yo, el supremo*, de Roa Bastos. El caso de Carpentier asombra. Sus mejores novelas describen con una imaginación desbocada y un lenguaje amazónico (por lo rico) los desastres del racionalismo revolucionario. Es lo que ocurre en *El Reino de este mundo*, libro sobre la degeneración de la independencia de Haití en el que ni el vudú es capaz de detener la transformación de los libertadores en monstruos, y en *El siglo de las luces*, que explora el impacto de la degeneración de la revolución francesa en tres personajes en el Caribe. Este escritor es el mismo que sirvió hasta su muerte como disciplinado funcionario de Fidel Castro y, antes, brevemente, se había acoplado a la Venezuela de Pérez Jiménez. En sus últimos libros –por ejemplo *La consagración de la primavera*– quiso actualizar políticamente su literatura y ponerla al servicio de la revolución cubana, y se volvió mal escritor.

Contradicciones intelectuales de grueso calibre existen en los grandes nombres de nuestra literatura de la primera mitad del siglo. César Vallejo fue un caso notable. No existe un poeta más pesimista y perturbado (a pesar de ser hijo de una familia muy religiosa de Santiago de Chuco, un pueblo del Perú rural). Su genialidad nacía en buena parte de su visión del fondo oscuro de la existencia. En *Trilce*, cuyo tema es realmente la dislocación del lenguaje tras la pérdida de fe en el alma humana, está bien concentrada la angustia existencial de este hombre humilde que en 1923 había partido a París huyendo de la miseria peruana. En Europa no se volvió optimista en cuanto a la vida misma, pues su poesía siguió cargada de una profunda e inquietante negrura existencial. Y, sin embargo, abrazó el marxismo con entusiasmo infantil, visitó la URSS y cantó sus glorias. A veces, como en «España, aparta de mí este cáliz», su decepción política, en ese caso por la derrota de la república, a la que se entregó con fervor y que inspiró su «Himno a los voluntarios de la república», creó gran poesía; pero su revelación revolucionaria lo llevó a producir en 1931 una espantosa novela de realismo socialista (minero), *Tungsteno*. ¿Cómo entender que el alma atormentada que dio a luz *Los heraldos negros* y se cargó de tristeza por las limitaciones de la condición humana es la misma que creyó en el paraíso estalinista y escribió *Rusia, 1931*?

Contradicciones centroamericanas

Al más grande de los poetas hispanoamericanos, Rubén Darío, nadie le puede negar genialidad. La revolución que operó en la lengua y la literatura latinoamericana marcó a casi todo el siglo, o bien porque influyó en los que vinieron después o porque los obligó –es el caso de Vallejo, Neruda, Huidobro, Borges– a reaccionar frente al modernismo. Todos llevamos algún verso de Darío en el alma. Pero un rápido vistazo a su comportamiento político deja un sabor a ceniza. Es más: con excepción del libertario José Martí, y de González Prada, simpático por su anarquismo insobornable, las figuras del modernismo tuvieron un comportamiento político sinuoso y buscaron la protección oficial de gobiernos no democráticos. A pesar de ser un movimiento literario «puro» que aspiraba a una suerte de aristocracia lírica alejada del ruido social (se llamaba «moderno» al principio por la influencia francesa, y otros americanos, como Rodó, dijeron de Darío que «no es el poeta de América»), el modernismo tenía también un aura de contestación política. Muchos políticos radicales se le acercaron en un momento en que el catolicismo se batía en retirada y estaba en auge el asedio a lo tradicional. Pero, ¿hubo algo más tradicional que el nacionalismo militarista que abrazó Leopoldo Lugones, otro gran poeta, en su madurez? ¿Pudo ser más tradicional el servilismo del guatemalteco Enrique Gómez Carrillo, el mejor «cronista» modernista, cuyos escritos desde París encandilaban a los lectores de periódicos, ante el temible déspota Estrada Cabrera?

El caso de Darío, el hombre que revolucionó la cadencia, la métrica y el lenguaje españoles, lo demuestra. «Tiranuelos de machete» llamó él mismo alguna vez a nuestros dictadores bananeros. Sirvió a no pocos de ellos. Empezó a cantar a generales autoritarios muy joven, cuando en 1881 leyó en una velada fúnebre su poema «A Jerez», en homenaje al general Máximo Jerez. Por aquella época se empezó a hablar de la Unión Centroamericana, proyecto para revivir la Federación que en los años veinte del siglo xix había unido a los países de la región. Entusiasmaba a Darío esta idea pero expresaba igual admiración por los generales centroamericanos que la propugnaban y los que la combatían. En 1882 hizo un poema «Al Señor Dr. D. Rafael Zaldívar», el dictador de El Salvador opuesto a la unión, a quien visitó dos años después en compañía del presidente Cárdenas de su país, también enemigo de la unión y cómplice del intervencionismo yanqui, a quien servía como secretario; pero no sin antes escribir un poema «Al general Justo Rufino Barrios», el liberal autoritario guatemalteco que con más empeño intentaba recrear la Federación Centroamericana y quería por ello invadir El Salvador. En 1889 escribe «Unión Centroamericana», un poema que lee —el 20 de octubre— en un banquete en honor de Francisco Menéndez, el dictador salvadoreño que había participado en el derrocamiento de Zaldívar.

Los favores eran correspondidos. El salvadoreño Francisco Menéndez le dio la dirección de *La Unión*, el diario oficial de su régimen. Cuando el general Carlos Ezeta depone al general Menéndez, Darío se va a Guatemala, donde hace migas con el general Manuel Barillas, que le da la dirección del diario oficialista *El correo de la tarde*. A partir de 1892, su gobierno, el nicaragüense, lo envía de cónsul a España con ocasión del cuarto centenario del descubrimiento de América. Gobernaba en Managua Roberto Sacasa. Cuando el general José Zelaya derroca a Sacasa, al año siguiente, Darío se pone a disposición del dictador liberal. En 1901 le dedica su libro *Peregrinaciones* de esta manera: «Al general J. Santos Zelaya, impulsor del progreso en Nicaragua, respetuosamente este libro dedica R.D.» Naturalmente, fue nombrado cónsul en París a los pocos meses. Unos años después, al caer Zelaya y subir José Madriz bajo el fuego cruzado de una continua pugna entre conservadores y liberales, Darío se pone a órdenes de Madriz, a quien le acepta el encargo, en 1910, de ser delegado ante las celebraciones por el centenario de la independencia de México organizadas allí por... el dictador Porfirio Díaz. Al final de su vida y camino de regreso a Nicaragua, este viajero impenitente –que ha escrito prodigios en verso en Chile, Argentina, España, Francia– pasa unos meses en Guatemala invitado por Manuel Estrada Cabrera para recuperarse de su enfermedad en un hotel y, luego, en una de sus fincas. ¿Debe extrañar que en su bibliografía exista el poema a la «Mater Admirabilis» de Manuel Estrada Cabrera?

Sus relaciones con Estados Unidos merecen un comentario especial. En 1904 disparó contra Estados Unidos un poema que el antiimperialismo ha elevado a categoría de palabra sagrada: «A Roosevelt.» Habría que recordar a nuestros antiimperialistas que el contenido de ese poema es antiimperialista sólo con respecto a Estados Unidos, pues ataca a ese país en nombre de la colonia española: «Tened cuidado. ¡Vive la América española!/ Hay mil cachorros sueltos del León Español./ Se necesitaría, Roosevelt, ser, por Dios mismo,/ el Riflero terrible y el fuerte Cazador/ para poder tenernos en vuestras férreas garras./ Y, pues contáis con todo, falta una cosa: ¡Dios!» La crítica americana de Estados Unidos, pocos años después de la guerra hispano-norteamericana y casi inmediatamente después de la Enmienda Platt, tiene lógica. No lo tiene el que ese poema se haya convertido en símbolo del antiimperialismo, pues exaltaba la herencia colonial. Otra cosa es que la hispanidad fuera uno de los temas explorados por la poesía de Darío, especialmente en su obra maestra *Cantos de vida y esperanza*. Pero menos sentido tiene que, dos años después del poema «A Roosevelt», Darío escribiera su «Salutación del águila». Uno puede imaginarse a los atildados funcionarios de Langley, Virginia, recitando algunos de estos versos: «Bien vengas, mágica Águila de alas enormes y fuertes, / a extender sobre el Sur tu gran sombra continental.» O tal vez estos otros, del mismo poema: «Tráenos los secretos de las labores del Norte / y que los hijos nuestros dejen de ser los rétores latinos / y aprendan de los yanquis la constancia, el vigor, el carácter.»

Si analizamos el comportamiento político y la prédica ideológica de otro de nuestros grandes escritores, Miguel Ángel Asturias, no encontramos un panorama mucho más reconfortante. La izquierda lo ha adoptado como un modelo del escritor con preocupación social, y sin duda lo fue, y como un látigo del imperialismo norteamericano y las clases explotadoras latinoamericanas, algo que fue a ratos. Su visión ideológica no siempre impidió que sus libros fueran originales y ricos. En su literatura indigenista hay influencia surrealista, leyenda y «realismo mágico», y en ella, mediante la exploración de la mitología maya-quiché o de la cultura tradicional apegada a la tierra, nos abre un mundo fascinante relacionado con la herencia prehispánica de su lugar de origen, Centroamérica.

En sus años mozos, Asturias criticó a Estrada Cabrera, como casi todos los jóvenes de entonces, y celebró su caída (el dictador será el modelo principal de su célebre *El señor presidente*). Este arrebato juvenil, y su muy breve encarcelamiento a manos del dictador José María Orellana, son los chispazos de grandeza en su comportamiento político (el segundo fue compensado con sus colaboraciones acríticas en *El imparcial*, el medio oficialista por excelencia, durante esa misma dictadura y la posterior de Lázaro Chacón). Sorprende, pues, su apoyo al cruel Jorge Ubico, hombre dócil ante Washington. Asturias participó hasta 1937 en el diario oficial de Ubico, *El liberal progresista*, y en 1942 fue nombrado a la Asamblea Constituyente para la tercera reelección de ese dictador. También se dejó hacer diputado cuando la Asamblea se convirtió en legislatura. Era la misma persona que en 1932, pocos años antes del régimen de Ubico, había escrito en *El Imparcial*: «... mientras el sistema actual (el capitalismo) no desaparezca por completo y se llegue a la socialización de los medios de producción y repartición de ganancias, mientras los hombres sean simples juguetes en manos de los directores de los grandes trusts, la guerra será posible».[14] Aunque más tarde Asturias rompió con Ubico, su firma estuvo notoriamente ausente del «memorial de los 311», decisivo para la caída del general.

El período entre 1944 y 1955, llamado la «década civilizada» por los gobiernos reformistas socializantes de Juan José Arévalo y el coronel Jacobo Arbenz, sorprendió a Asturias convertido al reformismo después de su entusiasmo por Ubico y de haberse opuesto a esa revolución socialista. Asturias sirvió al nuevo poder –bastante más decoroso, en lo político, que los anteriores– como diplomático. Cuando vino el golpe contra Arbenz mediante invasión norteamericana, tuvo el tino de exiliarse en Buenos Aires. Sin embargo, unos años después, en la década de los sesenta, cuando gana las elecciones Méndez Montenegro y al poco, secuestrado por los militares, no rechaza la mano dura, Asturias sirve al nuevo régimen en la embajada de París. Al recibir, en 1967, el Premio Nobel, un amplio coro de gente le ruega que renuncie a la embajada. Asturias, sabiendo que eso le traería problemas con el gobierno, se niega. ¿Puede extrañar que Emir Rodríguez Monegal,

14. Asturias, Miguel Ángel, *París 1922-1933, periodismo y creación literaria*, CSIC, Madrid, 1988.

el destacado crítico uruguayo, diga en su libro sobre Borges que la Academia Sueca negó el Nobel a Borges por su apoyo a Pinochet sin importarle el estalinismo de Neruda o «la servidumbre de Asturias»?[15]

Su cobijo bajo gobiernos autoritarios no impedía que defendiera el socialismo y atacara al capitalismo, el imperialismo y el militarismo. Así, recibió, feliz, en 1966, el Premio Lenin de la Paz en el Moscú totalitario. El galardonado por la capital de la revolución proletaria no se inmutó cuando el presidente convertido en dictador al que servía –Méndez Montenegro– restituyó el decreto 2.795 de la época de Ubico, que decía: «Están exentos de responsabilidad criminal los propietarios de fincas...»[16]

Asturias tuvo la habilidad de no inscribirse en el partido comunista, que lo adulaba, ni pedir abiertamente la revolución marxista para su país. Lo cual convierte en una ironía que su hijo Rodrigo se volviera espadachín de la guerrilla guatemalteca a la cabeza de la Organización del Pueblo en Armas, integrada en la Unión Nacional Revolucionaria Guatemalteca (UNRG), bajo el nombre de guerra del Comandante Gaspar, en homenaje al Gaspar Ilom de *Hombres de maíz*.

La novela debe seguir la vida del pueblo, había dicho Asturias alguna vez. Su novela social, muchas veces abiertamente maniquea, se salva en parte por el elemento mitológico y ancestral, aprendido sobre todo en el «Popol Vuh». En *Hombres de maíz*, el mito maya-quiché del hombre creado por el maíz y los elementos sagrados de la tierra –el propio maíz, la banana– están tratados con pericia literaria. Pero atraviesa la novela una condena de las relaciones comerciales del capitalismo, destructor de la cultura tradicional. Hay también en Asturias esa trilogía antiimperialista por excelencia de *Viento fuerte*, *El papa verde* y *Los ojos de los enterrados*, se-

15. Rodríguez Monegal, Emir, *Borges: hacia una lectura poética*, Guadarrama, Madrid, 1976.
16. Cardoza y Aragón, Luis, *Miguel Ángel Asturias, casi novela*, Era, Ciudad de México, 1991.

cuencia de novelas contra la United Fruit (¿recuerdan *Mamita Yunai* del costarricense Carlos Luis Fallas?). En esas páginas está encerrada la esencia del pensamiento anticapitalista latinoamericano, tan culpable de nuestro atraso. El capitalismo es para Asturias lo que Tohil para el maya-quiché: el dios de la muerte. La respuesta del pueblo a Asturias, a las puertas del siglo xxi, es contundente: los quichés se están occidentalizando a pasos agigantados, dentro de eso que los guatemaltecos llaman la cultura «ladina», es decir mestiza, sin que ningún designio perverso así lo exija.

¿Hay alguna relación entre la pobreza centroamericana –la más aguda de América Latina– y la ambigüedad ideológica de sus más destacados intelectuales? ¿Es posible señalarlos como cómplices de los fabricantes de miseria? Probablemente, sí.

Neruda y Guillén

Otra de las catedrales de la poesía latinoamericana, Pablo Neruda, llama la atención por su conducta política. Su caso fue también el de alguien que buscó la protección del poder, pero él llevó su compromiso a la peor de todas las orillas contemporáneas: la del totalitarismo, al que justificó consistentemente hasta su muerte, si bien en el final de su vida moderó algunos entusiasmos juveniles. El autor de «Los dictadores», un hermoso poema de su *Canto general*, fue el incensario de varios de ellos.

Es curioso que este símbolo de la izquierda latinoamericana representara como diplomático al gobierno dictatorial del conservador Carlos Ibáñez entre 1927 y 1931, en el Asia, para después servir en Argentina y España a Arturo Alessandri, ese populista protocepalista, con fama de hombre de derechas, más bien democrático, pero muy lejos del revolucionario Neruda, de ese Neruda que publicó «España en el corazón» en pleno frente de batalla, en Barcelona, durante la guerra civil española. Más lógica tiene el que en 1940 volviera al servicio diplomático para servir a Pedro Aguirre, que había subido a la cabeza del Frente Popular. En 1945 se afilió al partido comunista, que tras la Segunda Guerra Mundial parecía la bandera del futuro (ya había publicado en 1942 «Canto de amor a Stalingrado» y en 1943 «Nuevo canto de amor a Stalingrado»). Uno de sus pocos méritos políticos será, justamente, haber sido perseguido por el gobierno chileno, a fines de los años cincuenta, por su radicalismo: el 27 de noviembre de 1947 publica en *El Nacional* de Caracas su «Carta íntima para millones de hombres», lo que le vale el juicio iniciado por el presidente de Chile, el tenebroso González Videla. Su respuesta llega en un discurso en el Senado, «Yo acuso». En febrero de 1948 lo desaforan y dictan orden de detención contra él. Gracias a que se oculta y tiene tiempo para escribir, nacerá *Canto General*.

A partir de 1949 hace todos los méritos necesarios –viajes a la URSS invitado por la Unión de Escritores, recorridos por Polonia y Hungría– para que en 1953 le concedan el Premio Stalin de la Paz, del que ha sido también jurado un año antes. Sus visitas al imperio totalitario –en 1960 hace un largo periplo solidario, en 1965 es jurado del Premio Lenin, en 1967 vuelve a ser invitado por la Unión de Escritores– se mantienen. Después de escribir un poema de homenaje a Stalin en su muerte, se adapta a la era Jruschov, el detractor necrológico de Stalin y continuador del sistema comunista. En sus memorias póstumas, *Confieso que he vivido*, el Neruda de la tercera edad ha tomado distancia frente a Stalin –ya no es el «gran capitán»–, pero de un modo cauto, compensado con elogios, y en ningún caso coherente, pues Stalin no le parece un elemento del sistema al que defiende sino una anomalía. «Yo había aportado mis dosis de culto a la personalidad, en el caso de Stalin», confiesa. Y añade: «la degeneración de su personalidad fue un proceso misterioso».[17] En esas mismas memorias

17. Neruda, Pablo, *Confieso que he vivido*, Seix Barral, Barcelona, 1974.

Neruda nos cuenta, con excitación casi infantil, cómo fue que el propio Stalin decidió que se le diera a él el premio de 1953. Y se justifica de su estalinismo así: «Por sobre las tinieblas, desconocidas para mí, de la época staliniana, surgía ante mis ojos el primer Stalin, un hombre principista y bonachón, sobrio como un anacoreta, defensor titánico de la revolución rusa. Además, este pequeño hombre de grandes bigotes se agigantó en la guerra; con su nombre en los labios, el Ejército Rojo atacó y pulverizó la fortaleza de los demonios hitlerianos.»[18] Hay que recordar que Neruda esperó hasta el final de su vida para este distanciamiento. Un distanciamiento que no entrañaba ninguna independencia frente a Moscú, pues era esa misma la línea oficial desde el informe de Jruschov ante el XX congreso del partido comunista.

En sus memorias, Neruda rinde culto a Lenin sin atenuantes. Describiendo uno de los desfiles militares que había presenciado en Moscú, evoca al «fundador de esta seguridad, de esta alegría y de esta fuerza: Vladimir Ilich Ulianov, inmortalmente conocido como Lenin».[19] En otro pasaje, rememorando su visita de 1949 a Moscú, se refiere a «los nuevos recuerdos inmortales: el crucero "Aurora" cuyos cañones, unidos al pensamiento de Lenin, derribaron los muros del pasado y abrieron las puertas de la historia».[20] También disculpa la política cultural con el argumento de que, en secreto, a pesar de la represión, los comisarios comentaban entre ellos acerca de los escritores prohibidos. Llega a decir que «el dogmatismo cultural fue siempre tomado como un defecto y combatido cara a cara» por los responsables del sistema.[21] A Neruda le parece un atenuante considerable del «gulag» que padecieron los escritores que los oficiales soviéticos hablaran en voz baja de Pasternak, «ese honesto reaccionario», ese «sacristán

18. Neruda, Pablo, *Ibíd.*
19. Neruda, Pablo, *Ibíd.*
20. Neruda, Pablo, *Ibíd.*
21. Neruda, Pablo, *Ibíd.*

luminoso». Afirma también, acerca de su compatriota Vicente Huidobro: «Diremos que sus poemas a la revolución de octubre a la muerte de Lenin son una contribución fundamental de Huidobro al despertar humano.»[22]

En sus referencias a China, Neruda menciona el culto a la personalidad de Mao, pero nunca sus crímenes ni la Revolución Cultural, como si el problema hubiera sido, al igual que con Stalin, sólo el culto a la personalidad. Se permite, por lo demás, varios elogios compensatorios de Mao. Una frase lo dice todo acerca de su visión de la China, donde en 1951 había entregado el Premio de la Paz a la señora Sun Yat-Sen: «Todos iban vestidos de azul proletario, una especie de sarga o mezclilla obrera. Hombres, mujeres y niños iban así. A mí me agradaba esta simplificación del traje, con sus diferentes gradaciones de azul.»[23]

Con respecto a Fidel Castro, Neruda es ditirámbico, a pesar de su ruptura con los escritores del régimen, que, siguiendo órdenes superiores, le habían dirigido en 1966, una carta abierta atacándolo por haber asistido al congreso del Pen Club en Estados Unidos y haber recibido en Lima una condecoración del presidente Belaunde, un reformista al que los revolucionarios veían con odio y que combatía a las guerrillas en la sierra (el verdadero motivo de la carta, redactada por los amanuenses del régimen, Fernández Retamar, Lisandro Otero y Edmundo Desnoes, fue el despecho de La Habana contra Moscú por no apoyar entonces el «foquismo» revolucionario en América Latina. La carta empezaba así: «Creemos nuestro deber darte a conocer la inquietud que ha causado en Cuba el uso que nuestros enemigos han hecho de recientes actividades tuyas.»)[24] Seguimos en 1973, en vísperas de la muerte de Neruda, cuando ha pasado casi una década y media del régimen cubano y sus horrores, incluyendo los del ámbito cultural, como el «caso Padilla», son conocidos.

22. Neruda, Pablo, *Ibíd.*
23. Neruda, Pablo, *Ibíd.*
24. *Casa de las Américas,* número 38, 1966.

El poeta, poseedor de la virtud de la paciencia, elogia los discursos kilométricos de Castro: «Para mí, como para muchos otros, los discursos de Fidel han sido una revelación.»[25] También deja constancia orgullosa de su participación, a comienzos de la revolución, en el nacimiento de Prensa Latina, idea que él habría sugerido a Fidel Castro en Venezuela. El Neruda de 1973 es, con respecto a Castro, el mismo de *Canción de gesta*, su exaltación poética del revolucionario. Por si caben dudas, deja en claro que la riña con Cuba ha quedado atrás: «Con el tiempo toda sombra de pugna se ha eliminado y existe entre los dos partidos comunistas más importantes de América Latina un entendimiento claro y una relación fraternal.»[26]

En su propio país, el poeta-político no estuvo menos activo. En 1969 fue designado candidato del partido comunista a la presidencia y recorrió el país en campaña. Al año siguiente, retiró su candidatura para apoyar al Frente Popular de Allende. Lo que hizo Salvador Allende en el poder, ya lo hemos analizado en nuestro libro anterior. Neruda dio su caución a cada uno de sus actos, incluyendo la «empresa titánica» de la nacionalización del cobre y otras áreas. Su amigo, el escritor chileno Jorge Edwards, ha dicho en distintos lugares (entre ellos en su *Adiós, poeta*) que Neruda tuvo en los últimos tiempos de su vida lucidez acerca del desastre de Allende, y que la expresó en privado. Si lo dice Edwards, no hay duda de que fue cierto. Desde su embajada en París, el poeta no podía expresar en público sus reservas y no lo hizo nunca. Así fue que en 1973, cuando ya el desastre era obvio, publicó la editorial Quimantú su texto «Incitación al nixonicidio y alabanza de la revolución chilena», en defensa del gobierno, con motivo de las elecciones parlamentarias de ese año. Lo demás, a partir del golpe militar de Pinochet, es historia conocida, incluyendo al saqueo perpetrado por los sicarios del dictador en las casas del poeta en Valparaíso y Santiago.

25. Neruda, Pablo, *Ibíd.*
26. Neruda, Pablo, *Ibíd.*

Para terminar esta muy breve semblanza ideológica vale la pena reproducir algunos versos de «La United Fruit Co», que figura en su *Canto general*, libro donde, con páginas de verdadera genialidad, denuncia la colonia española lo mismo que el imperialismo yanqui: «Cuando sonó la trompeta, estuvo/ todo preparado en la tierra,/ y Jehová repartió el mundo/ a Coca-Cola inc., Anaconda, Ford Motors, y otras entidades;/ la Compañía Frutera Inc. se reservó lo más jugoso,/ la costa central de mi tierra/ la dulce cintura de América./ Bautizó de nuevo sus tierras/ como «Repúblicas Bananas»/ y sobre los muertos dormidos;/ sobre los héroes inquietos/ que conquistaron la grandeza,/ la libertad y las banderas,/ estableció la ópera bufa.»

Es probable que una buena parte de la juventud chilena, admiradora de este genial poeta, le concediera a sus ideas políticas un rango similar al que merecían sus versos. Y es también probable que ese trasvase del juicio literario creara numerosas confusiones que luego se transformarían en medidas de gobierno conducentes a la catástrofe económica.

La lista de enamorados de los varios estalinismos en las letras latinoamericanas es larga. No podemos agotarla, pero sí mencionar, de paso, otros casos. El de Nicolás Guillén, por ejemplo, el poeta de la Cuba negra, autor de *Sóngoro Cosongo* y otra poesía popular, que se hizo miembro del partido comunista cuando estaba en la cumbre. Fue censor de prensa del dictador Machado en los años treinta, secundó al Batista de los años cuarenta, y se declaró estalinista en los cincuenta, con versos como éste: «Stalin, que te proteja Changó y te cuide Yemayá.» Cuando Fidel Castro llegó al poder, Guillén se puso a su disposición y ocupó cargos en el área de la cultura (presidió la Unión de Escritores). Como Carpentier, fue un diligente servidor hasta su muerte, en 1989. La cultura cubana –incluyendo ramas como el baile, donde Alicia Alonso pasó de ser mimada por Batista a ser mimada por Castro, hasta hoy– ha conocido un elevado número de artistas que no supieron, o no quisieron, o no se atrevieron a romper a tiempo, cuando la evidencia era insoslayable.

Otros genuflexos

En el bando de enfrente también escritores latinoamericanos muy eminentes han sido complacientes con dictaduras. El caso más notorio es el de Jorge Luis Borges, que, a diferencia de los antes mencionados, pagó en vida un precio alto en términos de popularidad política, incluida la no concesión de un Premio Nobel que parecía imposible negarle. Sus innumerables detractores políticos se han encargado siempre de señalar su respaldo –más esporádico que sistemático, más gestual que ideológico– a las dictaduras militares, como la argentina y la chilena. Mientras que la izquierda nunca ha denunciado el encandilamiento de un Asturias o un Neruda con las dictaduras, y la derecha no suele atreverse a reprocharles a los grandes escritores de izquierda su servilismo frente a las tiranías «progresistas», la izquierda ha sido implacable con Borges. Desde el lado indigenista se le reprochó, en términos literarios, que fuera «europeo» y no «latinoamericano», aunque hoy se acepta más fácilmente que no hay nadie más «argentino» que Borges, lo que no excluye la influencia de Chesterton, Stevenson, Kipling, Hume, Berckeley, Schopenhauer o Nietzsche. Pero fue su posición política lo que verdaderamente centró la campaña contra él. Borges se calificó a sí mismo en la primera etapa de su vida de liberal spenceriano, y en la postrera se definió, sin complejos, como «un conservador». Ya en 1972 declaraba a Alex Zisman, en la revista *Libre*: «Yo era anarquista individualista... ahora soy conservador.»[27] Mantuvo a lo largo de su vida un implacable odio por ciertos personajes autoritarios de la historia argentina –Rosas, en el siglo pasado, y Perón, en su tiempo, a quien se refiere en la entrevista citada como «rufián»–. Pero no deja de ser desconcertante su bendición a los militares de su país, que eran la negación, por lo bárbaros, de todo lo que él representaba, que era la civilización, o que aceptara una condeco-

27. *Libre*, número 3, 1972.

ración de Pinochet, conducta que contrasta con la de su compatriota Ernesto Sábato, látigo de los militares de su país (al mismo tiempo que crítico de Fidel Castro). Hay que agradecerle, eso sí, que no fuera nacionalista, en un país eminentemente nacionalista, y que tuviera el coraje de atacar a la dictadura de Galtieri con ocasión de la invasión de las islas Malvinas, pistoletazo de partida de esa guerra a la que él comparó con la de «dos calvos por un peine». Los epigramas de Borges contra la democracia fueron frecuentes. Su tono fue a menudo fácil o frívolo, más para escandalizar que para propugnar una visión ideológica.

Borges no es, ni remotamente, lo peor que ha producido la derecha en materia de comportamiento político de un intelectual. Nuestra historia está plagada de casos como el del fascista Plinio Salgado, que intentó el golpe contra Getulio Vargas (otro dictador) en Brasil, o el primer nombre de las letras dominicanas, el ensayista Pedro Henríquez Ureña, que ejerció como secretario de Educación de Trujillo y escribió textos a favor de ese régimen que los trujillistas citaron siempre, aun cuando el filósofo debió huir del país porque el mandamás intentó seducir a su mujer. Ventura García Calderón, el hispanista, autor de fantasías de ambiente criollo, fue diplomático de varios dictadores peruanos y estuvo financiado por uno de ellos, el mariscal Óscar R. Benavides. Pero la corona se la lleva otro peruano, el esperpéntico José Santos Chocano, que se apuntó a las tesis vallenistas del «cesarismo democrático», que publicó en 1922 su *Idearium tropical. Apuntes sobre las dictaduras organizadoras y la gran farsa democrática*, y que sirvió, a través de su extenso recorrido por el mundo en pos de aventura (y algunas veces huyendo de la justicia, que lo buscaba por estafador, o en pos de inversiones de dudoso origen) a sátrapas como Juan Vicente Gómez o Estrada Cabrera. No menos genuflexo fue don Augusto Leguía en el Perú. Lo que dijo de Pancho Villa en tono de elogio —«bandolero divino»— quizá le conviene a este parnasiano en tono contrario.

Ningún episodio político contemporáneo ha tenido tanto impacto en el mundo intelectual de esa región como el «caso Padilla», detonante de su división, a comienzos de la década de los setenta, en torno a la marcha de Cuba. En verdad, ya un grupo de intelectuales que había apoyado a Castro y que todavía se situaba en la izquierda había expresado su incomodidad por muchas de las medidas represivas de Castro, pero con ese típico temor a «dar armas al enemigo» había mantenido sus reservas en la esfera privada. En alguna ocasión –por ejemplo con su artículo «El socialismo y los tanques», en 1969– Mario Vargas Llosa había atacado la aquiescencia de La Habana ante la invasión de los países del Pacto de Varsovia a Checoslovaquia, pero, aunque en él y otros había un enfriamiento de su otrora ruidosa simpatía, no se había llegado a la ruptura. Ese momento llegó con Heberto Padilla, como pudo llegar con cualquier otro incidente. El poeta cubano, premiado por la Unión de Escritores por *Fuera de juego,* cayó en desgracia con el régimen por algunos gestos independientes, especialmente su defensa literaria del Guillermo Cabrera Infante de *Tres Tristes Tigres*, a quien desde su exilio en 1965, y especialmente tras su declaración contra la dictadura cubana, en 1968, en *Primera Plana*, los escritores oficiales fustigaban.

En marzo de 1971, como ha contado Juan Goytisolo en el pormenorizado relato que forma parte de sus memorias, la redacción de la revista *Libre*, en un cuarto de la calle Biévre que con el tiempo se volvería un restaurante de alcuzcuz, fue asaltada por la noticia de la detención de Padilla en Cuba.[28] *Libre* acababa de ser fundada gracias al financiamiento de la novelesca Albina de Boisrouvray, nieta del barón del estaño boliviano Nicanor Patiño, y agrupaba a buena parte de las figuras literarias de la lengua. La primera reacción, una vez que Padilla fue obligado a hacer su «autocrítica» digna de Bujarin y Radek («he sido injusto con Fidel, de lo cual nunca me

---

28. Goytisolo, Juan, *En los reinos del Taifa*, Seix Barral, Barcelona, 1985.

cansaré de arrepentirme»),[29] fue la de protestar en privado. Goytisolo y Julio Cortázar redactaron una carta que, con más de cincuenta firmas latinoamericanas y europeas de escritores de izquierda, incluidos Jean-Paul Sartre y Simone de Beauvoir, fue enviada a Haydée Santamaría, directora de *Casa de las Américas*. La carta sólo se haría pública en caso de no tener respuesta. La respuesta llegó por vía de Fidel, que arremetió contra los «señores intelectuales burgueses y libelistas y agentes de la CIA» y, en el Congreso Nacional de Educación y Cultura, en abril, llamó «basura» y «ratas intelectuales» a los firmantes. A partir de ese momento, los escritores de la izquierda latinoamericana se dividirían para siempre en dos bandos.

Una segunda carta, esta vez más crítica, redactada por Mario Vargas Llosa en Barcelona y que Goytisolo llevó a París, reunió casi todas las firmas anteriores y algunas más, como las de Rulfo y Pasolini. Cortázar retiró su firma, Carlos Barral hizo lo propio y no figuró la de García Márquez, que además hizo saber que su nombre no había contado con su autorización la primera vez. Algunos amigos de Cortázar retiraron su firma días después. No figuraba la de Octavio Paz, que tampoco había firmado la primera y que prefirió protestar por separado. Quedaron 62 firmas en total.

Cortázar decidió, para enmendar sus relaciones con Cuba, algo menguadas por haber firmado la primera carta, hacer su autocrítica revolucionaria por medio de un poema –«Policrítica en la hora de los chacales»– que hubiera podido firmar Zdanov. En él hablaba de «liberales a la violeta... firmantes de textos virtuosos» y afirmaba rotundo: «Es ahora que ejerzo mi derecho a elegir y a estar una vez más, y más que nunca, con tu revolución, mi Cuba.» Pero son éstos los versos más famosos: «... buenos días, Fidel, buenos días, Haydée, buenos días, mi Casa,/ mi sitio en los amigos y en las calles,/ mi buchito, mi amor, mi caimancito herido...».[30]

29. *Libre*, número 1, París, 1971.
30. *Libre, Ibíd.*

Una vez que Cortázar descubrió la política, se declaró siempre revolucionario y hasta concibió la literatura como parte de la misión revolucionaria (en su «Carta a Pablo Neruda», escrita en Viena en 1971, decía que «otra poesía ha nacido en nuestro tiempo, su nombre es revolución»).[31] Siguió fiel a Cuba, aunque Cuba nunca le perdonó del todo su atrevimiento de la primera carta, y respaldó al sandinismo hasta su muerte, aunque se permitió, en un libro cuyos derechos de autor entregó a esa causa, decir en el prólogo que no se podía «echar en saco roto» las críticas de ciertos intelectuales a la revolución. Para siempre quedará en la historia intelectual de América Latina su famosa justificación de los crímenes revolucionarios como «accidentes en el camino». En 1977, le decía a José Miguel Ullán, en *El País* de Madrid, que había una diferencia esencial entre los errores y crímenes que se producían dentro del concepto socialista, y los errores y crímenes equivalentes en el contexto capitalista o imperialista.[32] Al primer tipo lo calificaba de *incident de parcours,* como si se tratara de «un momento» en el camino hacia el objetivo. Si la célebre ingenuidad de Cortázar, otro de los insignes escritores que batallaron en las filas totalitarias, fue la culpable de esta actitud, hay que decir que el admirable escritor argentino fue un ingenuo a prueba de todas las evidencias capaces de introducir la malicia en el alma humana.

García Márquez

El caso de García Márquez fue distinto. No estuvo impregnado de los candorosos arrepentimientos de Cortázar, pues aunque su nombre apareció entre los primeros firmantes de la carta a Castro relacionada con el caso Padilla, lo cierto es que el autor de *Cien Años de Soledad* ni firmó ni estuvo nunca

31. *Revista Iberoamericana*, número 39, 1973
32. *El País semanal*, Madrid, 10 de abril, 1977.

de acuerdo con aquel mensaje. En una entrevista dada entonces a Julio Roca, en el *Diario del Caribe* de Barranquilla, explicó su posición de esta manera: «Si de veras hay un germen de estalinismo en Cuba, lo vamos a saber pronto por el propio Fidel... El conflicto de un grupo de escritores latinoamericanos con Fidel Castro es un triunfo efímero de las agencias de prensa... Los corresponsales extranjeros escogieron con pinzas y ordenaron como les dio la gana algunas frases sueltas para que pareciera que Fidel Castro decía lo que en realidad no había dicho.»[33] Contra la opinión de muchos de sus amigos, el escritor colombiano creía entonces, y quizá lo cree aún, que una cosa es Castro y otra el comunismo. En realidad, diez años atrás, había visto muy de cerca la manera como los comunistas cubanos, mediante infiltraciones y conjuras, se habían apoderado de la agencia de prensa Prensa Latina y forzado la renuncia de su director, el argentino Jorge Ricardo Masetti. García Márquez, que había sido fundador en Colombia de dicha agencia y se encontraba en aquel momento trabajando para ella en Nueva York, presentó la renuncia de su cargo en solidaridad con Masetti, su amigo. Ello bastó para que se le viera, por parte de los nuevos directivos de Prensa Latina, como un virtual contrarrevolucionario y se le dejara sin pasaje de regreso a su país. No obstante, el futuro autor de *Cien Años de Soledad* creyó que Castro era ajeno a tales manejos y que todas las distorsiones del llamado proceso revolucionario corrían por cuenta de los estalinistas de Aníbal Escalante. Y de igual manera seguía pensando cuando se produjo el escándalo de Padilla.

Desde luego hay algo de «realismo mágico» en esta diferenciación que él establece entre el caudillo y la ideología marxista leninista, soporte del régimen cubano. Con la sombría realidad de los países comunistas, por paradójico que parezca, García Márquez había ajustado cuentas años atrás. Sus viajes a Polonia en 1955, y luego a Alemania del Este, la

33. *Libre, Ibíd.*

URSS, Checoslovaquia y Hungría en 1957, le habían arrebatado toda ilusión sobre el socialismo, al menos en su versión moscovita. Los reportajes desengañados que escribió entonces para revistas en Colombia y Venezuela serían recogidos luego en un libro titulado *De viaje por los países socialistas* (con el subtítulo *Noventa días tras la cortina de hierro*), publicado en siete ediciones sucesivas por la editorial Oveja Negra. Que a esta visión del comunismo europeo permaneció fiel, lo demuestra su adhesión al movimiento polaco Solidaridad de Lech Walesa y no al régimen del general Jaruzelsky.

Si es así, ¿cómo explicar su adhesión a un régimen que en su estructura interna no es diferente a los que padecieron los países de Europa Oriental desde el fin de la guerra hasta la caída del Muro de Berlín? ¿No hay acaso flagrantes similitudes entre éstos y el régimen castrista, cuando en Cuba existe también el partido único, la presidencia vitalicia, la carencia de libertades, la anulación del derecho de huelga y cuando allí también la oposición interna al gobierno, calificada de delito contrarrevolucionario, se paga con largos años de prisión y a veces con la muerte? Semejante incongruencia, como ya lo hemos visto, es común a muchos escritores, poetas y artistas latinoamericanos quienes, por cuenta de Castro, apoyan a Cuba considerando que allí el llamado socialismo tiene un componente distinto. Esta posición, en el caso de García Márquez, es juzgada de muy diversa manera. Sus amigos, entre los cuales hay muchos rotundos anticastristas, recuerdan con algo de humor que el autor de *Cien Años de Soledad* es un ferviente de Rabelais y no precisamente de Descartes. O, en otras palabras, que en él prevalece el fabulador sobre el analista político y que, en su pluma, la realidad sufre un proceso de transmutación mágica que la maquilla y la exalta hasta ocultar sus perfiles esenciales. García Márquez, según ellos, ha sido deslumbrado por la exuberante y desmesurada personalidad de Castro, tan parecido a personajes suyos como el protagonista central de *El Otoño del Patriarca*. Desde luego, quienes han padecido en carne propia el régimen cubano y han tenido que atravesar el largo desierto del exilio, califican en términos muy duros su apoyo a Castro.

Como sea, por fuera de estas apreciaciones benévolas o virulentas, lo cierto es que el escritor colombiano no ha sido ajeno a la alienación ideológica que ha hecho de la izquierda, para la mayoría de los intelectuales del continente, el bueno de la película en tanto que quienes combaten sus mitos resultan los malos de la misma, rotulados como derechistas o reaccionarios. Dentro de esa visión enajenada, la democracia liberal aparece sólo como un valor formal y un tanto aéreo, y la revolución cubana como el único modelo que ha suprimido las desigualdades sociales y ha asegurado altos niveles de atención médica y de educación pública. De nada sirve demostrar las penurias infligidas a la población por el castrismo. Éstas, para los intelectuales de izquierda, corren por cuenta del embargo norteamericano —llamado por ellos bloqueo— y del imperialismo.

El hecho es que desde el famoso «caso Padilla», García Márquez ha seguido al lado de Castro (durante la homilía del Papa en la Plaza de la Revolución, en 1998, literalmente al lado). Es un cercano amigo suyo. En 1996, declaraba para la revista *Newsweek*: «Si no fuera por Castro, Estados Unidos estaría ahora en la Patagonia.»[34] El gran escritor de *Cien Años de Soledad* y de *El Otoño del Patriarca* es un convencido, como dijo en *El Olor de la Guayaba*, que «la democracia en los países desarrollados es consecuencia de su propio desarrollo y no al revés», argumento que en su momento pudo ser expresado por un Octavio Paz, pero en su caso, más como una inquietud y no como justificación de los regímenes de Castro o de la Nicaragua sandinista. En otras apreciaciones suyas, es visible que el imaginario del novelista llega a infiltrarse en sus escritos periodísticos o políticos. Luego de la breve guerra de las Malvinas, en la cual apoyó a la Argentina de Galtieri en su conflicto con el Reino Unido, García

34. Citado en *The New Republic,* Nueva York, 25 de agosto, 1997.

Márquez aseguró en *El País,* en 1983, que los ghurkas del Nepal, utilizados por los británicos, habían cortado cabezas de prisioneros argentinos cada siete segundos. (En realidad, los ghurkas sólo fueron usados una vez terminada la guerra para limpiar minas.)[35] Años antes, en otra crónica periodística, había incluido entre los fugitivos del *boat people* que huían de Vietnam, a opulentos millonarios, provocando los cáusticos comentarios de un François Revel. Y, por supuesto, García Márquez ha sido un látigo constante en el lomo de Estados Unidos, país al que todavía, en febrero de 1994, en el *New York Times,* con ocasión de defender una causa acertada, la legalización de las drogas, acusaba de haber infligido enteramente la guerra contra las drogas a los países latinoamericanos.[36] Dos años después, en la entrevista de *Newsweek* ya citada, se preguntaba si «Estados Unidos sigue siendo un gran peligro para nosotros». Muy bien recibidas por la izquierda continental, estas posiciones no le han suscitado particular hostilidad en la derecha, que las recibe con guantes de seda y que suele advertir en el escritor colombiano una gran fascinación «antropológica» –o literaria– por el poder y los poderosos. Con una excepción de izquierda: el perfil escrito para *The New Republic* en 1997 por Charles Lane.[37]

Víctimas y cómplices

No vamos a hacer el interminable recuento de los atropellos cometidos por Castro contra el mundo de la cultura, ni de las distintas formas de hostilidad –desde el aislamiento hasta la cárcel y el exilio– sufridos a lo largo de cerca de cuatro décadas por muchos escritores. Ellos van de Lezama Lima, a quien levísimos gestos de distancia le valieron que su *Para-*

35. *El País*, Madrid, 6 de abril, 1983.
36. Citado en *The New Republic*, Nueva York, 25 de agosto, 1997.
37. «The writer in his labyrinth», *The New Republic,* Nueva York, 25 de agosto, 1997.

diso no fuera reeditado por la Imprenta Nacional y vivir en un limbo hasta su muerte, o Virgilio Piñera, que fue arrestado brevemente por homosexual y luego condenado a la muerte civil, hasta María Elena Cruz Varela, a quien en los años noventa un grupo de esbirros hizo tragarse sus poemas mientras coreaba a su alrededor: «Que le sangre la boca, coño, que le sangre.» En medio, están los Armando Valladares, con sus veintidós años de cárcel, y los Reinaldo Arenas, cuyas memorias, *Antes que anochezca*, son un verdadero paseo por el infierno. Y un larguísimo etcétera.

La tradición revolucionaria de nuestros intelectuales es conocida y larga. En realidad, todas nuestras guerrillas han sido originadas y dirigidas por intelectuales. Algunos «puros» han pasado a la gloria de los mártires, como Javier Heraud, en el Perú o Roque Dalton, en El Salvador (a quien mataron sus propios compañeros), mientras que otros, como el ex simpatizante montonero Juan Gelman, a quien los militares le asesinaron a parte de su familia y lo torturaron, no han querido romper con su pasado revolucionario. Están también, claro, los Benedetti, los Galeano, los Dorfman y otras variantes de la especie, de quienes ya nos hemos ocupado en el libro anterior ampliamente, y los eclesiásticos como Ernesto Cardenal, que recibió el célebre rapapolvo del Papa, o Leonardo Boff, teólogo de la liberación que, a diferencia de Gustavo Gutiérrez, no ha revisado en casi nada su pensamiento. Hay los que apuntan a la izquierda por esnobismo –un Tomás Eloy Martínez– y los que creen que haber sufrido persecución de una dictadura militar los obliga a defender a la comunista de Cuba, como Roa Bastos.

Nuestros cantantes no se quedan atrás: allí están los revolucionarios Mercedes Sosa, Quilapayún o Inti-Illimani. ¿Y por qué no nombrar a esos funcionarios de la música, los cubanos Pablo Milanés y Silvio Rodríguez? ¿Y por qué no a los pintores, de los que Oswaldo Guayasamín, el revolucionario contradictorio que fue al Perú a cantar la gloria del dictador Fujimori, es el emblema perfecto? O a los cineastas, los

Miguel Littín, Jorge Sanjinés y Ruy Guerra de nuestra herida dignidad. A diferencia del revolucionario de *El beso de la mujer araña* de Manuel Puig (un intelectual que nunca posó de «progresista»), que se enamora del homosexual y luego es delatado por él, nuestro intelectual revolucionario, seducido por la cátedra, la editorial, el auditorio y la prensa de los países capitalistas, no es delatado nunca por ellos: el capitalismo sabe que la mejor forma de neutralizar al intelectual subdesarrollado es volviéndolo un producto de consumo. Lo ha logrado con el Che Guevara: ¿cómo no lo lograría con los demás?

Desde hace ya muchas décadas que en el campo cultural la izquierda ejerce, tanto en América Latina como en España, un dominio tal que cualquier persona dedicada a una tarea intelectual, artística o académica –cultural en un sentido amplio– se ve empujada a aceptar el bagaje ideológico y político de esa corriente si quiere prosperar. Gracias a una estructura de la que participan medios de comunicación, universidades, editoriales, institutos de investigación y otras entidades, la izquierda está en capacidad de someter al intelectual a un chantaje mediante el cual, para tener algún eco –o simplemente poder vivir de su trabajo–, éste debe pasar por el aro. Los medios con que cuenta, si su integridad intelectual le dicta no ser de izquierda, son muy inferiores a los otros, y por lo general las instituciones que no están en manos de la izquierda viven una parálisis –en cierta forma un complejo– frente a la izquierda, que hace que el intelectual disidente tampoco encuentre demasiada «protección» en otra orilla.

Los latinoamericanos hemos aprendido mucho en estas cuestiones políticas de nuestros colegas en el mundo desarrollado. Todavía se recuerda la defensa que hacían Jean-Paul Sartre, Merleau-Ponty y otros del estalinismo cuando ya había amplia evidencia de sus crímenes (cuentan Christian Jelen y Thierry Wolton que entre 1920 y 1974 se publicaron en Francia sesenta libros sobre los campos de concentración soviéticos: de nada sirvió).[38] En los años cincuenta, en Francia, medios tan prestigiosos como *Les Temps Modernes* y, en menor medida, *Esprit*, hacían la vista gorda ante los atropellos del comunismo (el *Partisan Review* hacía algo similar en Estados Unidos). En su célebre polémica con Albert Camus en *Les Temps Modernes*, en 1952, Sartre fue capaz de sostener que «la única manera de ayudar a los esclavos de allí es tomar partido por los de aquí», frase con la que justificaba el no elevar su voz contra los crímenes del comunismo soviético. Paul Eluard, Louis Aragon, Bernard Shaw, George Lukács y muchos escritores más, algunos de enorme prestigio, han dado su aliento, a lo largo de este siglo, al comunismo cuando había suficiente información disponible para formarse un juicio (otros, como Jean Genet, aprobaron el terrorismo palestino). Corresponsales de medios como el *New York Times* se negaron a ver lo que tenían frente a los ojos, tanto en la Rusia de Stalin como en la Cuba de Fidel Castro (Walter Duranty y Herbert Mathews respectivamente). A Castro le han dado su caución muchos europeos que no defendían el estalinismo en casa. Graham Greene fue un especialista en la materia; Günter Grass es de los más conocidos; Harold Pinter no se ha quedado atrás; y no hay que olvidar *La sonrisa del jaguar*, de Salman Rushdie, apología del sandinismo, régimen que persiguió a tantos opositores, pocos años antes de que él mismo fuera objeto de la *fatwa* iraní. Muchas veces ha sido el complejo frente a Estados Unidos –«los intelectuales sufren la hegemonía de Estados Unidos más que otros mortales», dijo Aron–,[39] más que una convicción totalitaria, lo que los ha llevado a una frívola simpatía por los regímenes de fuerza.

En España, donde han sido ampliamente apoyados todos los sátrapas latinoamericanos que se enfrentaron a Estados Unidos –Manuel Antonio Noriega, Daniel Ortega y, todavía, Fidel Castro–, un sector mayoritario de intelectuales y pe-

---

38. Jelen, Christian, y Wolton, Thierry, *L'Occident des dissidents*, Stock, París, 1979.

39. Aron, Raymond, *Ibíd.*

riodistas, aquejados en parte por el complejo de 1898 (¡a estas alturas!) han ejercido el racismo político a la hora de enjuiciar nuestras realidades. Buena parte de estos intelectuales, que no sienten la menor turbación moral frente a los crímenes cometidos con la coartada de la izquierda firmaron, por ejemplo, el 22 de marzo de 1997, en el diario *El País*, un manifiesto acusando al gobierno democrático español, en tono tremebundo, de «acoso» contra la prensa.

Una pseudociencia intelectual de origen europeo ha contribuido desde los grandes centros de cultura a empobrecer la noción misma de este concepto hasta despojarlo de todo valor objetivo, incluido el de la libertad. A partir de las teorías estructuralistas (y sus vástagos, como el deconstructivismo), se ha borrado la diferencia entre ciencia e ideología, y se ha abierto camino la idea de que toda valoración filosófica se debe basar en la experiencia, no siendo necesario confrontar nada con el saber objetivo. Un Michel Foucault, un Jacques Lacan, un Roland Barthes, han utilizado ideológicamente la psiquiatría o la lingüística, y otros la biología molecular, para, mediante una jerga apropiada, volver ciencia lo que era pura especulación. La contribución de estos pensadores a la devaluación de la idea de cultura ha sido notable y buena parte de la enseñanza europea y norteamericana (sobre todo esta última) ha derivado en el multiculturalismo y el relativismo cultural, un dominio en el que ya no existe jerarquía alguna y en el que ni lo estético ni lo moral permiten establecer diferencias de valor entre las creencias y las ideas. Allan Bloom llamó a esto *The Closing of the American Mind*.

Durante los años más oscuros de la intelectualidad europea hubo también escritores de un coraje admirable, que se negaron a aceptar las reglas del juego de sus colegas y pagaron un alto precio por ello. Saltan a la vista los nombres de Arthur Koestler, que había escrito que la ortodoxia comunista no pasaba por Stalin y acabó siendo autor de una de las novelas más impactantes contra el totalitarismo: *Oscuridad al Mediodía*; de George Orwell, que conoció de cerca al monstruo en la guerra civil española y lo denunció desde la izquierda; o el de André Gide, cuyo *Retour de l'URSS*, en los años treinta, ha quedado como uno de los primeros y más valientes –y más inútiles– testimonios de intelectuales occidentales acerca del soviético. Cada país ha tenido sus excepciones: un Indro Montanelli, en Italia, un Jorge Semprún y un Juan Goytisolo en España, un Jean François Revel y, un poco antes que él, Raymond Aron, Albert Camus y François Mauriac, en Francia, para citar los más obvios.

Distintas razones que explican la abdicación moral del intelectual han sido mencionadas. Pero, antes de terminar, vale la pena mencionar una tesis novedosa expuesta por el filósofo norteamericano Robert Nozick.[40] Él rastrea el fenómeno hasta la época del colegio, donde el intelectual por lo general tuvo éxito en su día, y al tenerlo se llevó la impresión de que existía una relación proporcional entre el éxito y el mérito intelectual. Pero ocurre que en el mercado, es decir, en la vida, las cosas no suceden como en el colegio. Aquí el éxito tiene que ver con la capacidad de satisfacer a unos consumidores. El intelectual rara vez alcanza en el mercado el éxito de la escuela. En el colegio no lograba el mismo reconocimiento fuera de clase que dentro de la clase: en los pasillos y los recreos, donde, a diferencia de lo que ocurría en las clases, el reconocimiento no era distribuido por una autoridad central sino de manera espontánea por el capricho de los compañeros. Desde entonces, prefirió un sistema de distribución planificada de la recompensa y el reconocimiento, al sistema libre que reinaba fuera de clase, donde otros alumnos se llevaban las palmas. En la sociedad, al codearse con individuos que han logrado más que él con menor capacidad intelectual y cultura, se ha dejado llevar por el resentimiento, que se vuelve odio al mercado y a la libertad.

<hr />

40. Nozick, Robert, «Why Do Intellectuals Oppose Capitalism», *Cato Policy Report,* vol. XX, n.º 1, 1998.

LA ARISTOCRACIA SINDICAL

¿Fabricantes de miseria, los sindicalistas que se han dado por misión defender los intereses de la clase obrera? Si hay una herejía capaz de indignar a nuestros amigos, los perfectos idiotas latinoamericanos, ésta es, sin duda, la más evidente. Toda herejía, es bien sabido, se establece con referencia a un dogma, y el suyo, en este caso, lo recibieron del marxismo que ha sido el sustento ideológico del sindicalismo radical en Europa y en América Latina. Es el dogma de la explotación capitalista y de la lucha de clases. Y, como consecuencia, el de la confrontación supuestamente inevitable entre los intereses de una voraz clase empresarial y la clase trabajadora, a la cual se le invita a servirse, como herramienta de lucha, de la organización sindical, mientras ésta consigue su objetivo último: la eliminación de las empresas capitalistas y el advenimiento de un sistema más justo, el socialismo.

Toda fábula ideológica tiene como punto de partida una situación real. Nadie, en efecto, puede negar que, en Europa y Estados Unidos, durante la revolución industrial y a lo largo del siglo xix los trabajadores estuvieron sujetos a condiciones inhumanas de trabajo. La explotación denunciada por una Flora Tristan o descrita por novelistas como Zola, Dickens o, en Estados Unidos, por Theodore Dreiser, existió realmente; de ello no cabe duda. Y aún puede intuirse al ver las colonias fabriles del río Llobregat, surgidas durante la tardía revolución industrial española.

Ahora bien, toda la normativa laboral surgió de aquella aciaga experiencia. En Europa, luego de la Primera Guerra Mundial y más tarde en América Latina, la intervención estatal fue concebida esencialmente como una herramienta para proteger los derechos del más débil —el proletariado industrial— en este constante enfrentamiento suyo con la clase

201

patronal. Los mismos totalitarismos se vistieron de socialismo: el fascismo, luego el nazismo y, finalmente, los nuevos regímenes nacidos a su imagen y semejanza, como el sindicalismo vertical católico, proteccionista y paternalista de la España de Franco.

Hoy en día, esas concepciones deben ser necesariamente revisadas. La legislación laboral ha resultado ineficaz y opuesta no sólo al desarrollo económico sino al interés de las propias clases populares. Las normas copiadas de los países que habían alcanzado la fase del desarrollo industrial no tuvieron el mismo efecto en naciones en vías de desarrollo como las nuestras del continente latinoamericano. Quienes viven en condiciones de miseria hoy en América Latina no son los trabajadores del sector industrial, sino aquellos, más o menos marginales, que no logran acceder a un empleo permanente. Las favelas, poblaciones o barrios populares de nuestras ciudades están llenas de gentes que viven de oficios de fortuna. Son millares también los trabajadores que se desempeñan en pequeños establecimientos artesanales, comerciales o de servicios, o en empresas de carácter familiar, que no retiran beneficio alguno de dichas legislaciones laborales.

Estas leyes, en cambio, otorgan beneficios, a veces desmesurados, a los trabajadores con poder de presión, en detrimento de los demás. Promulgadas hace cuarenta o cincuenta años, entienden proteger al trabajador estableciendo una virtual inmovilidad laboral, imponiendo en algunos países convenciones colectivas de trabajo para cada sector de la industria y privilegiando la antigüedad y el escalafón sobre la capacidad y el rendimiento.

El poder tras los sindicatos

En muchos países, como México o la Argentina, se consagró la afiliación obligatoria a los sindicatos. La negociación colectiva fue vista siempre como la expresión de un conflicto

de clases y lo que en ella lograba obtenerse, frecuentemente
bajo la amenaza de huelgas o paros indefinidos, como una
conquista, sin que se tomara en cuenta para nada la productividad de la empresa. Leyes como la 166.455 de 1966, en
Chile, similares a las de la España sindicalista, acabaron
envolviendo en un verdadero alambre de púas cualquier despido. Llegó un momento en que sólo el dolo flagrante era la
única causal justificada para suspender a un trabajador. Los
juicios por despido se convirtieron en la corona de espinas de
los empresarios y en la fortuna de un enjambre de abogados
laborales y tinterillos. Y con ello sólo se logró restringir el
mercado del trabajo al provocar el pánico del empleador. «Si
tomas un empleado, es como si te casaras con él», se decía.

Simultáneamente, en muchos países los sindicalistas lograron establecer rígidos monopolios mediante el establecimiento de carnets o licencias laborales. Lo que era privativo
para profesiones como medicina, derecho, ingeniería, arqui-
tectura u odontología se extendió a toda suerte de oficios. En
Chile, durante décadas, sin dichas licencias otorgadas por el
Estado con anuencia de los sindicatos, no se podía ser pelu-
quero, matarife, actor, músico, locutor, chofer de colectivos,
vendedor de vinos, dependiente de una fiambrería, trabajador
portuario, operador cinematográfico, ascensorista o descarga-
dor de camiones. En México y España ocurrió otro tanto; tal
vez sólo los poetas quedaron dispensados de este tipo de
asociaciones corporativas, que alguien calificó de simples variantes, protegidas por la ley, de la sociedad protectora de ani-
males. En Colombia, hasta hace muy poco, los niños que apa-
recían en los comerciales de televisión anunciando cereales o
gelatinas eran doblados por horrendos y engolados locutores
profesionales y, por falta del carnet o tarjeta profesional,
García Márquez era considerado por los directivos del Círculo
de Periodistas de Bogotá un «periodista empírico» sin legítimo derecho de escribir en los periódicos.

Los países de América Latina donde el sindicalismo ha
llegado a tener un poder más tiránico son, sin duda, México

y la Argentina. En este último país subsiste la nefasta legislación laboral peronista y postperonista, inspirada en la que tenía Italia bajo el fascismo. De hecho, el sistema sindical argentino, creado por Perón en 1946, tomó como modelo la Corte del Lavoro de Mussolini. Es toda una colección de aberraciones, típicas de la derecha populista, con las cuales se propuso Perón crear un sindicalismo de Estado que le sirviera a su régimen de sólido soporte político.

La que sirve de eje al sistema es el Unicato o sindicato único. En efecto, no puede existir en el país sino un sindicato por actividad económica (metalúrgico, textil, comercial) con una personería jurídica otorgada por el Ministerio de Trabajo. Al no existir asociaciones libres o voluntarias, esta exigencia le confiere un gran poder al gobierno, que tiene en su mano la eliminación de grupos sindicales opositores. Los contratos colectivos sectoriales entre el sindicato único y las Cámaras Empresariales constituyen un verdadero disparate económico, pues establecen una obligatoria uniformidad de salarios y condiciones entre empresas del mismo sector. Poco importa que unas sean competitivas y otras no. No hay posibilidad de que patronos y trabajadores de una empresa adelanten su propia negociación

En realidad, todas las normas laborales argentinas parecen encaminadas a destruir la economía de mercado eliminando la competitividad y dejando desamparado al empresario frente a la llamada justicia laboral, cuya balanza se inclina siempre del lado de los sindicalistas. En la Argentina la industria más floreciente es la del juicio laboral.

Pero la distorsión más alarmante de una legislación de alta coloración demagógica es el sistema de salud. En la Argentina, los trabajadores deben pertenecer obligatoriamente a la organización prestadora de salud de su respectivo sindicato, llamada «Obra Social», para lo cual se aporta el 9 por ciento de la masa salarial: 6 por ciento el empresario y 3 por ciento el trabajador. No se puede acudir a otra empresa de salud. El trabajador no está en libertad de escoger el servicio que más le convenga. Es el rehén de un monopolio. Y dicho monopolio, escandaloso, genera al año una suma fantástica, que oscila entre tres mil y cuatro mil millones de dólares, manejada por los dirigentes sindicales. Así, veinte millones de argentinos, obligatoriamente, están sujetos a un régimen que les da un pobre servicio de salud, pero que deja ricos a los sindicatos y a sus líderes.

Semejante privilegio –es obvio decirlo– genera una colosal corrupción, pues esos dineros no sólo sirven para enriquecer a las aristocracias sindicales, pagar sus autos, casas, guardaespaldas y matones, sino para comprar políticos, funcionarios y jueces. Sentados en un sillón de venalidad y privilegios, difícilmente los líderes sindicales argentinos aceptan cualquier forma de desregulación o permiten que los trabajadores de su país, como los de Chile, puedan elegir el servicio de salud que prefieran. La idolatría profesada por ellos a la memoria de Perón y de Evita, pese a los desastres provocados en su país por el justicialismo, demuestra que la demagogia paga dividendos. Finalmente Perón tuvo el talento de sustituir una tradicional oligarquía de estancieros rurales por otra: la oligarquía sindical.

México no se queda atrás, aunque allí el poder político y económico que hoy tiene el sindicalismo no provino de un militar de derecha sino de uno de izquierda: el famoso general Lázaro Cárdenas, que gobernó al país de 1935 a 1940. La negociación promovida por él con los sindicatos tuvo como corolario, el 24 de febrero de 1936, la creación de la poderosa Confederación de Trabajadores de México que integró a los principales sindicatos de aquel momento. Dicha organización se convertiría de hecho en la cabeza del Partido Nacional Revolucionario, antecesor del PRI. Como sucedería en la Argentina con el peronismo, también en México se las arregló el partido oficialista para tener al sindicalismo como su principal sustento político. Cárdenas dejó en manos suyas la administración de grandes industrias básicas expropiadas como los ferrocarriles, la electricidad y el petróleo. Incorporada a la estructura misma del PRI, dueña de un inmenso poder económico y de un decisivo protagonismo político, la aristocracia sindical ha tenido allí una cuota apreciable de diputaciones, senadurías y gobernaciones, sin hablar de su influencia en la designación del candidato oficial del PRI; vale decir, del presidente de la república. Por otra parte, administrando sin ninguna suerte de contraloría externa el 2 por ciento de las cuotas sindicales, las tesorerías de los sindicatos han sido una fuente habitual de enriquecimiento repentino. Este mundo sindical mexicano tiene su reina: la corrupción.

En México, como en la Argentina, prevalecen las concepciones corporativistas. La Ley Federal del Trabajo, promulgada en 1970 y aún vigente, obliga a las empresas a admitir únicamente como trabajadores a quienes pertenezcan al sindicato de la respectiva industria. Los empresarios se ven obligados a despedir al trabajador que el sindicato expulse, así sea un excelente operario. Los contratos colectivos establecen, además, que las empresas deben tomar en cuenta la opinión de los sindicatos en la selección y enganche de nuevos empleados y a consultarles cualquier promoción de personal. La cuota sindical, deducida de los salarios, debe ser entregada directamente al sindicato del ramo, que la administra según su real parecer.

Feria de prebendas

Si en México y Argentina, y en menor grado en Venezuela, los partidos de gobierno se han valido de la demagogia y la corrupción para poner en su bolsillo al sindicalismo, en otros países del continente las centrales sindicales han sido primero infiltradas, luego controladas por la extrema izquierda haciéndolas partícipes de sus cartillas ideológicas y de sus propósitos de abierta confrontación social. En Colombia, donde sólo el 7 por ciento de los trabajadores está asociado a organizaciones sindicales, la CUT, Central Unitaria de Trabajadores que agrupa al 58 por ciento de los empleados y obreros sindicalizados del país, tiene, a la sombra de esta influencia, una definición típicamente clasista de su acción. Su propósito declarado es crear en sus afiliados lo que llaman «una conciencia de clase» encaminada a liquidar el sistema (capitalista) y no a apuntalarlo. «Para nosotros las banderas socialistas no han muerto –declaran sus dirigentes–. Lo que ha fracasado es la sociedad socialista sin democracia, sin libertad y sin pluralismo.» Nunca, sin embargo, se han tomado el trabajo de explicarle a sus miembros dónde, en qué parte del mundo, existe esa sociedad socialista, entendida por ellos mismos como propiedad común de los medios de producción, adornada con virtudes tan democráticas.

A esta central pertenecen los dos más poderosos sindicatos del sector público: la USO (Unión Sindical Obrera), que agrupa a los trabajadores de la empresa estatal de petróleos, Ecopetrol, y Fecode, el sindicato de los institutores oficiales. Todos ellos, por cierto, invitan en sus documentos y proclamas a combatir al infame neoliberalismo, a la supuesta «agresión norteamericana» así como a «las imposiciones del Fondo Monetario Internacional» y a la privatización de las empresas públicas.

Detrás de estas posiciones no hay sólo, en todo el movimiento sindical de América Latina, un ingrediente ideológico trasnochado, detrás del cual asoman las barbas de Marx y de Lenin, sino algo más terrenal y tangible: la defensa de privilegios obtenidos para categorías reducidas, realmente elitistas, de trabajadores del Estado, mediante leoninas convenciones o contratos colectivos. El arma de presión han sido siempre los paros y huelgas (en Colombia, en 1991, un 5 por ciento de los trabajadores estatales hicieron 4.760 horas de huelga) y los cómplices de estas suculentas concesiones a cargo del erario público han sido, naturalmente, los políticos o sus testaferros. El Estado no tiene dolientes: quienes manejan el dinero de los contribuyentes, en América Latina, parten de la base de que al ser ese dinero de todos no es de nadie, y por consiguiente se puede repartir o vender alegremente si con ello se consiguen votos.

207

Los ejemplos de esta inmensa feria de prebendas, a lo largo y ancho del continente, sobran.

En casi todos los países del área, los convenios colectivos obligan a las empresas a proporcionar al sindicato sumas específicas para sus sedes, mobiliario y servicios de las mismas. También para becas, actividades culturales y turísticas, regalos navideños y otras generosas bonificaciones, así como asignaciones especiales para la escolaridad de los hijos, por aniversarios, etc.

Las aristocracias obreras, ligadas generalmente a las grandes empresas estatales, son insaciables y a veces muy imaginativas a la hora de elaborar sus voraces pliegos de peticiones. Petróleos Mexicanos está obligado, por cláusula establecida en el contrato colectivo, a dar prioridad a los hijos de los empleados en la adjudicación de nuevas plazas de trabajo y los trabajadores del Instituto Mexicano del Seguro Social, además de recibir un aguinaldo anual equivalente a noventa días de salario, pueden, además, concederse un descanso de un año sin sueldo, con la obligación para la empresa de reengancharlos al cabo de ese tiempo de largas y soleadas vacaciones.

Sin embargo, los mexicanos se quedaron cortos si comparan lo suyo con todo lo obtenido por sus congéneres de la empresa estatal colombiana de petróleos, Ecopetrol. No es extraño que esta empresa, ya torturada por continuos atentados dinamiteros a sus oleoductos a cargo de la guerrilla del ELN, deba renunciar a muchas de sus exploraciones para satisfacer a los dirigentes del sindicato crecido de manera tentacular en su seno, la USO, el rey de todos cuantos existen en este infortunado país. Dichos apóstoles del proletariado, señalados frecuentemente como cómplices de la propia guerrilla y algunos de ellos sindicados por la Fiscalía con los cargos de corrupción y homicidio, han conseguido, en una convención colectiva firmada con la empresa, cuatrocientos días de licencia cada vez que vayan a estudiar un nuevo pliego de peticiones. Y tienen razón en tomarse tanto tiempo ideando exigencias, pues estas no son realmente modestas. Han logrado, por ejemplo, que Ecopetrol les suministre cada dos años una flota de catorce camionetas nuevas, de doble cabina, para su uso personal, y un estipendio económico mensual para el mantenimiento de dichos vehículos, aparte del lubricante, del combustible, del lavado y del engrase. Los mismos dirigentes sindicales exigen (y obtienen) seis mil dólares anuales de auxilio a fin de hacerse a todas las técnicas de navegación por Internet y cuatrocientas becas para que sus esposas o compañeras permanentes estudien lo que quieran. La empresa, además, debe cubrir el 90 por ciento de los gastos de matrícula y pensiones escolares de sus hijos, en los niveles primario, secundario y universitario de su educación, con un *item* único en el mundo: si estos privilegiados muchachos desean hacer estudios en el exterior, también allí, en divisas extranjeras contantes y sonantes, la maternal empresa está obligada a sufragarles el mismo 90 por ciento de sus gastos académicos. Si a todo esto se suma lo que Ecopetrol debe pagar a sus seis mil pensionados, cuyo promedio de antigüedad en la empresa es de sólo trece años, y lo que deberá pagar a los tres mil quinientos que se jubilarán en los próximos diez años, se entiende perfectamente por qué Colombia, pese a sus ricas reservas petrolíferas, expuestas a quedar inexplotadas, está abocada en pocos años a importar petróleo en vez de exportarlo. La glotonería sindical la paga muy cara ese país.

Claro que los sindicalistas venezolanos no se quedan atrás. Los gobiernos del socialdemócrata partido Acción Democrática y del socialcristiano Copei, ambos contaminados de populismo, despilfarraron alegremente, en poco más de veinte años, recursos superiores a doscientos setenta mil millones de dólares, y aunque dejaron a las dos terceras partes de la población sumergidas en una crítica pobreza, se las arreglaron para darle una tajada de ese pastel de derroches al sindicalismo estatal. Al fin y al cabo, al lado de los políticos venales y de los empresarios mercantilistas, tales sindicatos son también los privilegiados del sistema.

Son muchos los contratos colectivos leoninos que se han firmado en el país, pero ninguno igual al obtenido por el sindicato de la compañía aérea Viasa. Tantos huevos de oro le sacaron a esta gallina que acabaron matándola: la compañía, que nació y creció como empresa estatal hasta que fue vendida a Iberia, está en proceso de liquidación. Y se entiende, cuando uno mira lo que sus sindicatos, a los que pertenecían 3.575 personas, de las cuales 301 eran pilotos, impusieron en cinco contratos colectivos distintos, uno para cada sector de su personal. En Viasa el promedio de pilotos ascendía al estrafalario número de cuarenta por avión. Ninguno de ellos podía volar más de 65 horas por mes, cuando en las restantes compañías el promedio era de ochenta horas. En 1990, un comandante de DC10 obtenía un ingreso anual de cien millones de bolívares (aproximadamente un millón de dólares para esa época). Cuando los trabajadores de Viasa (eran tres mil, no lo olvidemos) salían de vacaciones, la empresa debía darles pasajes gratis para sus esposas y dos hijos, y pasajes con un 90 por ciento de descuento para sus padres y suegros, en cualquiera de las rutas cubiertas por la compañía. Con semejante cláusula, no era raro que la mitad de los pasajeros de una ruta a Europa fueran gozosos parientes del sindicalista. Y así, bajo el peso aplastante de estas prebendas, la airosa compañía aérea resultó fulminada por las «conquistas» de sus propios trabajadores. Las huelgas de controladores, pilotos y personal de diversa índole ante la llegada del verano, y con ello el período rentable de la empresa, han hecho de Iberia una hispánica feria de prebendas.

No es la única que ha salido del mercado por la misma razón. El Instituto Nacional de Puertos (INP) de Venezuela sucumbió también por los costos que presentaban las prerrogativas de su sindicato, un hijo mimado de Acción Democrática. Los ingresos del INP nunca lograron cubrir los gastos de una nómina, que estaba excedida en un 72 por ciento. Las empresas nacionales y extranjeras debían contratar cuadrillas privadas para la carga o descarga de sus mercancías, pero aun así debían pagar a los obreros del INP por mirar la actividad de los otros trabajadores. Esto se llamaba «derecho de vista». Claro, el INP quebró aplastado por un déficit crónico calculado en dos mil quinientos millones de bolívares anuales (veinticinco millones de dólares). La liquidación de los doce mil empleados del INP fue el doble de la prevista por la ley. Le costó al derrochador Estado venezolano más de diez mil millones de bolívares.

Igual suerte corrieron en Colombia, por la misma causa, los ferrocarriles nacionales, hoy desaparecidos (las vacas pastan entre sus rieles ya inútiles), y la empresa Puertos de Colombia. En esta última, los trabajadores podían jubilarse con sólo tres años de trabajo en los puertos y diez en otra entidad oficial. De este modo, un muchacho que se iniciaba allí a los veinte años, a los treinta y tres podía echarse en una hamaca a disfrutar la pensión por el resto de sus días. Si era inteligente, al enviudar podía contraer matrimonio con una muchacha a fin de que, a su muerte, ella heredara la suma recibida por él cada mes. Cuando, Puertos de Colombia fue privatizado estallaron dos escándalos: uno, al descubrirse que en los puertos había un número de trabajadores cuatro veces mayor del que se necesitaba, de modo que en el puerto de Cartagena, privatizado, trabajan hoy quinientos cuarenta empleados cuando la empresa estatal ocupaba dos mil setecientos. El otro escándalo fue la liquidación, operación bastante parecida a un atraco que acabó con el liquidador (un político venal) sindicado de robo por la justicia y refugiado en Cuba para escapar de la cárcel. Allí se pagaron diez mil millones de pesos (diez millones de dólares) en prestaciones sin soporte legal. Ocho dirigentes sindicales recibieron lo equivalente en pesos a setecientos setenta y nueve mil dólares, pues sus salarios, mediante mil artimañas dolosas, fueron calculados en novecientos dólares diarios, suma que nadie, en ninguna parte, ha recibido por ayudar a la descarga de mercancías en un puerto.

Los ejemplos podrían multiplicarse al infinito en todos nuestros países, entre otras cosas porque lo obtenido en uno de ellos es copiado por los sindicatos de los otros. Ello explica, por ejemplo, que en las empresas eléctricas de México, Venezuela y Colombia el fluido eléctrico sea gratis para sus trabajadores, y que en algunos casos el excedente del cupo no utilizado por ellos se lo compre la propia empresa, frecuentemente manejada por políticos irresponsables o por sus testaferros como pago de servicios al partido en el poder. La divisa de la burguesía sindical latinoamericana –como la llama el diario *El Comercio* de Quito– es la misma que un autor francés le asignara al sindicalismo de su país: *toujours plus*, siempre más. Pero la realidad es que ese «siempre más» se aplica a una categoría reducida y privilegiada de trabajadores –de ahí que se hable de burguesía, oligarquía o aristocracia sindical– cuya condición contrasta con la del verdadero proletariado industrial, para no hablar de la inmensa masa marginal a la que ninguna legislación laboral arropa.

Dichos contrastes se advierten en todas partes. En el Ecuador, una es la condición de los doscientos mil trabajadores del sector público, que cuenta con influyentes compadrazgos políticos, y otra la del resto de la clase obrera. El Estado es allí, como en todos nuestros países, un patrono débil y complaciente, con un escaso margen de maniobra. Adquiere incesantemente obligaciones pero no formula exigencias a sus trabajadores. Debe aceptar con pasividad que los sindicatos del Instituto de Seguro Social (el IESS) veten o impongan a los directivos de esta entidad oficial. De este modo, cada vez que un nuevo funcionario toma el mando de la institución, los contratos se revisan para obtener más ventajas laborales. Ello explica que los sueldos de Petroecuador (1,8 millones de sucres mensuales), los de Petrocomercial, Inecel, Iess o el Bnf, sean tres veces superiores a los de empleados y trabajadores de empresas privadas y las normas de estabilidad, bonificaciones, subsidios y premios resulten exclusivos de estas oligarquías sindicales.

El precio de las conquistas

¿Cómo verá la inmensa franja de marginales del Perú, que viven en la economía informal, sin protección alguna, las sofisticadas exigencias de las cúpulas sindicales? En las convenciones colectivas que éstas suscriben, insaciables, hay todo un catálogo de compromisos pintorescos: primas si hace mucho calor (Cervecería Backus) o si hace frío (Cervecería del Sur) o si se trabaja en la sierra; cuatro cajas de cerveza para cada trabajador con motivo del 28 de julio, del 1.º de mayo, de los carnavales o del 25 de diciembre; una canasta navideña «conteniendo en lo posible pavo y panetón adquiridos en un establecimiento de prestigio» (Savoy Brands Perú, S.A.) y toda una constelación de bonificaciones de acuerdo con los más variados aniversarios incluyendo el de la empresa, el del sindicato, el del día de la madre o el onomástico del propio trabajador o el de su cónyuge.

A estas alturas, nuestro querido amigo, el incurable idiota latinoamericano, debe estar estremecido de rabia. «Acaso –dirá– los trabajadores ¿no tienen derecho a estas minucias que ustedes consideran privilegios?» «¿No tienen eso y mucho más los explotadores de la clase empresarial?» «¿No es de oprobiosos reaccionarios poner en tela de juicio las conquistas logradas tras dura lucha por la clase obrera?» «¿No es una prueba más de cómo el neoliberalismo nos regresa al capitalismo salvaje del *laissez faire* y *laissez passer?*

Piano, piano, querido termocéfalo. Piano, piano. Esas supuestas conquistas, defendidas por usted, salen del bolsillo de los contribuyentes, no debe olvidarlo, y se pagan con impuestos, con déficit fiscal y con inflación. El espíritu de confrontación, las continuas amenazas de paro, la manera como las minorías sindicales drenan sin piedad los recursos de las empresas, y en especial las del sector público que no tienen doliente, colocan sin remedio a este sindicalismo voraz entre los fabricantes de miseria al lado del Estado, de los políticos corruptos, de los empresarios mercantilistas, de las malas universidades, de los guerrilleros, de los religiosos empecinados en los falsos rumbos de la Teología de la Liberación y otros protagonistas de políticas desastrosas que nos han dejado en el atraso y en el Tercer Mundo.

Es hora de recordar que la noción de conquista social debe ser elástica. En período de recesión, dichas conquistas pueden producir la parálisis o abiertamente la quiebra de las empresas; es decir, de las reales fuentes de trabajo. La otra verdad es de carácter teórico. Extorsionar las empresas con pliegos de peticiones desorbitados buscando su desaparición para sustituirlas con un dichoso socialismo que fracasó en la URSS y en los países comunistas, es como ponerle cargas de dinamita al barco en el cual uno se encuentra a bordo.

Por otra parte, uniformar salarios y condiciones de trabajo para cada tipo de actividad industrial, a través de contratos colectivos, es absurdo. Cada empresa tiene una realidad económica que le es propia. Los contratos colectivos debilitan a las menos competitivas y perjudican a los trabajadores de las más eficaces. Lo razonable es que cada empresa pacte con sus trabajadores de acuerdo con la realidad que le es propia.

Otra idea equivocada: buscar la estabilidad o inmovilidad laboral a través de exigentes causales de despido o de indemnizaciones considerables es una manera de reducir el mercado del trabajo con el consiguiente perjuicio para quienes buscan empleo. Justamente una de las razones que explican el bajo índice de desocupación de Estados Unidos y el alto en Europa tiene mucho que ver con las facilidades de contratación y despido. La supuesta protección al trabajador con base en severas disposiciones legales es, pues, un arma de doble filo. En última instancia se vuelve contra los intereses de la clase obrera.

Inevitablemente, la realidad del mundo de hoy, la noción de «aldea global» y la apertura de la economía, exigen la liberalización del mercado de trabajo. Los costes laborales representan un componente de mucho peso en la producción. No es lógico liberar precios, tasas de cambio e importaciones si paralelamente no se liberaliza el mercado laboral. Cada vez, dentro de las nuevas realidades del comercio mundial, se hace indispensable dejar en libertad a las empresas para pactar con sus trabajadores salarios y formas de despido, pues sólo de ese modo estarán en condiciones de competir. Los sindicatos españoles, muy influenciados por los franceses, han comenzado a pactar estas reformas, la moderación de los privilegios y, en algunos casos, los mismos sueldos, buscando adaptar las reivindicaciones sociales a la realidad económica y a favor de un mayor empleo.

Las privatizaciones son inevitables. El Estado es un pésimo empresario y un mal administrador de servicios. Está indigestado de burocracia. Ofrece puestos burocráticos y no empleos, en el sentido que esta palabra tiene en el sector privado. Sus administradores son funcionarios. Movidos casi siempre por intereses políticos, resultan poco competentes y ajenos a criterios de rendimiento y rentabilidad. Los sindicalistas tradicionales no han comprendido que dentro del inevitable proceso de globalización de la economía, la supervivencia y prosperidad de las naciones depende esencialmente de la capacidad competitiva de sus industrias.

Desentendiéndose de estas realidades, sus exigencias voraces, sus concepciones y propósitos se enfrentan a las condiciones propias de la coyuntura económica en el umbral del nuevo milenio: la apertura, la flexibilidad del mercado laboral, la renovación tecnológica y el desarrollo de la empresa privada como única creadora de riqueza. Oponiéndose a las privatizaciones, ordeñando sin piedad a las empresas estatales, que se nutren de auxilios fiscales, sirviéndose de políticos débiles o venales para obtener insaciablemente nuevas prerrogativas, lo que consiguen es crear una aguda desconfianza en el entorno económico y una imposibilidad de acumular capitales suficientes, clave del desarrollo y del mejoramiento social. Altas tasas de interés, un sistema impositivo francamente desalentador, endeudamiento, gasto público excesivo, servicios públicos costosos, deficientes y contaminados por la corrupción, una sobredosis de leyes, de regulaciones y, por ello mismo, de litigios y juicios laborales, completan este paisaje macroeconómico de nuestros países con una consecuencia inevitable: más pobreza, más desempleo y un peligroso crecimiento de la marginalidad y de la delincuencia.

Los dirigentes de un sindicalismo radical, hoy en crisis, nunca se han detenido a pensar quién realmente los emplea. Si atienden a nuestros testarudos idiotas continentales, seguirán anclados en su idea de que la injusticia del sistema los condena a vender su fuerza de trabajo a explotadores sin alma, dueños del capital. Nunca han llegado a ver que en última instancia los empresarios y las empresas dependen de los consumidores o usuarios de servicios y que el incremento de la demanda por parte de éstos es la única seguridad, la única garantía para los propios trabajadores.

Si llegaran a curarse de su esclerosis ideológica, comprenderían que hoy en día, dentro del nuevo esquema económico no proteccionista, la única manera de progresar y de sostener e incrementar los niveles de empleo exige el compromiso y la concertación con las empresas y no la confrontación de los tiempos decimonónicos.

Es la realidad de los nuevos tiempos. Ella exige un trabajo de demolición no sólo de conceptos sino de políticas y de estructuras laborales y legales. Este saludable proceso de rectificación se ha iniciado ya en varios países. En Chile, por ejemplo. La reforma laboral realizada allí ha sido la condición esencial para permitir que este país tenga la más alta y sostenida tasa de crecimiento económico de todo el continente. Los irreductibles de la izquierda latinoamericana dirán que estos índices tan vistosos no significan nada en el campo social. Pues bien, no es así: un estudio del Instituto Libertad y Desarrollo demuestra que el sector privado, en los últimos doce años, gracias al crecimiento económico, permitió a 267.000 familias (aproximadamente un millón de personas) salir de la pobreza. De modo que la flexibilidad del mercado laboral, pieza básica de la libertad económica, no implicó, como se decía, el empobrecimiento de la clase trabajadora. Al contrario, creó para ésta más alternativas de trabajo.

La reforma rompió muchas distorsiones de la antigua legislación laboral, que era muy similar a la que hoy todavía se mantiene en muchos países del continente. En primer término, estableció una plena libertad sindical en lo que se refiere a la creación y afiliación de sindicatos. Se eliminó el carnet profesional para una gran cantidad de oficios. Se garantizó la democracia dentro del mundo sindical, mediante el voto secreto y directo para la elección de dirigentes, afiliaciones, cuotas o decisiones de huelga. Se suprimió la intervención estatal en la vida sindical y en las negociaciones colectivas con las empresas. Se restableció el derecho de despido del empleador mediante indemnizaciones razonables y se prohibió el financiamiento de los sindicatos por parte de las empresas: éstos dependen exclusivamente, en ese aspecto, de las cotizaciones de sus afiliados.

Aunque semejantes disposiciones hacen erizar a los sindicalistas de la vieja escuela y deben ser miradas con igual horror por la fosilizada izquierda litúrgica que todavía, entre nosotros, hace ruido en calles y universidades, poco a poco se abre paso, aquí y allá, un sindicalismo más moderno y mejor sincronizado con las realidades de la economía global. Las tímidas reformas en España marcan un camino a seguir y profundizar.

En el Perú, existe el caso de la empresa Magma Tintaya inspirado, según los propios términos de su última negociación colectiva, en «las nuevas tendencias de las relaciones industriales en el mundo». Allí se ha establecido un comité de trabajo «Sindicato-Gerencia», sobre la base de que existen intereses comunes, encaminado a incrementar la productividad y a obtener utilidades compartidas cancelables trimestralmente, pero con compromisos conjuntos de inversión y reinversión. El Comité conjunto de sindicatos y gerencia se reúne mensualmente para estudiar la marcha de la empresa, su situación en los mercados, los índices de rendimiento, los planes de formación técnica, etc. La concertación sustituye allí la confrontación que era tradicional.

En Colombia, el caso más resplandeciente de este nuevo espíritu es el de las empresas bananeras de la región de Urabá. Sin duda la estrecha relación de cooperación que tienen los empresarios con el poderoso sindicato de Sintrainagro se originó en una situación excepcional: propietarios y obreros han sido duramente perseguidos por la guerrilla. Los primeros, por ser vistos como enemigos de clase; los segundos, porque en su gran mayoría son guerrilleros reinsertados que, al dar por cancelada la lucha armada, fueron considerados traidores a la llamada causa revolucionaria (más de seiscientos de ellos han sido asesinados). La concertación llegó a ser tan profunda, que en el caso de empresas en dificultades los trabajadores aceptaron el pago parcial de sus salarios mientras éstas se recuperaban. Poco a poco, empresarios y obreros han acabado por estudiar planes conjuntos para el incremento de la producción bananera, al tiempo que impulsaban fundaciones para la construcción de viviendas, escuelas y servicios hospitalarios destinados a los trabajadores y sus familias.

Son dos ejemplos, entre muchos que empiezan a verse en América Latina. Mientras esto ocurre, el viejo sindicalismo ha entrado en crisis junto con los demás componentes del sistema hasta ahora imperante: la clase política, el Estado regulador, los empresarios mercantilistas, el populismo, las concepciones «victimistas» del tercermundismo y sus furibundos enjuiciamientos apoyados en una ideología obsoleta. ¿Quién podría creerlo? Los supuestos personeros de la clase obrera tienen acciones, y muy grandes, en la pobreza que afecta a una gran parte de la población continental.

LA BOLSA Y LA VIDA

Los empresarios a los que nos referimos en este capítulo no son los que cumplen su función, es decir poner la imaginación y el trabajo al servicio de los consumidores, sino los que participan de eso que, algo equívocamente, se denomina «mercantilismo». El mercantilismo es, por lo menos en la acepción que nosotros hacemos nuestra, un sistema perverso que convierte al reparto de privilegios en el factor determinante de toda o de una parte de la vida económica. Es un sistema, por tanto, que sustrae a los consumidores, es decir los seres humanos de la ancha sociedad, la última palabra acerca del éxito o fracaso de los productos de bienes y servicios, para colocarla en manos de la burocracia política coludida con ciertos empresarios o sectores económicos en perjuicio de otros. Hay empresarios admirables, desde luego, en todas partes donde existe un mercado, incluyendo América Latina y España, y no sería justo culpar del todo a los empresarios mercantilistas por la existencia del mercantilismo, pues aunque ellos lo alimentan constantemente y se benefician de él, la responsabilidad está en quien elabora las reglas de juego y las hace cumplir –o incumplir–: el gobierno. En cualquier caso, el mercantilismo, que es la discriminación institucionalizada, ha sido una de las causas principales del fracaso latinoamericano de dos siglos, y de la tardanza en el despegue español, así como de las limitaciones que todavía impiden que España se coloque a la altura, digamos, de una Inglaterra.[1] Cuando en el siglo XVII, en la Francia de Luis XIV, el ministro Colbert preguntó a un grupo de empresarios qué podía hacer por ellos, la respuesta fue contundente: «Déjenos hacer, señor Colbert»

---

1. Ver el libro *La retórica contra la competencia en España (1875-1975)*, de Pedro Fraile Balbín (Fundación Argentaria y Editorial Visor, Madrid, 1998).

(Laissez-nous faire, monsieur Colbert). A esta anécdota atribuyen la expresión liberal *laissez-faire, laissez-passer*. Aunque
hay empresarios que pertenecen a esa misma raza, muchos
años de práctica y de instituciones mercantilistas han convertido a gran cantidad de nuestros empresarios en simples traficantes del privilegio.

Existe una vasta gama de formas de mercantilismo, empezando por las más extremas, esas que merecen figurar en
una antología de la idiotez. El caso más exquisito debe ser, sin
duda, el del ornitólogo que acampa en el Parque Nacional del
Lanín en Argentina y es expulsado por un guardián por no
llevar consigo un «carnet de mochilero», exigencia derivada de
la ley 20.802 que sanciona el Estatuto del Mochilero. Ningún
principio ha sido más invocado que el del «interés público»
para intervenir, mediante protecciones, exenciones y otras
formas de privilegio y discriminación, en un sector de la vida
económica. En Argentina, hace muy pocas décadas se llegó a
declarar de interés nacional la fabricación de motores eléctricos, tractores, cristales ópticos, madera terciada, material
fotográfico, tierras filtrantes, agua oxigenada, aparatos de
refrigeración, metales en polvo, cojinetes de rodamientos,
caños sin costura, agua lavandina o lejía y otros productos. En
1972, se llegó a la conclusión de que había un marcado «desinterés por la música nacional». Para desatar una meloma-
nía patriótica se declaró que la música sería a partir de ese
momento «de interés nacional» y se beneficiaría de una exención fiscal siempre que se presentara prueba de haber cum-
plido con el organismo gremial. La misma ley estableció
la obligación de contratar una orquesta en cada ocasión en la
que el público se reuniera para bailar y se cobrara entrada.
Se dio, eso sí, una exención para los bailes de beneficencia o
de carácter cultural –el resultado, claro, fue un sonoro «boom»
cultural en la patria del tango–. Pero quizá tanto como el «interés nacional» ha sido el «artículo de lujo» o «artículo suntuo-
so» lo que ha producido las manifestaciones más caricatura-
les de mercantilismo argentino: en 1965 se decretó que eran

220

lujosas las medias de seda, las alfombras persas, los artículos de pesca, los palos de hockey, las raquetas de tenis, los trompos y los velocímetros, y que eran bienes prescindibles las cajas de música, los silbatos de policía, los árboles de Navidad y los pizarrones escolares, todo lo cual derivó en reglamentos contra estos indefensos. Y, por último, en este catálogo hiperbólico, está la ordenanza municipal de Buenos Aires según la cual el cargo vacante originado por el fallecimiento de un agente municipal quedaba a disposición de su esposa, hijos o concubina. Una prerrogativa feudal del siglo veinte.[2] El mercantilismo, en este último caso, no se practica entre el gobierno y ciertos grupos privados sino en el interior de la burocracia del Estado. Otro ejemplo de esto mismo en la Argentina es la Ley de Impuestos a las Ganancias que ha eximido de tributación a los sueldos de los jueces, las dietas de los legisladores y las retribuciones de personas en cargos electivos nacionales en los demás poderes.

Ésos son unos ejemplos particularmente extravagantes y jocosos, pero el problema es serio, porque tiene implicancias decisivas para nuestras sociedades. El sistema tiende a permearlo todo y es tan injusto que incluso cuando se toman medidas acertadas, como privatizar empresas, se provoca un resultado contraproducente. El mercantilismo por naturaleza tiende a concentrar la riqueza en pocas manos –el capitalismo al que los marxistas combatieron en el XIX y buena parte del XX era, en cierta forma, la negación del capitalismo, pero la asociación entre capitalismo y exclusión ha quedado en la imaginación universal–. Las medidas de liberalización y privatización tomadas en estos años en América Latina han servido para privilegiar a pequeños grupos económicos poderosos, lo que ha concentrado más la riqueza. En el Perú, el 10 por ciento del país controlaba la mitad de la riqueza nacional hacia fines de la década de los ochenta, mientras que

---

2. Estos ejemplos argentinos extremos figuran en el admirable libro *La república corporativa*, de Jorge E. Bustamante (Emecé, Buenos Aires, 1986).

ahora controla poco menos de dos terceras partes, lo que, sumado al millón de personas que pasaron a ser desempleados y a las que el mercado no ha podido absorber todavía por obra del sistema mercantilista, ha servido para desacreditar, a ojos de muchos peruanos, la idea misma de privatización. En una economía mercantilista, otro resultado contraproducente de una privatización de empresas hecha por las malas razones puede ser el aumento del gasto público. En Argentina, la administración justicialista actual aumentó el gasto en un 80 por ciento, duplicó la deuda pública externa, generó un déficit fiscal de seis mil millones de dólares y un déficit de la balanza comercial de ocho mil millones de dólares. Porque el propósito real de privatizar no era abrir la competencia sino obtener recursos para el gobierno, el dinero ingresado por el Estado gracias a las privatizaciones se volatilizó con el aumento del gasto público.

Éstos son sólo dos ejemplos de cómo el mercantilismo hace que una buena política –la privatización– genere malos resultados, como mayor concentración de riqueza provocada por el gobierno y aumento desenfrenado del gasto público. El sistema, pues, no sólo representa un conjunto de medidas injustas: cualquier medida positiva tomada bajo el marco de una economía mercantilista resulta viciada. El mercantilismo lo permea todo.

Toda intervención del gobierno en la economía genera favores y perjuicios. Los partidarios de la intervención suelen argumentar que el mercado no resuelve por sí solo muchos problemas y que la competencia perfecta es una quimera, nunca una realidad. Es cierto que la perfección no existe en el mercado y que la economía más libre no resolverá todos los problemas económicos. La incapacidad del mercado para estar, a veces, a la altura de los objetivos de los partidarios de intervenir en la economía se debe a varios factores. Uno de ellos es la escasez, entendida como la distancia entre los deseos y lo existente en el campo de los bienes y servicios. Si viviéramos en un mundo sin escasez, no haría falta la economía de mercado. Otra razón tiene que ver con las preferencias de los consumidores, que a veces llevan al mercado por caminos distintos de los que papá-gobierno quisiera. Ésa no es la culpa del mercado abstracto sino de los ciudadanos comunes y corrientes que deciden lo que compran, y en qué cantidades, y lo que no compran. Las más veces la «ineficiencia» del mercado se debe, en realidad, a la intervención del gobierno. Las economías impregnadas de mercantilismo son culpadas por injusticias que derivan, no del mercado verdadero, sino del mercado intervenido, es decir del falso mercado. Sostiene Israel Kirzner que las regulaciones –el mercantilismo– tienen un impacto en el proceso de «descubrimiento» de la riqueza, que sólo el mercado hace posible en toda su magnitud. «Las previsiones», dice Kirzner, «de las condiciones de la demanda o de la oferta hechas por los reguladores son incapaces de reflejar los incentivos de la búsqueda empresarial del beneficio, es decir del descubrimiento de la riqueza».[3]

Estados Unidos y Europa

El mercantilismo ocurre no sólo en los países subdesarrollados sino en todas partes, en grados distintos. En algunos países, como Estados Unidos, a veces es una consecuencia de la democracia participativa, en ese caso de un sistema que lleva a grupos de ciudadanos, llamados «grupos de interés», a influir en el proceso de elaboración de las leyes, aparentemente para hacer que éstas reflejen la realidad de quienes van a ser afectados por ellas. Cada vez más, sin embargo, el proceso legislativo es un comercio político en el que las empresas invierten mucho dinero y tiempo para obtener ventajas o impedir que sus competidores las obtengan. En el caso reciente de Microsoft, la empresa de Bill Gates, hemos visto cómo

3. Kirzner, Israel, *Discovery and the Capitalist Process*, The University of Chicago Press, Chicago & London,1985.

el acoso del Departamento de Justicia, al que pertenece la entidad dedicada a combatir el monopolio, ha llevado a esta empresa a dedicar muchos recursos a defenderse del intervencionismo suscitado por su propio éxito. «Hace años que no voy a Washington pero creo que voy a ir más a menudo de ahora en adelante», escribió, con resignación, el propio Gates en su revista electrónica *Slate*. Era el inevitable corolario de la persecución intervencionista desde por lo menos 1995. Contrató a cuatro ex congresistas, a 32 ex empleados del gobierno y al ex presidente del Partido Republicano, y en 1997 gastó casi dos millones de dólares en cabildeo. Había aprendido el juego de Washington. Un juego que ya jugaban, desde hacía rato, la IBM (que gasta tres millones de dólares en hacer *lobby*) y la General Motors (que gasta cinco millones). Teniendo en cuenta que el número de páginas del registro federal donde se imprimen los nuevos reglamentos crece en sesenta mil páginas cada año, ¿puede alguien sorprenderse de que las empresas hagan mercantilismo con los legisladores y funcionarios?

También en Europa hay mercantilismo, y del grande. Es más: estas prácticas han hecho tan costosa la legalidad que en el viejo continente la economía informal alcanza niveles espectaculares, si bien no tanto como en los países subdesarrollados. Un informe de la Comisión Europea decía en 1998 que, en vísperas de la llegada del euro, la economía sumergida, a la que llama «actividad clandestina», representa entre el 7 por ciento y el 16 por ciento del PIB europeo y corresponde a una cantidad de entre diez y veintiocho millones de trabajadores, es decir entre 7 y 19 por ciento de la población activa. En Grecia e Italia la economía informal supera el 20 por ciento del PIB, mientras que en España la cifra está algo por encima del 15 por ciento. Esto ocurre no porque haya multitud de ciudadanos con vocación delictuosa sino porque la legalidad es un privilegio mercantilista. Un informe de la Organización para la Cooperación y el Desarrollo Económico (OCDE) culpó en 1998 a la tramitología y la burocracia espa-

ñolas por la falta de acceso masivo a la actividad empresarial.
Para crear una pequeña empresa en España se debe pasar por trece o catorce etapas antes de siquiera inscribirla.
Para esto último hace falta superar otras cinco instancias.
Todo esto toma entre diecinueve y veintiocho semanas, cuando en Estados Unidos se hace «en más o menos medio día».
Además, el mercado laboral es en sí mismo un privilegio, pues la legislación ata las manos de las empresas impidiéndoles despedir personal libremente, lo que disuade a muchas de ellas de contratar nuevo personal y convierte al trabajador en una suerte de «dueño» de su puesto de trabajo, al margen de la realidad de la empresa y el mercado. Según la Organización para la Cooperación y el Desarrollo Económico, «las rigideces laborales» son las causantes de «un desempleo inusitadamente alto», que bordea el 20 por ciento. El costo de despedir personal en España es de los más altos de los 29 países que forman la OCDE.

Y en España o Italia, la corrupción, esa otra forma de mercantilismo, fue uno de los grandes protagonistas políticos de la década de los noventa. ¿Qué fue el proceso de «Manos Limpias» sino la reacción legal contra la actividad empresarial coludida con la política en Italia? En España, en 1998, en uno de los juicios a los que fue sometido por el llamado «caso Banesto», el banquero Mario Conde contó cómo su banco pagaba a ciertos políticos para que, mediante su influencia en las instituciones oficiales, ayudaran a que las cosas fueran bien para el banco. Habló, concretamente, de trescientos millones de pesetas que Banesto habría pagado al asesor Antonio Navalón en 1989 para que éste a su vez retribuyera una gestión del ex presidente Adolfo Suárez ante el Banco de España financiando a su partido, el CDS. Tanto Suárez como el ex gobernador del Banco de España niegan el pago. Pero lo que aquí nos interesa no es este asunto específico sino el hecho de que la declaración de Conde es una buena ilustración del funcionamiento del sistema mercantilista español en su vertiente menos ética. Los grandes empresarios dedicaban

225

esfuerzo y dinero a influir, o intentar influir, en las instituciones, en lugar de dedicarlo exclusivamente a satisfacer a sus clientes.

Tanto en Estados Unidos como en Europa, el mercantilismo tiene una incidencia que está compensada –más en los primeros que en la segunda– por otros factores gracias a los cuales las economías son capaces de dar a la mayoría de sus ciudadanos unas condiciones de vida aceptables. El problema más grave está en aquellos países donde el mercantilismo es la esencia de la vida económica y donde no hay protecciones institucionales para el individuo como la que hay en el mundo desarrollado. Es el caso de América Latina.

Mercados cautivos

Los empresarios suelen revolotear alrededor del Estado como las moscas alrededor de la miel. El favor más inmediato que pueden obtener de él, es, por supuesto, un contrato. Como nuestros Estados están permanentemente otorgando contratos a empresas privadas para hacer obras públicas, los empresarios saben que una gran fuente de ingresos es convertirse en contratista del Estado. Esto, a su vez, es un caldo de cultivo para la corrupción, y no es exagerado afirmar que una buena parte de las licitaciones y otras formas de concurso público en nuestros países adolecen del doble vicio del favoritismo y la corrupción. Puede ser favoritismo para empresas vinculadas a funcionarios del propio gobierno, o para empresarios a los que el gobierno quiere tener cerca. La corrupción es casi siempre la misma: pago económico de favores políticos, aunque también se da el caso, por supuesto, de contratistas del Estado que no necesitan corromper funcionarios para obtener las ventajas de un contrato. A veces los consumidores se ven perjudicados por innecesarios acuerdos a largo plazo. Es el caso de una empresa privada a la que el gobierno confiere, tras un concurso, un derecho exclusivo. Su competencia no está en duda, pero el mercado es cautivo. La ley «Compre Nacional», en Argentina, obligó hasta hace poco al Estado federal, provincial y municipal a comprar siempre a proveedores nacionales, aunque la calidad fuese inferior y los precios superiores a la oferta internacional. Surgió así una clase de empresarios, los de la llamada «Patria Contratista», que se beneficiaron del derecho de contratación exclusiva con el Estado, muchas veces mediante coimas. Y un caso flagrante se da hoy mismo en el Perú, donde uno de los principales contratistas del Estado, entre otras cosas en obras de tanta envergadura como las carreteras, es la empresa J & J Camet, fundada por el ministro de Economía Jorge Camet y administrada por sus hijos. Así, pues, vemos tres clases distintas de un mismo fenómeno: el contratista que obtiene un monopolio; el contratista que obtiene protección contra el exterior y el funcionario que se adjudica a sí mismo los contratos del Estado. En todos los casos, el poder que tiene el gobierno de contratar con empresas privadas establece un sistema en el que los empresarios pugnan, no por ganar consumidores, sino por arrimarse al Estado. Y una cuarta forma de contratos con el Estado es la empresa de capital mixto. En Colombia se da el caso de la Flota Mercante Grancolombiana, de capital estatal en mixtura con el privado de los caficultores colombianos por medio de la Federación Nacional de Cafeteros. Hasta la reciente apertura, la empresa hizo pingüe negocio con el monopolio del transporte marítimo de importación y exportación, gracias al cual cobraba exorbitantes fletes y alimentaba una burocracia elefantiásica. Caso no muy distinto es el de la explotación carbonífera del Cerrejón, en la propia Colombia. Esta empresa con capital extranjero asociado al del Estado disfrutó de la exclusividad de la explotación gracias a que entró en sociedad con el gobierno (ahora, en parte debido a la ineficiencia, el gobierno no ha podido venderla en sus intentos de privatización). Tener al Estado de socio es otra de las formas de la prebenda, incluso si la empresa resulta ineficiente.

Cuando uno lea o escuche que un gobierno quiere «fomentar» una actividad determinada, inmediatamente debe saber que hay mercantilismo de por medio. El fomento de una actividad siempre entraña alguna forma de ventaja de la que no gozan otras actividades, o, a veces, tampoco determinados participantes de la actividad que se quiere favorecer. América Latina está plagada de ejemplos antiguos y actuales de intervenciones del gobierno para desarrollar cierta actividad mediante la concesión de ventajas. Las leyes de fomento mexicanas para favorecer a los industriales que se acogieran a ellas están entre los antiguos; las Zonas Francas mexicanas están entre los actuales. La Ley de Descentralización Industrial ofrecía exoneraciones en el pago del impuesto a la renta para empresas que se establecieran fuera del área metropolitana. La intención era obvia: hacer que parte de la inversión fuera canalizada hacia las zonas no metropolitanas. La ley fue un fracaso rotundo, porque al no haber servicios básicos como electricidad y teléfono muy pocos empresarios encontraron viable una inversión en esas zonas. Sin embargo, de haber habido servicios básicos el grupo de privilegiados hubiera engordado y un buen número de empresarios, los que hubieran rechazado ir por no tener capacidad de inversión nueva o por estar concentrados en zonas metropolitanas, se hubieran visto perjudicados. Es lo que ocurre con las Zonas Francas, todavía vigentes en México y otras partes. Las empresas que allí operan están exoneradas del impuesto sobre la renta. Los mexicanos se preguntan con razón: si es bueno para un grupo de empresas no pagar el impuesto, ¿por qué no hacerlo bueno para todas? Y la Ley de Maquila, que también pretende «fomentar» esa actividad mediante la exoneración por varios años del impuesto a la renta, distorsiona el mercado al crear un sistema discriminatorio e impedir que sean los consumidores los que determinan hacia dónde orientan los empresarios sus recursos. Esto tiene como consecuencia constantes –y comprensibles– pedidos de exoneraciones para otras actividades, y así sucesivamente hasta convertir la actividad empresarial en un permanente cabildeo ante el gobierno para lograr ventajas comparables a las que otorga la Ley de Maquila.

Pero se han dado, en América Latina, formas aún más absurdas de orientar la inversión hacia ciertas zonas de un país. En Argentina, por ejemplo, se lleva las palmas lo que ha ocurrido durante muchos años con el vino reserva gracias a la obligación de embotellar en el lugar de origen, es decir en la región productora. Al no permitirse trasladar el vino a granel a otros lugares más auspiciosos para la distribución, las bodegas y las distribuidoras han tenido durante muchos años que instalarse en las zonas donde se producía el vino, como si por el hecho de distribuirse a partir de un punto distinto de la geografía nacional ese vino fuera menos oriundo de determinada zona. El pretexto de la oriundez para «fomentar» la inversión en las zonas productoras de vino –en este caso de las embotelladoras y distribuidoras– ha hecho que la industria funcione a partir de una asignación ineficiente de recursos, perjudicando a los consumidores y privilegiando a ciertas empresas del país.

Privatizar privilegiando

En ningún campo se ha puesto de manifiesto la perversión del sistema mercantilista como en el de la privatización de la telefonía. Este aserto vale para casi toda América Latina, desde México hasta la Argentina, pasando por países como el Perú y Venezuela. La «privatización» ha consistido en la entrega a grupos privados, muchas veces extranjeros, de monopolios que antes eran públicos. En todos los casos ha quedado claro que la finalidad del gobierno no era abrir la competencia de modo que aumentara la calidad, bajaran los precios y hubiera libertad de entrada al nuevo mercado para quien estuviera en condiciones de participar en la oferta de este servicio clave. Lo que interesaba a los gobiernos era simplemente desprenderse de empresas que les costaban dinero

—algo de moda en estos tiempos de combate contra el déficit— y tratar de conseguir la mayor cantidad de recursos para el propio Estado. Mientras más protegido el mercado que se ofrecía al comprador, mayor el dinero que éste estaba dispuesto a pagar por la empresa. El proceso, pues, se convirtió en un mercadeo entre políticos y empresarios, no en la entronización del consumidor —el ciudadano común y corriente— como amo y señor del mercado de la telefonía, ni en la libertad de entrada al negocio para quien quisiera competir en la oferta del servicio a los usuarios, principios esenciales de esa economía libre en nombre de la cual se hicieron, supuestamente, las privatizaciones. La transferencia de un monopolio público a manos privadas es la negación de una economía libre porque en ésta es el individuo —el empresario privado— quien identifica las oportunidades y crea riqueza, mientras que en el mencionado proceso es el gobierno quien identifica la oportunidad y quien escoge al empresario para proveer un servicio a determinado mercado.

El caso de Telmex, la empresa telefónica mexicana, es ilustrativo. Con el argumento de que se trataba de un monopolio «natural» por ser una red de servicios difícil de fragmentar, el gobierno privatizó Telmex en varias etapas sin abrir la competencia. Al principio, colocó parte del capital en la Bolsa y en los mercados internacionales, conservándose el control estatal de la empresa. Luego, se abrió un concurso para dar el control a empresarios privados. Un grupo de mexicanos y extranjeros entre los que estaba Carlos Slim se hizo con la empresa tras un concurso lleno de sombras, mediante el pago de ochocientos millones de dólares y el compromiso de inversiones por mil ochocientos millones de dólares en tres años. El gobierno decretó el monopolio privado, impidiendo a otras empresas ofrecer telefonía local. Sólo el mercado de larga distancia y comunicación celular se abrió. A los dos años el grupo ganador ya había recuperado los ochocientos millones de dólares del paquete accionario que le permitió el control (8 por ciento). Las inversiones, por supuesto, avanzaban a un ritmo muy inferior al prometido. La empresa sabía que todo lo que tenía que hacer, gracias al monopolio, era proveer el servicio: los consumidores no tenían más remedio que pagar si querían usar el teléfono. Hoy, el grupo tiene utilidades por quinientos millones de dólares al año. ¿En qué se tradujo la privatización para el público? En una pésima calidad y tarifas altísimas, superiores a las de Estados Unidos. Pero al gobierno mexicano esto le preocupa poco. Su interés está en que no baje el precio de las acciones de Telmex en la Bolsa: ellas representan un gran porcentaje del total de acciones en el mercado mexicano y si bajara su precio se desataría el pánico y volvería la inestabilidad financiera. Para proteger a Telmex, las autoridades han perjudicado constantemente a los consumidores y a los aspirantes a romper el monopolio, que han presentado batalla una y otra vez con demandas y amparos.

En el caso de la larga distancia las cosas no fueron mejor, a pesar de que sobre el papel no había monopolio. El costo de interconexión en México es uno de los más altos del mundo y representa el 70 por ciento de los costos de operación de las empresas que ofrece el servicio de larga distancia, mientras que en Estados Unidos sólo representa el 35 por ciento. Esto permite a Telmex mantener utilidades altas aunque pierda clientes para llamadas de larga distancia. Por lo demás, gracias a las utilidades de su monopolio Telmex subsidia el precio de las llamadas internacionales, lo que perjudica a sus competidores, que no pueden destinar tantos recursos como quisieran a inversiones que mejoren la infraestructura y el servicio. Todo esto se produce bajo un marco legal que se muestra inútil, pues todo intento por impedir que Telmex use su monopolio para evitar la verdadera competencia en el mercado de larga distancia se frustra.

El caso peruano es parecido. Existían dos empresas públicas relacionadas con la telefonía: la Compañía Peruana de Teléfonos y EntelPerú (interconexión telefónica nacional). Ambas fueron entregadas a la empresa española Telefónica con un monopolio de cinco años, que vencerá teóricamente en 1999 pero que en la práctica tiende a extenderse. Telefónica pagó una suma muy superior a la que ofrecían los competidores –mil ochocientos millones de dólares–, pero gracias a su monopolio consiguió beneficios, en 1997, de poco menos de quinientos millones de dólares y en tres años ha superado los mil millones de dólares (en ese mismo período la cuarta parte de las industrias peruanas quebraron). Aunque ha cuadruplicado el número de líneas –la red era ridículamente corta–, las tarifas de las llamadas locales se han triplicado desde 1994.[4] La naturaleza del monopolio de Telefónica es tal que en realidad seguirá gozando de una situación privilegiada después de 1999, pues la empresa influye en los mecanismos de supervisión de las telecomunicaciones, se ha retrasado el calendario de otorgamiento de nuevas concesiones y, al igual que Telmex, la empresa tiene un sistema de subsidios cruzados entre sus distintos servicios de modo que distorsiona los costos internos y los precios al consumidor. Se da, pues, el caso de una empresa extranjera a la que el gobierno del Perú otorga derechos que niega a empresarios peruanos. Es lo que se llama «chauvinismo» al revés. Lo contrario ocurre en el campo de las telecomunicaciones en general, donde los extranjeros tienen prohibida la titularidad de una empresa, por ejemplo, de un canal de televisión. Esto permitió recientemente al gobierno expropiar al ciudadano Baruch Ivcher, un judío nacionalizado peruano al que las autoridades retiraron el pasaporte peruano para poder declararlo extranjero y por ende dueño ilegal de Frecuencia Latina.

En el terreno de la telefonía celular las cosas también ocurrieron de manera mercantilista en el Perú. Debido a razones técnicas, el sistema de telefonía móvil hasta ahora sólo permite que operen dos compañías simultáneamente. En 1990,

4. Otros servicios, como el del agua, también han visto sus tarifas dispararse a alturas siderales. Las del agua han subido cien veces, por lo que muchos peruanos equiparan «liberalismo» con tarifas de escándalo. Una parte de ese alza se debe al indispensable *shock* de la estabilización de 1990, pero la otra parte tiene que ver con una economía de prebendas.

a cambio de su apoyo en la segunda vuelta de las elecciones, el gobierno otorgó a uno de los dueños de Panamericana Televisión el monopolio de hecho de la telefonía celular. Era *de hecho* porque en teoría quedaba abierta la posibilidad de que ofreciera el mismo servicio la empresa pública Compañía Peruana de Teléfonos. Sin embargo, esta empresa dirigida por el Estado dejó pasar bastante tiempo sin ofrecer el servicio, de modo que Celular 2000 fue la única empresa en el mercado, protegida contra cualquier competencia privada –porque era ilegal– y pública –porque así lo había decidido el gobierno–. Finalmente entró la empresa pública al mercado, pero Celular 2000 ya estaba bien establecida. El valor de la empresa privada había aumentado considerablemente, lo que se reflejó en su posterior venta a Bellsouth. Esta empresa norteamericana entró, a su vez, al mercado en condiciones de duopolio de hecho, pues al no haber sido modernizado el sistema la capacidad técnica sigue permitiendo operar sólo a dos compañías. ¿Extraña que esta empresa pagara por el 57 por ciento de Celular 2000 unos 110 millones de dólares? La ganancia del dueño no tenía nada que ver con el mérito empresarial: apenas con el comercio político y económico ocurrido entre él y el gobierno, al que sus medios de comunicación han apoyado desde el primer día, y con renovada lealtad desde el golpe de Estado. A pesar de todas las ventajas, Celular 2000 sólo había logrado conquistar al momento de la venta a Bellsouth poco más del 15 por ciento del mercado, frente al 85 por ciento de su competidor, lo que da una idea acerca de las dotes del propietario original.

Estos dos ejemplos ilustran una situación que no es privativa de Perú y México. En Argentina, el territorio fue dividido en zonas y en cada una el derecho a ofrecer el servicio de telefonía fue otorgado a una empresa en calidad de monopolio, lo que se tradujo en precios de espanto y mejoras de calidad muy insuficientes. En Venezuela, la empresa de teléfonos, CANTV, también pasó a ser un monopolio privado. No hace falta decir que las consecuencias han sido exactamente las mismas que en otras partes. Pero en ese país tenemos, además, un ejemplo del tipo de mercantilismo que genera el monopolio cuando es público –es decir cuando la empresa se mantiene en manos del Estado– y se toman algunas medidas de liberalización macroeconómica sin acompañarlas de una economía libre. En Venezuela el petróleo es monopolio del Estado y genera el 85 por ciento de las divisas del país. Al liberalizar el tipo de cambio sin privatizar el petróleo y abrir ese mercado, ocurre que, como efecto de la devaluación del peso venezolano, el Estado evidentemente aumenta sus ingresos, mientras que la sociedad recibe el impacto del ajuste. ¿Qué hace el gobierno con el nuevo dinero? Por supuesto, lo gasta, y, al aumentar sin el respaldo de una mayor producción la cantidad de dinero en la economía, genera inflación, que es un impuesto que la sociedad en su conjunto tiene que pagar. El gobierno, para paliar el efecto del exceso de liquidez, emite entonces papeles TEM de modo que los bancos no se queden con una masa de dinero que no pueden colocar porque no hay actividad productiva que lo justifique, y con los intereses que paga a los bancos por estos papeles resulta subsidiando a la banca privada (ha llegado a subvencionar hasta un 30 por ciento de sus colocaciones).

Cultura protegida

Hay pocos terrenos más fértiles para la demagogia populista como el de la cultura, y pocos empresarios buscan tanto favoritismo como los del cine (también los editores de libros quieren privilegios, por supuesto). Ocurre a ambos lados del Atlántico, y hay que reconocer que Europa ha superado a América Latina en mercantilismo cultural, especialmente en el campo cinematográfico, donde la «excepción cultural» planteada por España y Francia, primero en el GATT y luego en la Organización Mundial del Comercio, es una de las aberraciones económicas de nuestros días. De alguna inspiración debe haber servido el nacionalismo latinoamericano, como el expresado en esa imposición argentina que obligaba a incluir un 75 por ciento de «música nacional» en las transmisiones radiales para «proteger la capacidad intelectual de nuestra poesía», o el mecanismo creado por los militares platenses en 1957, según el cual se hacía una selección de películas nacionales de exhibición obligatoria y si éstas no eran contratadas en un plazo de un mes se realizaba un sorteo de salas de cine donde debían ser exhibidas.

En España, las «cuotas de pantalla», «fomento a la producción» y «licencias de doblaje» todavía vigentes han eliminado todo principio de economía de mercado del mundo del cine y entronizado un sistema que hace del contubernio con el poder, en lugar de la conquista del público asistente a las salas de cine, la verdadera medida del éxito. También coloca en situación de minusvalía a los españoles que se dedican al cine, pues parte de la base de que sólo con intervención oficial en su favor son ellos capaces de competir con el cine norteamericano. Por último, al limitar la invasión de Yanquilandia, el gobierno se erige en ente que decide lo que los españoles deben y no deben apreciar en el celuloide.

Las ayudas a la producción no son nuevas pero han ido adquiriendo el carácter de emblema nacional. A lo largo de los años noventa, el gobierno español ha repartido mucho dinero, generalmente a realizadores amigos (en el caso del socialismo) que muchas veces daban un contenido político a sus filmes. En 1994, por ejemplo, el Estado otorgó 2.891 millones de pesetas para la producción de largometrajes. A fines de ese mismo año se modificó la legislación reduciendo los ingresos brutos en taquilla a partir de los cuales se darían las subvenciones: de cincuenta millones de pesetas a treinta millones en general, y a veinte millones si se trata de películas dirigidas por nuevos realizadores y diez millones si la versión original está realizada en una lengua oficial reconocida como tal por una Comunidad Autónoma. La modificación cogía al rábano por las hojas, partiendo de la idea de que lo único que andaba mal en el sistema anterior era que las subvenciones a veces iban a películas que no tenían éxito de taquilla.

Otra restricción de la competencia es el de las licencias de doblaje. El doblaje no es nuevo en España ni en otras partes, como Italia y Alemania. El sistema ha sido modificado de tanto en tanto, pero sólo para peor. Ahora se permiten únicamente dos licencias de doblaje por cada película de la Unión Europea. La primera licencia se da cuando la película recauda en taquilla veinte millones de pesetas brutas y la segunda al recaudar treinta millones, cuando ha sido exhibida al menos en dos lenguas oficiales españolas.

Y, por último, lo más grave: la restricción contra la exhibición misma de películas. Existe una «cuota de pantalla» que reserva una parte del tiempo de exhibición a películas nacionales o de la Unión Europea. La legislación asocia el tiempo de exhibición al tamaño de la población y reserva al cine de la Unión Europea un día por cada dos (en ciudades con población superior a 125.000 habitantes) o un día por cada tres (en ciudades con población inferior a 125.000 habitantes) de exhibición de películas dobladas en cualquier lengua oficial española. Hay, además, reglas especiales para casos en los que la película lleva más de dos años en exhibición en España, en los que la exhibición se da en complejos cinematográficos o en los que hay programación doble.

Toda esta maraña de prohibiciones, licencias y subsidios a lo largo de los años noventa no ha resuelto el problema «grave» de que los españoles prefieren ver películas norteamericanas. En 1994, la película española de más éxito –*Todos los hombres sois iguales*– obtuvo una recaudación de 375 millones de pesetas gracias a sus 739.000 espectadores, mientras que *Los Picapiedra* obtuvo 1.241 millones de pesetas gracias a sus 2,5 millones de espectadores. Y en el área del doblaje, la cosa es aún más humillante: las grandes empresas norteamericanas han comprado diversas compañías locales para sortear las barreras.

Pero seríamos ingenuos al pensar que, dentro del campo de la cultura, sólo el ámbito audiovisual está plagado de privilegios para unos empresarios y de discriminación contra otros. Estas injusticias están también, por ejemplo, en la universidad. Ello es patente en casos como los del Perú y la Argentina. En el Perú, los rectores de las universidades ya establecidas han asumido poderes casi de gobierno y están en capacidad de impedir el acceso al mercado de nuevas universidades o, cuando finalmente permiten algunos competidores, de obtener ventajas que les garantizan una posición dominante. Este poder lo tienen a través de la Asamblea Nacional de Rectores, a la que se le reconocen atribuciones de derecho público como evaluar a las nuevas universidades y emitir pronunciamientos sobre la creación de nuevas escuelas de posgrado. Para colmo, no forman parte de esta Asamblea Nacional de Rectores los responsables de las nuevas universidades, pues los rectores deben ser elegidos por unas asambleas universitarias que no se pueden formar hasta cinco años después de fundada una nueva universidad. Todo esto da a las universidades ya establecidas capacidad de veto –mediante trabas burocráticas a veces insalvables– contra potenciales competidores e información privilegiada sobre las nuevas universidades cuando son aprobadas.

En la Argentina se da el caso de que los pobres subsidian los estudios universitarios de los ricos, gracias a la gratuidad total de la enseñanza universitaria pública y la absoluta ausencia de mecanismo de selección o examen. Como el acceso es irrestricto, ocurre, por supuesto, que las profesiones están atiborradas de egresados, lo que hace, por ejemplo, que el país tenga un médico por cada trescientos habitantes, proporción superior a la de Estados Unidos, Francia y otros países desarrollados. Pero, además, como todo esto se financia con el presupuesto del Estado, es decir con los impuestos, se da en realidad una transferencia de recursos de los más pobres a los estudiantes de clase media y a los estudiantes ricos, pues muchos de estos últimos acuden masivamente a la universidad sin pagar un centavo mientras que los ciudadanos pobres de cierta edad no lo hacen y muchos estudiantes pobres tampoco. La diferencia entre el sistema escolar y el universitario significa que cerca del 50 por ciento de los estudiantes universitarios sí pagaban en la escuela secundaria. Por tanto, la universidad pública es en sí misma una fábrica de privilegios y discriminación: el estudiante que sale de allí preparado para administrar una empresa ha sido subvencionado por ciudadanos más pobres que él.

Allí no terminan los privilegios en América Latina. En el campo del transporte –aéreo o terrestre– se dan iguales o peores formas de discriminación que las que hemos visto en el caso de los teléfonos o los medios audiovisuales. Un buen ejemplo es AeroPerú, la línea aérea que el gobierno peruano privatizó en la primera mitad de los noventa. La anécdota es que la empresa fue adquirida por AeroMéxico y que poco después su presidente, Gerardo de Prevosin, tuvo que huir de México por acusación de fraude; hoy la administra un sindicato bancario con mayoría de personas vinculadas al PRI. Pero esto no es lo grave. Si hubiera un mercado libre, lo ocurrido en AeroPerú en manos de AeroMéxico no tendría la menor importancia para unos ciudadanos peruanos con capacidad de escoger alternativas para sus vuelos y unos empresarios peruanos o extranjeros con derecho a ofrecer esos servicios alternativos. Resulta, sin embargo, que AeroPerú fue privatizada con los privilegios propios de la «línea de bandera» que era la empresa cuando estaba en manos del Estado. Ser «línea de bandera» le otorgaba derechos especiales en la negociación de convenios internacionales entre Estados, lo que le daba un monopolio de buena parte de las rutas internacionales. Estos derechos especiales fueron transferidos junto con la empresa al momento de ser privatizada. Las consecuencias se han visto en las negociaciones con Estados Unidos o con Chile, en las que han salido perjudicados los usuarios por la falta de competencia, es decir de una política de «cielos abiertos». Sólo Faucett conserva unas pocas licencias a

Miami, que no explota porque la empresa ha dejado de volar. Nadie más ha logrado penetrar en el mercado de las rutas internacionales, que AeroPerú controla mediante los impedimentos que, gracias al gobierno, restringen el acceso de potenciales competidores.

En el transporte terrestre ocurre algo no muy distinto. Ésta es, dicho sea de paso, una de las actividades en las que los informales peruanos han sido más exitosos y en las que la creatividad y la iniciativa de peruanos sin acceso a la legalidad ha permitido resolver, aunque sea precariamente, un problema social (problema nada desdeñable en una ciudad como Lima que ha crecido de manera elefantiásica). Porque este sector estaba sofocado por los reglamentos y el sistema de licencias y autorizaciones, el grueso de su actividad se volvió, precisamente, informal. Cuando se abrió algo el mercado formal, muchas personas y empresas invirtieron sus ahorros o sus indemnizaciones laborales en la compra de microbuses y vehículos. Las empresas antiguas que ya estaban establecidas en el mercado empezaron entonces a influir en las decisiones públicas para dificultar, y en muchos casos impedir, el acceso al mercado de nuevos pequeños empresarios, a través de una maraña de autorizaciones, revisiones y permisos diseñados a la medida de sus intereses. Por si fuera poco, los empresarios transportistas que ya están establecidos gozan de exoneraciones y demás beneficios tributarios que no se dan en otros campos de la vida económica.

La falsa liberalización

También en el mundo de la banca los empresarios latinoamericanos han gozado de protecciones que perjudicaban a los usuarios, y lo siguen haciendo. En el pasado no muy lejano, hay que buscar como aguja en un pajar para encontrar en ese terreno algo vagamente similar a la libertad económica. Lo normal es toparse con ejemplos como el de Argentina, donde la garantía gubernamental de los depósitos y de los seguros (estos últimos a través del monopolio del reaseguro ejercido por el Estado) «igualaba» a todos los bancos y compañías de seguros. Pero en la actual época de «liberalización» de la banca latinoamericana también nos encontramos con una vasta cultura de protección. Con su privatización, la banca mexicana pasó de ser un monopolio público a ser un oligopolio privado, transfiriéndose el abuso de la banca pública a manos privadas, con alta rentabilidad para el grupo de privilegiados a quienes se dio los bancos a cambio de mucho dinero (el traspaso no alteró el control gubernamental de los depósitos ni de los precios que cobran los bancos por sus servicios). El gobierno garantizó a los banqueros que serían los consumidores quienes pagarían por sus errores y abusos, les aseguró que sería prestamista de última instancia y les protegió los depósitos. Por lo demás, los nacionales estaban defendidos contra los extranjeros, a quienes se les limitaba la posibilidad de entrar a competir. Los que compraron bancos como Cabal, Jorge Lankenau y compañía, son hoy prófugos de la justicia o están en la cárcel. Otros perdieron su banco, al venderlo a terceros una vez que defraudaron a los depositantes y destruyeron las inversiones.

En el caso del Perú, la liberalización también trajo abusos. El ministro de Economía que liberalizó la banca puso su propio banco, con todas las ventajas de quien, desde el poder, había elaborado la legislación y obtenido toda la información posible acerca del sector.

También en el campo de la energía cunde por todos lados el mercantilismo. La empresa pública peruana Electrolima fue dividida en dos empresas, Edelnor y Luz del Sur, que a su vez fueron traspasadas a dos compañías privadas, concediéndoseles un monopolio para la distribución de energía en el norte y el sur de Lima respectivamente. Desde julio de 1990 las tarifas eléctricas han aumentado en el Perú 680 veces. Aunque una parte de ese aumento se debe al *shock* de 1990 para estabilizar la situación económica, un porcentaje demasiado alto del mismo es posterior a la privatización.

Una vez más, el privilegio del monopolio ha significado perjuicios para el consumidor. Esto ha tenido como consecuencia una malsana reacción nacionalista contra los empresarios chilenos que distribuyen energía. También se da el caso, siempre en el campo energético, de privatizaciones que han colocado en manos de amigos del gobierno un puro regalo. Es lo que ha ocurrido con la refinería de la Pampilla, que refina la mitad del gas y la gasolina del Perú. Tenía utilidades anuales de 85 millones de soles y sus activos estaban valorizados en unos 480 millones. El precio al que fue vendida esa refinería, 180 millones, garantizaba, sin hacer una sola inversión, una recuperación del dinero gastado en la transacción en un par de años. Antes hablábamos de las privatizaciones que sólo buscaban maximizar la ganancia para el Estado como producto de la venta, olvidando el verdadero fin de toda privatización. En este caso se da la situación contraria: una venta-regalo para beneficiar a un grupo de amigos del gobierno.

Las prebendas y protecciones no fortalecen a las empresas, por más que les den temporalmente unos beneficios altos. Es lo que se ha visto en Colombia, en el sector textil por ejemplo. Este sector enfrenta hoy una crisis precisamente por las connivencias que han existido entre los grandes empresarios y el gobierno. Esta vinculación era tan orgánica en un momento dado, que los textiles tenían por lo menos un ministro en el gabinete. Se decía que ésa era la mejor forma de garantizar el éxito de aquella manifestación pujante y exitosa de la economía colombiana. Las prebendas se hacían pasar como «fomento» a la actividad nacional. Muy pronto quedó demostrado hasta qué punto una economía protegida es una economía con pies de barro. Al producirse la apertura económica y liberalización parcial a comienzos de los años noventa, el sector textil, que había vivido de favores en lugar de sus propios méritos, entró en crisis. La crisis lleva ya varios años, con pérdidas de escándalo. Bastó la apertura a medias de la economía colombiana para demostrar que tantos años de «fomento» al sector textil nacional en verdad habían anquilosado, en lugar de dinamizado, a las empresas del sector.

En los últimos años, buena parte de los sistemas de pensiones de América Latina han sido privatizados, mientras que en España, como en otros países de la Unión Europea, la Seguridad Social es lo que llaman «un derecho social» y ay de aquel que quiera poner en peligro la previsión financiada por el Estado mediante las cotizaciones sociales de las empresas y los trabajadores (de generaciones anteriores, claro). En todas partes, incluidos países con sistemas privatizados y países donde el Estado sigue siendo el principal proveedor de pensiones, se protege, y por tanto privilegia, a ciertos grupos de personas o actividades. En un país tan emblemático como Chile en el tema de las pensiones privadas, los militares tienen garantizadas sus pensiones por un gobierno que se las financia, a diferencia de lo que ocurre con esos millones de civiles que utilizan el sistema privado. Los militares, pues, gozan, a la edad del retiro, de unos capitales que son provistos principalmente, no por sus propias aportaciones anteriores y ni siquiera por la anterior generación de militares, sino por el conjunto de los chilenos. Estos militares son unos capitalistas privilegiados frente al resto de capitalistas chilenos: a la edad del retiro reciben un capital –con el que pueden hacer lo que quieran, incluso invertirlo– originado en el sudor del resto de la sociedad.

El sistema privado de pensiones ha reducido, por supuesto, las clamorosas iniquidades del sistema estatal que ha tenido el continente durante décadas, pero como el sistema estatal no ha desaparecido del todo esas iniquidades se perpetúan, aunque sea a escala menor. El caso de Argentina es ilustrativo. Desde la época de Perón, se empezó a echar mano de los recursos generados por el sistema público de pensiones para cubrir los gastos del Estado y sus funcionarios, y esta práctica continuó hasta nuestros días, en que entraron en vigor las Asociaciones para Fondos de Pensiones (AFP), es decir el sistema privado, en paralelo al sistema público, que no ha desaparecido. Una auditoría demostró que había muchos centenares de jubilados de más de cien años y muchos fallecidos que cobraban pensiones del Estado. Después de Italia, Argentina es el segundo país en el mundo en porcentaje de jubilados por invalidez –20 por ciento–, algo curioso en un país sin guerras ni catástrofes en las últimas décadas (con alguna que otra excepción). Todo este dinero, pues, generado por las empresas y los trabajadores ha sido reciclado por el Estado hacia funcionarios o allegados al Estado, que han podido disponer fraudulentamente de un capital generado por el resto de la sociedad.[5]

Tampoco el sistema privado de los años noventa está exento de privilegios. En varios de los países donde se ha permitido el sistema privado, conformado por las AFP, se ha establecido la obligación legal de optar por uno de los dos sistemas posibles, el público o el privado. Por tanto, el elemento de riesgo ha sido reducido considerablemente para los empresarios que han querido aventurarse en el mercado de las jubilaciones. Si uno sabe que un país como el Perú, con casi 25 millones de habitantes, obliga a sus ciudadanos a optar por la jubilación pública a través del Instituto Peruano para la Seguridad Social (IPSS) o una AFP privada, uno está en ventaja frente al empresario que provee un servicio distinto, en el que no hay obligación del cliente de optar por una de las ofertas disponibles. El conjunto de los empresarios que ofrecen jubilaciones tienen una garantía de contar con clientes, por más que tal o cual empresa pueda, por ofrecer un peor servicio, fracasar, o por más que un porcentaje de personas prefiera seguir en el sistema público. Aunque no está en duda el que la pensión o la jubilación tengan una importancia enorme para los ciudadanos, ¿por qué otorgar a los empresarios que proveen este servicio la ventaja de contar con un aparato coactivo como el Estado para ganar clientes, a diferencia de lo que ocurre con quienes proveen otros servicios y que no tie-

5. Bustamante, Jorge E., *Ibíd.*

nen un mercado amenazado con la cárcel si no adquiere lo que está en oferta? La obligatoriedad es otra de las formas del mercado cautivo. Quizá esta seguridad es la que llevó al ministro de Economía que autorizó el sistema privado de pensiones en el Perú a poner su propia AFP una vez que dejó el ministerio (sin contar las ventajas de la información privilegiada que llevaba consigo después de su paso por el ente que auspició y supervisó la creación del sistema).

Otro campo en el que se da una intervención del gobierno para alterar, mediante un sistema de beneficios exclusivos y prohibiciones, el normal funcionamiento de la sociedad es el de los horarios y días de atención al público en la actividad comercial. Es un problema que compartimos, a ambos lados del Atlántico, latinoamericanos y españoles. A pesar del supuesto cambio de vientos políticos y económicos, seguimos reflejando en las decisiones gubernamentales muchos de los errores del pasado, es decir de las medidas tomadas bajo la mentalidad política y económica de un pasado que en teoría los nuevos gobernantes quieren corregir. En 1984, en plena «década perdida» de América Latina, y en plena democracia, se dio el caso de una ordenanza municipal de la ciudad de Buenos Aires que prohíbe la apertura de supermercados, almacenes y otras tiendas de venta minorista los días domingos, «salvo cuando fueran atendidos por sus dueños». ¿Era una medida para que pudieran descansar los empleados? No, pues nada obligaba a los empleados a trabajar siete días por semana. Era una medida para privilegiar a ciertos empleados agrupados en la Federación de Empleados de Comercio, a quienes disgustaba que las tiendas pudieran contratar a otras personas para trabajar los domingos. Para evitar el ingreso de nuevos trabajadores al mercado de los empleados de tiendas comerciales, el gobierno, coludido con un sindicato, privilegió a un grupo de trabajadores y perjudicó a otro –potencialmente constituido por muchas personas– además, por supuesto, de las propias empresas, que fueron las más directamente afectadas.

En 1987, el Colegio de Farmacéuticos logró que la provincia de Buenos Aires decretara que sólo los farmacéuticos pudieran ser propietarios de farmacias. Por si fuera poco, también se decretó que las farmacias, como muchos comercios regulados, tuvieran que abrir en determinados horarios y no pudieran hacerlo en otros, dentro del sistema de turnos obligatorios por barrios. La justificación legal hablaba de la «anarquía» que existiría sin estas trabas, y censuraba «las apetencias de los propietarios». Así, pues, otro grupo de privilegiados obtenía de las autoridades la protección oficial para garantizar su negocio.

Pero si estas medidas suenan a cosa del pasado, comparémoslas con la situación de otros países. En España existen actualmente severas limitaciones legales de horario para los comercios y, por ejemplo, la exigencia de dos licencias para abrir un súper –o hiper– mercado, la licencia municipal y la licencia de la Comunidad Autónoma (y/o el permiso del Colegio Oficial de Farmacéuticos), que controlan el que la nueva superficie de distribución no suponga un «exceso de oferta». El sistema que rige para las farmacias es real-maravilloso. Está prohibido abrir una farmacia a menos de una distancia mínima de otra existente y sólo se puede dar servicio al público en determinados horarios; sólo los licenciados en Farmacia pueden ser dueños de una botica; sólo las personas físicas y no las compañías pueden tener farmacias; y nunca puede una persona ser dueña de más de una farmacia. Esto parece una caricatura de lo que puede significar el mercantilismo en nuestros días, pero es cierto. Mientras que es posible para ciudadanos que no son médicos invertir nada menos que en un hospital, no es posible para ciudadanos que no son farmacéuticos invertir en una farmacia. Si la idea es que las personas tengan acceso a los medicamentos, ¿cómo se explica que no sea posible para un farmacéutico asociarse con un empresario que no lo es para invertir un capital capaz de crear toda una cadena de oficinas de farmacia, con el consiguiente beneficio para los pacientes? Naturalmente, los defensores a ultranza de este sistema casi feudal son un grupito de farmacéuticos de mirada estrecha. Este grupito es incapaz de darse cuenta de que tendría muchos más beneficios si se cambiaran varias de las normas que regulan su actividad. Por ejemplo, la Orden Ministerial de 1988 que todavía fija en un 29,9 por ciento del precio de venta al público sin impuestos los márgenes comerciales de las especialidades farmacéuticas. Con estos márgenes, ningún farmacéutico tiene incentivo para incurrir en una especialidad farmacéutica de menor precio, pues por muchos consumidores que atraiga el límite a sus ganancias seguirá rigiendo. Y tampoco beneficia a los farmacéuticos, aunque últimamente ha habido algunos avances, la restricción en el horario de apertura, pues les impide adaptar sus horarios a las condiciones de la demanda. Todo esto es sólo un ejemplo, en la madre patria con ínfulas de siglo XXI y Europa, de cómo un grupo de personas ejercen una actividad económica amparados por un poder que impide a otros ciudadanos hacer lo mismo y les garantiza hasta un monopolio territorial, y de cómo, para colmo, los beneficiarios que tanto abogan por preservar estas ventajas son ciegos con respecto a los perjuicios que para ellos mismos entraña el actual sistema discriminatorio.

El comercio dirigido

En España y la Unión Europea no parecen haber aprendido las lecciones económicas de nuestro tiempo, pues de lo contrario no aplicarían hoy esa barbaridad que se llama Política Agraria Común, que, bajo el pretexto de proteger a ciertos agricultores, está destruyendo la actividad agrícola y costando mucho dinero al resto de la sociedad. Tan perjudicial puede resultar para un país destruir deliberadamente la agricultura para beneficiar otra actividad como proteger a la agricultura con el consiguiente perjuicio para otros sectores (e incluso para la propia agricultura). Desde la época de Perón se practicaron en la Argentina retenciones (léase impuestos) a las exportaciones agropecuarias para transferir recursos hacia la industria. Las retenciones llegaron en algunos casos a la mitad del precio de las exportaciones, y se calcula que desde los años cuarenta hasta 1990 el agro argentino transfirió unos 350.000 millones de dólares. Resultado: ningún beneficio industrial verdadero y desastre agrícola en un país que dejó de ser «el granero del mundo». En la Unión Europea, el problema es en apariencia el contrario: la Política Agraria Común ofrece unos precios de garantía mínimos a diversas producciones –el aceite de oliva, el vino, el trigo, la leche, el azúcar, la carne de vacuno, de ovino, de cerdo–, establece cuotas de producción, compensa con subvenciones las exportaciones de productos europeos sobrevalorados y cobra aranceles en la frontera sobre las importaciones del resto del mundo. Todo este sistema mercantilista, que privilegia a unos y perjudica a otros, cuesta más del 40 por ciento del presupuesto de la Unión Europea. Resultado: enfrentamientos continuos, a veces muy violentos, entre agricultores y comerciantes de distintos países, toneladas de producción destruidas cada año, crisis permanentes en diversos sectores del agro, elevados impuestos para pagar las diversas subvenciones, perjuicio para los consumidores de estos mercados, y, una vez más, discriminación a favor de un grupo de agricultores privilegiados.

Estas barbaridades comerciales también están presentes en América Latina. Guatemala es un buen ejemplo. Allí, el proteccionismo arancelario y no arancelario, así como las exenciones del pago de impuestos, han servido para proteger productos como el pollo, el cemento, la harina y el azúcar. En el caso del pollo, la intromisión empezó en los años sesenta, con la Ley de Fomento Avícola, que exoneraba de todos los impuestos a las empresas del sector. La ley fue derogada en los noventa, pero el pollo siguió siendo protegido con aranceles, dada la incapacidad para hacer frente a la competencia de las partes de pollo –alas, cuadril, piernas–, comercializa-

247

das principalmente por Tyson, la empresa estadounidense de Arkansas. También se valieron los empresarios guatemaltecos, cuyo ingenio es por otra parte admirable y nadie puede poner en duda, de cuotas de importación –cuotas que ellos mismos usaban para cubrir sus temporadas de demanda más alta–. El azúcar guatemalteco no se queda atrás. El arancel hace imposible para el azúcar importado por encima de la cuota competir con el azúcar local. Los guatemaltecos, para satisfacer a un grupo de privilegiados, pagan por su azúcar más de lo que pagan la mayor parte de los países del mundo. Y en el campo del cemento ocurre algo parecido. La cementera local ha hecho que se pongan impuestos feroces a la importación de cemento de la empresa Cruz Azul de México con el argumento del «dumping» que practicaría ésta. Lo curioso es que, mientras las de Cruz Azul pagan un arancel de 80 por ciento, las importaciones de cemento provenientes de otras empresas pagan sólo 1 por ciento. Otros productores –los de harina, manzanas y uvas– están igualmente protegidos. Nada de lo cual quita, por supuesto, el que países como Estados Unidos merezcan ser criticados por entorpecer, y muchas veces impedir, el ingreso de productos agrícolas de nuestros países.

En 1992, el gobierno de México decidió introducir una «cuota compensatoria», es decir un arancel o impuesto, para reducir las importaciones de China, especialmente las de calzado. Las presiones políticas para proteger a los industriales del calzado llevaron a la Secretaría de Comercio y Fomento Industrial a imponer «cuotas compensatorias» de hasta 1,175 por ciento sobre el valor del calzado, junto con «cuotas» para aparatos eléctricos, bicicletas, llantas, plásticos, juguetes y otros productos que «dañaban» a la industria nacional. Era el efecto de la connivencia entre el gobierno y las cámaras y asociaciones comerciales e industriales. Resultado: aumentaron los precios, desaparecieron grandes empresas comercializadoras como Foot Locker y la industria nacional no prosperó (muchos productores se convirtieron en comercializadores porque en

Asia tienen ventajas comparativas que hacen más rentable producir allí). Con las manzanas ocurrió algo no muy distinto. Desde 1990 los productores del norte de México decidieron denunciar por «dumping» a los productores norteamericanos de manzana Starking. En 1997, el gobierno hizo por fin caso a los quejumbrosos e impuso una «cuota compensatoria» de 130 por ciento. El producto desapareció del mercado en plena temporada navideña de 1997, ya que los productores estadounidenses no pudieron exportar a México por estas restricciones y la exportación hacia otros mercados resultaba más atractiva para los productores mexicanos.

En suma: el comercio latinoamericano está plagado de vicios empobrecedores, en plena era supuestamente «liberal». Y la lista podría continuar, incluyendo las trabas que hay en Brasil para ciertas importaciones, como las computadoras, mientras que casi no hay aranceles para la importación de comida para perros. Uno entiende, en este contexto, por qué los planes de integración han fracasado, y cómo la proliferación de bloques regionales es un mero pretexto de distintos países para no ir a una economía de mercado. Cuando uno observa lo ocurrido con las manzanas mexicanas, se pregunta de qué sirven los dos mil folios que tiene el Tratado de Libre Comercio de Norteamérica.

Otra fuente inagotable de mercantilismo son los gravámenes a los distintos productos dentro de los mercados nacionales, especialmente el Impuesto al Valor Agregado (IVA). Con este instrumento, en todos nuestros países se privilegia o se castiga a determinados bienes y servicios, estableciendo diferencias que resultan del puro capricho político. En 1998 se produjo en la Argentina una batalla campal entre el gobierno y ciertos empresarios por las nuevas propuestas tributarias con las que se quería castigar a empresas que hasta entonces habían disfrutado de ventajas permitidas por el propio gobierno. Las propuestas incluían aumentar los impuestos sobre el tabaco, el alcohol y las bebidas no alcohólicas, y la aplicación del IVA por primera vez a la televisión por cable, al seguro médico, a la publicidad y a las publicaciones impresas, con excepción de los periódicos. Al mismo tiempo, se preveía, en el caso de alimentos «esenciales», reducir a la mitad el IVA de 21 por ciento que rige para los otros productos. También se incluyó en el paquete un impuesto de 15 por ciento que deberán pagar los emisores de deuda sobre los intereses que pagan a los compradores de sus bonos. Hasta ahora, las empresas que emitían deuda estaba exentas de tributar sobre los intereses que pagaban a los compradores de bonos y podían deducir de sus impuestos esos intereses. Muchas empresas emitían deuda para pagar menos impuestos. En el último año fiscal, sólo 39 por ciento de las empresas argentinas que presentaron declaración de impuestos tuvieron que pagar impuestos. De las mil seiscientas principales, sólo setecientas tuvieron una declaración de impuestos positiva. El sistema de impuestos, por tanto, era una pura arbitrariedad gubernamental. El problema es que la solución cambia unas injusticias por otras, y aunque homologa por algunos lados, discrimina por otros. Era discriminatorio que las empresas capaces de emitir deuda dedujeran los intereses que pagaban a los compradores de bonos, pues muchas empresas argentinas no estaban en capacidad de emitir deuda y por tanto no gozaban de esa deducción. Pero al imponer un tributo ahora, se perjudica a aquellas empresas que no estaban emitiendo deuda sólo para deducir impuestos, y se mantiene un sistema con dos pesos y dos medidas, pues las empresas que emiten deuda sufren un impuesto que no tienen las demás empresas del país.

Nuestros empresarios y nuestros sistemas económicos han contribuido, a través de esta infinita variedad de prácticas injustas y antiliberales, a la pobreza de nuestros países, y en el caso de aquellos países que están progresando, a dificultar, para no decir impedir, el tránsito definitivo a la vanguardia del desarrollo. Todo privilegio económico, toda prebenda política, violan la esencia de la economía de mercado, para la cual el Estado es un marco legal, un conjunto de normas generales y no específicas, un ente ante el cual todos, ricos y pobres, famosos y anónimos, son iguales. En una sociedad donde los ciudadanos no están en pie de igualdad ante la ley, y donde la riqueza se decide en los pasillos del poder, el resultado es, invariablemente, la miseria del conjunto de la sociedad. La contribución que han hecho, pues, nuestros empresarios mercantilistas, y por supuesto los gobiernos que los hicieron posibles, al subdesarrollo latinoamericano, y, en el caso de España, a la distancia que todavía separa a ese país de, digamos, el Reino Unido, ha sido decisiva.

LA FUNESTA MANÍA DE PENSAR

«Lejos de nosotros la funesta manía de pensar», obsequiosas se excusaban ante Fernando VII las autoridades de la catalana Universidad de Cervera en una memorable correspondencia. Y así era, en efecto, el talante pedagógico de aquella institución y de otras muchas taradas por la tradición escolástica en todo el mundo iberoamericano. Lo importante no era pensar por cuenta propia, examinar la realidad, llegar a conclusiones y tratar de contrastarlas con otros pareceres. Lo importante era repetir lo que otros, autorizados para ello por el poder, habían dicho. Pensar era muy peligroso y constituía una forma bastarda de la insolencia intelectual. Todo lo esencial ya estaba dicho, descubierto y pensado.

Pero lo trágico es que esa actitud del XIX todavía no ha muerto en nuestras universidades y ya estamos a las puertas del siglo XXI. En nuestras universidades se hace poca investigación original, se repite mucho y –lo que es más grave– se repiten viejas ideas desacreditadas por la realidad. Nos lo contaba, sorprendido (y divertido) un profesor de Georgetown que había sido invitado a una conferencia sobre el fin del marxismo en una universidad latinoamericana. A la entrada lo esperaba un cartelón que decía: «Marx ha muerto, viva Trotsky.» El autor del lema, luego se supo, inasequible al desaliento, había sido un catedrático del Departamento de Humanidades, graduado de la Universidad «Patricio Lumumba» de Moscú, pero su *alma máter*, en rigor, no era importante. Podía haberse doctorado en Madrid, en París o en Londres. Una vez instalado en su cátedra latinoamericana, los viejos tics y el antiguo pensamiento lo habrían paralizado como si estuviera atrapado en una tela de araña.

Eso tiene una consecuencia trágica para los latinoamericanos, porque la universidad, a fin de cuentas, es uno de los más poderosos elementos en la configuración de la visión que sobre sí misma tienen las sociedades modernas. Un alto porcentaje de lo que luego será la «clase dirigente» pasa por sus aulas y allí recoge un modo de interpretar los problemas y unas fórmulas para solucionarlos. De donde puede deducirse que cuando ese esquema analítico es erróneo, las consecuencias suelen ser lamentables. Y esto es, exactamente, lo que sucede con la mayor parte de nuestros grandes centros universitarios: no sólo nos cuestan una inmensa cantidad de dinero, sino, además, los paradigmas que difunden, lejos de contribuir al mejoramiento de nuestras sociedades, consiguen el efecto contrario. Se vuelven ciegos y voluntariosos fabricantes de miseria que impiden el desarrollo de nuestros pueblos.

Pero acaso el primer ajuste de cuentas con nuestras universidades hay que hacerlo en lo relacionado con la creatividad. Parafraseando a Churchill, «nunca tantos le han debido tan poco a tantos». ¿Por qué no se investiga con seriedad y rigor? ¿Por qué no se estimula la imaginación de los estudiantes? Y ni siquiera podemos escudarnos en la falta de recursos para la investigación, puesto que esta esterilidad intelectual también abarca a las Ciencias Sociales y las Humanidades. Para hacer buena filosofía, sociología o antropología no se requieren equipos costosos, sino rigor, seriedad y audacia para pensar por cuenta propia. No los hemos tenido.

Es verdad que entre nosotros, en nuestra cultura, abundan los grandes artistas plásticos –Picasso, Miró, Lam, Matta, Botero, Zsyzslo, entre otros–, o los grandes escritores –Octavio Paz, Cela, Vargas Llosa, García Márquez, Reynaldo Arenas–, pero no contamos con nadie equivalente en el terreno reflexivo sobre los grandes temas que afectan al hombre y a la sociedad. No negamos, por supuesto, que en nuestras universidades haya sabios y profesores abnegados y competentes. Lo que parece evidente es que la atmósfera universitaria que hemos creado no sirve para estimular la creación original ni la imaginación de nuestros ciudadanos. De alguna forma, aplasta y amordaza a nuestras mejores cabezas en lugar de propiciar su trabajo. Da escalofríos saber que ninguno de los objetos de nuestro entorno y ninguno de los hallazgos científicos o de los desarrollos tecnológicos que determinan nuestras vidas ha sido creado por nuestra cultura, pese a contar con algunas de las más viejas universidades de Europa (por ejemplo, Palencia desde 1208 y Salamanca desde 1230), y pese a contar con decenas de instituciones de (supuestamente) altos estudios en Iberoamérica desde hace siglos. Veamos algunos de los peores males que aquejan a nuestros centros universitarios.

El pecado original

Quizá convenga comenzar por recordar que las escuelas de estudios superiores constituyen uno de los más viejos servicios organizados por los poderes públicos en beneficio de un sector de la sociedad. Ya en el siglo II de nuestra era, Adriano, a la manera griega, funda en Roma el Ateneo, una «protouniversidad» en la que se enseña filosofía, retórica y música. Teodosio hará lo mismo en Constantinopla tres siglos más tarde, institución que dura la friolera de mil años, hasta la conquista de Bizancio por los otomanos, en 1453. Por lo que no debe sorprendernos que la Iglesia católica, como hiciera en tantos otros terrenos, tras el colapso del Imperio de Occidente relevara a Roma en las tareas pedagógicas. En el Concilio de Voison (527) en Francia, todavía llamada Galia, se institucionalizaron las «escuelas parroquiales», que luego darían lugar a las «escuelas episcopales», centros de enseñanza de los que, en su momento, a partir de los siglos XI y XII, derivarían las universidades medievales, siempre de la mano de las órdenes religiosas o del clero regular, aunque las de España llevarían fuertemente impresas la huella y la influencia secular de la Corona.

De todas las universidades españolas, si dejamos de lado el riquísimo aporte del Islam, ninguna alcanzaría mayor fama e importancia que la de Salamanca, fundada en el siglo XIII, modelo de casi todas las posteriores, aunque la que el cardenal Cisneros creara en Alcalá de Henares a principios del siglo XVI, en 1509, en pleno auge del Descubrimiento de América, aportaría ciertos rasgos duraderos a las que poco después comenzaron a germinar en el Nuevo Mundo. En 1518 se echan las bases de la de Santo Domingo, ya en pleno funcionamiento en 1539. La de México surge en 1553. La de San Marcos, en Lima, más o menos por las mismas fechas, aunque realiza sus primeros actos públicos en 1575. Y lo que en ellas se enseña, y el modo en que se enseña, no es muy diferente a lo que se hace en España.

¿Cómo era esa universidad iberoamericana en el momento en que España cruza el Atlántico y se reproduce en aquella orilla? El uruguayo Alberto Zum Felde lo resume admirablemente en dos párrafos: «Conviene no olvidar, para el mejor entendimiento de este asunto, que, de las dos grandes épocas históricas en que, de modo general, puede dividirse la escolástica, del siglo XI al XIII y del XIII al XV (en España hasta el XVIII), la primera de predominantes influjos platónicos y agustinianos, la segunda desde Alberto Magno y Santo Tomás, de neta y ya definitiva ideación aristotélica, la que llega a América en el XVI, con la Conquista, es ésta, con exclusión y aun condena de aquellas formas más antiguas; y aun podría precisarse que en una tercera modalidad, la especialmente española y jesuítica, la suareziana, que es fundamentalmente tomística pero retocada, de acuerdo con los tiempos de la contrarreforma en que se produce, y cuya vigencia dura casi los tres siglos de la cultura colonial, hasta la llegada de la Enciclopedia.»[1]

Y sigue diciendo el polígrafo: «Lo más característico, empero, del escolasticismo colonial —y lo que le da, en cierto modo, su estilo propio, como lo tiene el barroco hispanoame-

1. Zum Felde, Alberto, *Índice crítico de la literatura hispanoamericana*, tomo I, Guarania, México, 1954.

ricano– es eso a lo que Concolorcorvo llama graciosamente "ciencia del Ergo", es decir, el formalismo silogístico y latinero, llevado a extremos de refinamiento y culteranismo tales que llega a convertir la filosofía en puro arte dialéctico, no oyéndose en los colegios otra cosa que *concepto majorem, nego menorem, distingo consecuens, contra ita argumentor* y todas las demás jergas que usan, según testimonio del *Lazarillo* refiriéndose a México, pero en observación que puede ser extensiva –en mayor o menor grado– a Lima, Bogotá, Córdoba, a todos los centros universitarios de cierto rango hasta fines del XVIII.»

¿Habrá quedado impregnada nuestra cultura universitaria de ese verbalismo inclemente y retórico, con el que fabricamos una realidad virtual hecha meramente de palabras? Es posible, y eso se trasluce en el prestigio social que entre nuestros pueblos –probablemente hasta hace muy poco– alcanzaban «los picos de oro» y los charlatanes de cátedra que encandilaban al auditorio mucho más por la facilidad de palabra que por la importancia de las ideas. Rasgo que alguna vez provocó la tan repetida como melancólica *boutade* de Eugenio D'Ors: «ya que no podemos ser profundos, seamos, por lo menos, oscuros».

Autonomía y marginación

Contrario a lo que suelen suponer los estudiantes «progres» y los profesores de barricada, la autonomía universitaria ni es un concepto moderno ni tiene su origen en la descentralización y secularización de las instituciones estatales. Por el contrario: es una consecuencia de la subordinación de la Iglesia al poder de Roma, que era quien otorgaba las licencias y privilegios que permitían la apertura de estos centros educativos. En el medievo –y por lo menos hasta la reforma protestante– las autoridades eclesiásticas se dirigían al Vaticano para solicitar las debidas dispensas y autorizaciones, ignorando totalmente los Estados nacionales, cuyos monarcas se limitaban a aprobar los estatutos o «Constituciones», una vez obtenida la legitimación de la Iglesia.

Ese origen *supranacional* explica la jurisdicción eclesiástica sobre las universidades en el terreno del Derecho, al extremo que en las universidades de Salamanca y Alcalá «todos los pleytos ansi civiles como criminales» debía resolverlos el Maestrescuela de la Catedral, o el Rector, que «es el juez privativo de todos los pleytos civiles y criminales».[2]

Una responsabilidad de este calibre traía, por supuesto, pesadas servidumbres. Las universidades tenían «cárceles escolásticas» y el Rector, quien hacía las leyes, normaba las penas y juzgaba a los acusados, podía hasta condenar a la pena de muerte –cuando el estudiante disparaba contra las fuerzas del orden público–, aunque generalmente los castigos se limitaban a arrestos, confiscación de bienes, destierros, remar en galeras y expulsión de la comarca.

Al margen de esta función punitiva, el Rector solía obligarse a tareas policíacas, mediante rondas nocturnas en las que lo acompañaban alguaciles armados. Los conflictos más frecuentes eran con estudiantes alborotadores que daban vivas a sus regiones natales y desafiaban a los oriundos de otras partes de España. Esas trifulcas a veces alcanzaban niveles de inusitada violencia, con heridas a cuchilladas o por arcabuces e intentos de poner fuego a edificios en los que se albergaban o escondían los adversarios.

Sea éste el origen, o sea por la razón que fuere, lo que parece evidente es que la universidad pública iberoamericana goza (o padece) de una especie de aislamiento del entorno social en que se inscribe, y la tantas veces invocada autonomía universitaria sólo se trae a colación para impedir la entrada de la fuerza pública en los recintos, o para reclamar, celosamente, la exclusión de cualquier forma de supervisión ciudadana.

Es muy raro –por ejemplo– que exista una coordinación

2. González Prieto, José, *La universidad de Alcalá en el siglo XVII*, Madrid, 1939.

entre la investigación científica (cuando se tiene) y las necesidades de la trama empresarial. Y más raro aún que el gobierno comunique los problemas que confronta a estos centros docentes para tratar de hallar en ellos las soluciones que la sociedad necesita.

Es como si la comunidad académica –profesores, estudiantes, administradores– viviera totalmente de espaldas a quienes con sus impuestos pagan los gastos que esa actividad ocasiona. Y es como si los años universitarios no fueran un período de preparación para luego desarrollar actividades útiles para la comunidad, sino unas largas y abandonadas vacaciones de las que a nadie hay que rendir cuentas, por lo que prevalece un total clima de irresponsabilidad.

Esa actitud ha provocado que las universidades públicas iberoamericanas –especialmente en América Latina– vivan bajo la permanente sospecha de la sociedad. Los políticos prefieren ignorarlas y contentarlas con abultados presupuestos antes que intentar involucrarlas en los problemas nacionales, porque suelen pensar que no tienen espíritu de cooperación. Los militares, que (desgraciadamente) realizan sus estudios en instituciones aisladas, las tienen como sus adversarias casi naturales, lo que multiplica las actitudes antiintelectuales del estamento castrense.

Los grupos empresariales, tras comprobar que muy poco pueden hacer para establecer formas de colaboración, acaban por ayudar a las instituciones privadas. Y así, paulatinamente, se va produciendo un lamentable divorcio entre el cuerpo social y lo que debería ser su cerebro.

Hay varios países de América Latina en donde esta situación de aislamiento o verdadera alienación de la universidad pública es realmente sangrante. Uno de esos casos es Guatemala, donde los egresados de San Carlos son generalmente rechazados por los empleadores. Otros son República Dominicana, Nicaragua y Ecuador, naciones en las que graduarse de universidades públicas, *prima facie*, genera una cierta prevención en el mundo empresarial.

En este último país concurre una circunstancia que afecta singularmente a los más pobres. Sucede que por medio de presiones, y esgrimiendo el demagógico argumento de que las pruebas de selección académica para conseguir el ingreso afectaban a los jóvenes de familias más necesitadas, se le dio acceso a la universidad a todo el que tuviera un diploma de estudios secundarios, independientemente de su preparación real y de sus aptitudes.

Esa afluencia masiva, sumada al permanente conflicto político presente en la universidad, provocó un desplome en los estándares académicos hasta devaluar casi totalmente el prestigio de los títulos que ésta emite, con el consecuente perjuicio precisamente de los más pobres, que son aquellos que no han podido escapar hacia los centros en los que es menester pagar por la educación que se recibe. A un ecuatoriano le oímos esta frase irónica: «en mi país hay dos tipos de universidad: unas son centros de educación privados; las otras son centros privados de educación». Nunca el orden de la sintaxis ha sido más elocuente.

Un camino radicalmente distinto fue el que adoptó Puerto Rico. En esta isla, que tiene la mayor proporción de estudiantes universitarios en el continente, quienes pueden acceder a la enseñanza pública –prácticamente gratis– son los que mejores notas alcanzan en los exámenes de ingreso, lo que provoca una fiera competencia que acaba por beneficiar a los más pobres. En el Estado Libre Asociado de Puerto Rico, los mejores estudiantes acuden a la universidad pública, y ésta tiene la mejor consideración por parte de los empleadores. Ser egresado de esta institución es preferible a haberse graduado en una universidad privada.

El caso cubano –isla vecina– es tan atípico que es difícil tenerlo en cuenta en un examen global como el que pretendemos hacer con este libro. En Cuba la universidad es un mero apéndice del Estado, y éste –a su vez– es una construcción artificial manejada por los criterios ideológicos del Partido Comunista. De ahí se deriva esa lamentable (y desgraciadamente veraz) frase repetida varias veces por Fidel Castro: «la universidad es para los revolucionarios». De ahí las espasmódicas purgas de homosexuales, jóvenes con conductas «extravagantes» (pelo largo, ropa ajustada, etc.), creyentes religiosos o, simplemente, amantes del rock. Y de ahí la absoluta falta de respeto a la vocación individual: el joven estudia la carrera que le asignan y donde se la asignan, para luego trabajar en el sitio en el que el gobierno decide.

Las facultades marxistas

En la segunda década del siglo XX, y ante la resistencia de los sindicatos italianos, el político e ideólogo comunista Antonio Gramsci desarrolló la estrategia de llegar al poder mediante la penetración y el control de las instituciones educativas y culturales. Se trataba de una refinada modificación de las tácticas marxistas. No bastaba con organizar a los obreros para orquestar la huelga general definitiva, porque previamente era necesario cambiar la cosmovisión de la sociedad, y eso sólo se podía lograr si previamente los marxistas asumían el liderazgo intelectual.

Los planteamientos de Gramsci, recogidos en los 32 cuadernos que escribió en la cárcel durante sus nueve años de cautiverio impuesto por los fascistas de Mussolini, enseguida tuvieron respuesta teórica por algunos marxistas, a los que les parecía una herejía suponer que la «ideología» predominante podía ser cambiada antes de modificar el sistema de propiedad. Para un marxista ortodoxo la percepción de las relaciones humanas era un producto de las relaciones de propiedad y no de teorías más o menos persuasivas o racionales.

En todo caso, la experiencia de Gramsci en Italia, donde vio cómo el aparato obrero caía, casi íntegramente, en manos de los fascistas, debió ser parecida a la de los comunistas latinoamericanos, quienes desde la década de los treinta, y muy especialmente a partir de la revolución cubana, han intentado el asalto casi metódico de las universidades y ateneos para convertirlos en instrumentos de agitación marxista.

Citemos extensamente un texto del rector de la Universidad Internacional del Ecuador, el economista Marcelo Fernández: «Desde mediados de los años 60, el Partido Comunista, disfrazado luego de Movimiento Popular Democrático (MPD), adquirió una enorme influencia en las universidades estatales del Ecuador y se apoderó fundamentalmente de las Facultades de Filosofía y Letras, encargadas de formar a los maestros que luego enseñarían en las escuelas públicas, primarias y secundarias, a las cuales concurría y concurre principalmente la población con menores niveles de ingreso. Fueron muchos de estos profesores con un dogmatismo casi religioso los que adoctrinaron a los estudiantes con el sueño de un Ecuador comunista, profundizando en las aulas temáticas tales como la lucha de clases, el sindicalismo público, el paro por el paro, la supresión de la propiedad privada; que el Estado, y no sus habitantes, debía ser el dueño de los medios de producción; que el dinero legítimamente trabajado es contrario a la clase proletaria, porque el capitalismo se enriquece gracias al esfuerzo del trabajador; sembraron odio entre ricos y pobres, dividiendo al mundo entre explotadores y explotados. Todo eso caló profundamente en la conciencia de muchos ecuatorianos y son quienes por razones ideológicas se oponen a que el país se modernice y entre en el engranaje de la economía mundial.»

Tras la descripción de la labor propagandística e ideológica llevada a cabo por los comunistas en las universidades, Fernández añade esta acertada reflexión: «Todo lo anterior habría resultado bien, si es que efectivamente hubiese triunfado el comunismo, ya que habríamos tenido un elemento humano preparado para entrar en ese sistema, pero con la caída del muro de Berlín, el sueño comunista se hizo irrealizable; sin embargo la consecuencia de esta educación ha sido que dos o tres generaciones expuestas a estas enseñanzas, no aceptan cambiar sus paradigmas por ser para ellos verdades absolutas e incuestionables.»

Es importante entender que no estamos ante un debate intelectual abstracto, sino ante la propagación de ideas erróneas que traen unas terribles y empobrecedoras consecuencias a los latinoamericanos. ¿Cuánto le ha costado a Ecuador la resistencia al cambio? ¿Qué cantidad inmensa de recursos se han perdido al educar a varias generaciones de estudiantes en el rechazo al mercado y el culto por el Estado? Y lo que es cierto en Ecuador, también lo es en Uruguay, en Brasil o en Venezuela. Esos estudiantes que en Colombia o en Bolivia salieron a combatir la privatización de las ruinosas empresas estatales, o los que en Brasil, Argentina y Uruguay se oponen tenazmente a la creación de fondos de inversión privados, capaces de asegurar la jubilación de los asalariados ¿qué son sino el producto de aulas universitarias encharcadas en el dogmatismo marxista, y en las que jamás se leyó o discutió otra teoría que no fuera la que calcaba el punto de vista de profesores invariablemente seducidos por el marxismo? ¿Cuánta de la violencia que devastó a El Salvador y cuántas de las absurdas ideas económicas que prevalecen en ese país no fueron la consecuencia de las prédicas de los jesuitas en la universidad centroamericana?

Pero a veces estas convicciones iban más allá de la defensa monolítica del marxismo. A veces estos profesores pasaron de la mera teoría a la violencia revolucionaria más devastadora. Ése es el caso del movimiento peruano Sendero Luminoso, fundado en Ayacucho, en la Universidad Huamanga, por Abimael Guzmán, profesor de la Facultad de Filosofía, y por Efraín Morote, un reputado antropólogo. Ninguno de ellos, por supuesto, de origen pobre –clase media provinciana los dos–, y ambos víctimas de una formación universitaria que primero los hizo marxistas, luego los convirtió en maoístas, y –en su momento– los precipitó en el más sangriento terrorismo.

Prácticamente todas las grandes universidades públicas de América Latina han sido utilizadas por minorías violentas para esconder armas y organizar movimientos subversivos. Esto ha ocurrido en el Uruguay de los tupamaros, en la Argentina del ERP y hasta en el Puerto Rico de la Federación Universitaria Puertorriqueña Independentista (FUPI).

Ni siquiera se puede afirmar que estos episodios de violencia e inspiración universitaria son cosa del pasado, porque la pintoresca aventura del subcomandante Marcos sugiere exactamente lo contrario. Fue en la UNAM donde el joven Rafael Guillén, estudiante de Filosofía y de diseño gráfico, llegó al convencimiento de que el camino correcto era el de la insurrección armada. Es así como Bertrand de la Grange y Maité Rico describen la transformación de Guillén en «Marcos» y el surgimiento del movimiento zapatista en el libro definitivo sobre el tema: «El salto del académico al guerrillero queda envuelto en el misterio. Se produjo, eso sí, en la época en que Rafael Guillén entró a dar clases en la Universidad Metropolitana. Este nuevo campus, que abrió sus puertas en 1974, se había construido para descongestionar la UNAM y, subrepticiamente, neutralizar las fuertes movilizaciones estudiantiles que agitaban al país desde los sangrientos sucesos de octubre de 1968. Paradójicamente, la institución se convirtió en punto de confluencia de profesores innovadores y progresistas, que tenían además la oportunidad de alcanzar la titularidad. Guillén no había terminado todavía la carrera cuando, en 1979, consiguió un puesto de ayudante en la Escuela de Ciencias y Artes para el Diseño. Con él se llevó a Althusser, a Marx, a Foucault y a Mao, que hacía leer y discutir a sus alumnos. Algunos de ellos recordarían, quince años más tarde, el desconcierto que provocaban al principio las exigencias del profesor.»[3]

Con el tiempo, y tras pasar temporadas en la Nicaragua sandinista y en la Cuba de Castro, Guillén cubriría su rostro con un pasamontañas, comenzaría a desempeñar el papel del subcomandante Marcos y crearía el Ejército Zapatista de Liberación Nacional. Como en tantos casos, el esfuerzo reali-

3. Grange, Bertrand de la y Rico, Maité, *Marcos, la genial impostura*, Aguilar, 1997.

zado por la sociedad mexicana para educarlo de manera prácticamente gratis –pese a tratarse del hijo de un hombre rico– sólo sirvió para formar a un ciudadano que contribuiría a destruir una buena parte de la riqueza creada por los mexicanos, y a sembrar serias dudas sobre el ya incierto futuro de un país que lo que necesita no es sacudirse a tiros el gobierno del PRI, sino perfeccionar la democracia en las urnas, depurar de corruptos al Estado, y encarar los conflictos por la vía civilizada del diálogo y el ejercicio de la ley.

Los estudiantes al poder

Pero si responsables del desastre universitario son los políticos o las autoridades académicas, también hay que imputarles un alto grado de culpabilidad a los estudiantes, y muy especialmente a los que asisten a las universidades públicas.

En efecto, es lamentablemente frecuente que las asociaciones de estudiantes que controlan los grandes centros educativos de América Latina estén bajo la influencia de jóvenes agitadores mucho más interesados en acaparar titulares de periódicos que conocimientos. Para ellos, la universidad no es un sitio en el que reciben una formación de primer rango, sino un trampolín para lanzarse a la política nacional.

Esto explica el tan penoso como permanente espectáculo de los grupos estudiantiles lanzados a un activismo social generalmente depredador y vandálico, consistente en destruir los bienes comunes, interrumpir el tráfico, y enfrentarse violentamente a la policía. A veces estas manifestaciones tienen un origen legítimo –la resistencia contra la opresión–, pero generalmente se trata de una mezcla entre el radicalismo político y el «hooliganismo» destructor, integrado por bandas semisalvajes que disfrutan de los encontronazos con la policía.

Es cierto que estas actividades salvajes de los estudiantes

en América Latina también se dan en otros sitios –Corea del Sur, por ejemplo, a veces en Francia o Italia–, pero es en Iberoamérica donde han cobrado el carácter casi de costumbre.

¿Por qué? ¿Cuál es el origen de este fenómeno? Es verdad que hay una cierta tradición de «gamberrismo» en las universidades occidentales, con sus violentas y jocosas ceremonias de «iniciación», las famosas «novatadas», pero el moderno punto de partida de estos comportamientos quizá haya que colocarlo en Argentina en 1918.

Ese año, en la provincia de Córdoba, hubo una reunión universitaria a la que acudieron algunos jóvenes estudiantes de otros países del continente, y allí se suscribió un documento que estaría llamado a tener una singular relevancia: el «Manifiesto de la Juventud de Córdoba a los Hombres de Sudamérica».

Curiosamente, el impulso fundamental para la redacción del documento no era de carácter político sino cultural. No sin cierta insolencia, se calificaba a las universidades de «refugio de los mediocres, una fuente de ingresos para los ignorantes», y se les atribuía una paralizante «senilidad». Frente a esta situación de decrepitud, los estudiantes solicitaban el derecho de gobernar o controlar las instituciones, escoger a los profesores y designar a las autoridades administrativas.

El presidente argentino Hipólito Yrigoyen –que resistió las presiones internacionales para entrar en la Primera Guerra Mundial–, contrario a lo que se pudiera esperar de su firme talante, cedió ante la protesta estudiantil y les concedió a los jóvenes algunas de las medidas que solicitaban. En muy poco tiempo se multiplicaron las becas y se crearon centros universitarios para adultos –lo que parecería encomiable–, pero esto trajo como consecuencia la aparición en el panorama político de un factor extrapartido que probablemente debilitaba el andamiaje institucional de la democracia: los estudiantes. Ya había otra ladera para escalar hasta el reñidero político: la gresca estudiantil.

La experiencia de Córdoba poco después tuvo eco en Cuba.

En 1922 un grupo de estudiantes cubanos, pertenecientes a la recién creada Federación de Estudiantes Universitarios de La Habana, dirigidos por un joven y carismático comunista llamado Julio Antonio Mella, toma varios edificios, convoca al Primer Congreso Nacional de Estudiantes y exige una reforma aún más radical que la planteada por sus colegas argentinos. Pero ya no sólo protestan contra las deficiencias de su *alma máter*. Protestan contra la corrupción del gobierno del presidente Alfredo Zayas –democráticamente electo de 1921 a 1925–, denuncian la podredumbre del país, acusan al «imperialismo yanqui» de los males que aquejan a la isla y comienzan a hablar el lenguaje «revolucionario».

Una década más tarde, en 1933, esa semilla fructifica, pero no contra Zayas, sino frente al general Gerardo Machado, un político que de manera ilegal había extendido su período presidencial, recurriendo a toda clase de actos represivos. Por primera (y única) vez en la historia de América Latina los estudiantes, aliados a los militares, propician un golpe que depone al dictador y coloca el control de la República Cubana en manos de los universitarios, quienes designan al presidente –Ramón Grau, un catedrático de medicina– y a casi todo el gabinete. Poco después, naturalmente, el poder se iría escorando a favor de los militares, pero desde entonces el peso político de los estudiantes sería tan formidable como nocivo.

Los estudiantes cubanos, convertidos en «héroes revolucionarios», se olvidaron del verdadero papel que deben desempeñar las universidades modernas, y durante veinte años se entronizó en la Universidad de La Habana una especie de pistolerismo político del que, por cierto, surgió la figura de Fidel Castro, y que de alguna manera contribuyó a perfilar el posterior destino de la isla.

No es nada difícil de establecer la relación que existe entre la politización de la universidad –el «bochinche», el permanente desorden– y el empobrecimiento de nuestras sociedades. ¿Qué clase de profesionales pueden graduar estos centros entregados al activismo político y a la protesta callejera? Con el agravante de que los primeros afectados por este tipo de comportamiento son los más pobres, pues quienes cuentan con recursos para pagar la matrícula en universidades privadas prefieren hacer ese sacrificio antes que sumergirse en el ensordecedor guirigay de las públicas.

Este clima de desorden conlleva, además, otros costos ocultos, que no suelen airearse en la prensa. Uno de ellos es el tiempo que muchos de los estudiantes «politizados» pasan en las aulas. En la Universidad de San Carlos, en Guatemala, los estudiantes de este centro docente demoran en graduarse un treinta por ciento más que los graduados en las privadas y reciben, sin embargo, unos niveles de instrucción notablemente más bajos.

Algo similar ocurre en Colombia, en Venezuela, en Ecuador, en Perú, en República Dominicana –prácticamente en todo el continente–, sin que nadie se atreva a intentar introducir un poco de disciplina en el sistema, con expulsiones de los malos estudiantes o castigos a los revoltosos, para no tener que enfrentarse al poder político de estos estudiantes y a la capacidad de desestabilización que son capaces de exhibir.

La modernización de nuestras universidades

Ante este desolador panorama, ¿es posible convertir a nuestras universidades en instituciones educativas del Primer Mundo? Las sociedades contemporáneas suelen asignarles tres tareas fundamentales a las universidades de nuestros días, descendientes directas de las universidades medievales. *grosso modo,* y como primera misión, una universidad es un sitio en el que ciertos adultos educados, supuestamente expertos en determinadas materias, les trasmiten a otros adultos más jóvenes e ignorantes algunos conocimientos que los capacitarán para desempeñarse como profesionales. Ése es el objetivo que persigue la inmensa mayoría de las personas que se matriculan en las universidades. Los jóvenes sueñan con ser médicos, abogados, arquitectos, etcétera, y una vez concluidas sus carreras, piensan obtener por ello el reconocimiento social y la remuneración adecuados, mientras la sociedad, a su vez, de ellos aguarda un mejor y creciente rendimiento de servicios.

Una segunda misión, tal vez más ambiciosa, pero menos seductora para la mayoría de los estudiantes, consiste en entender la universidad como un dinámico medio de modificar la realidad. Un sitio para investigar, acumular nuevos conocimientos, desterrar teorías erróneas, y proponer interpretaciones novedosas con las que se explican fenómenos dudosos. Un lugar, en suma, destinado a cambiar el perfil de nuestras percepciones y a aumentar el volumen de los conocimientos a disposición de la Humanidad.

La tercera, la más imprecisa, incierta e inverificable de las tareas de la universidad, tiene que ver con la transmisión de los valores. Es frecuente escuchar que la universidad es o debe ser una fragua de hombres y mujeres honorables, buenos ciudadanos comprometidos con la verdad, la decencia, la solidaridad y el progreso. Quienes esto predican, suponen que el catedrático debe ser algo más que un simple transmisor de conocimientos o que un dedicado investigador. Debe ser el Maestro con eme mayúscula, capaz de dejar su impronta en el espíritu presuntamente moldeable del joven estudiante. Se da por sentado que éste fue el caso de Kant en Königsberg, o de Julián Sanz del Río y de Ortega y Gasset en Madrid.

Al margen de esas tres tareas, en las universidades coinciden por lo menos tres entidades que frecuentemente defienden intereses que a veces resultan contradictorios: el conjunto de la sociedad, los profesores que imparten sus conocimientos, y los estudiantes que los reciben. Algo de esto ya se intuía en la Edad Media cuando se hablaba de «universidades de profesores», las *Universitas Magistorum*, como la famosa Universidad de París, y las «universidades de estudiantes», las *Universitas Scholarium*, como la muy notable Universidad de Bolonia. Incluso, en Bilbao, en el siglo xv, a las agrupaciones de comerciantes se les llamó *Universidades de Mercaderes*.

Esa división entre «profesores» y «estudiantes» ya nos revela el primero y más clásico de los conflictos: dónde está la autoridad. Quién manda y quién obedece en la institución. Quién regula a los que mandan y basados en qué autoridad. A lo que habría que agregar otros aspectos problemáticos en permanente debate: quién paga o debe pagar por este servicio; quién debe enseñar y quién debe estudiar o abstenerse de hacerlo; ¿universidades públicas, privadas o ambas? Finalmente, ¿cómo lograr la mejor universidad posible al servicio de la sociedad? Ése es el meollo del debate.

Aceptemos, pues, de antemano, que la sociedad hace suyos esos tres objetivos mencionados, que comúnmente suelen ser asignados a las universidades y que ahora reiteramos: desea formar los mejores profesionales posibles, alienta la investigación científica, convencida de las enormes ventajas económicas y de todo tipo que esto acarrea, y reconoce que es conveniente fortalecer el carácter de los estudiantes mediante la exposición de los jóvenes al magisterio de personalidades excepcionales, capaces de inspirar en los demás los mejores valores de la especie. A partir de esa premisa, enfrentémonos a la primera zona conflictiva: ¿dónde –a la luz de la cosmovisión liberal– debe estar la autoridad en la institución universitaria? ¿Quién debe mandar y por qué?

¿Quién manda (o debe mandar) en la universidad?

Si la universidad es un sitio en el que los conocimientos se trasmiten o se modifican, y en el que se espera de los profesores que desempeñen algo así como un *role model,* lo que parece natural es que quienes posean los conocimientos sean la primera fuente de autoridad. Son los docentes, los profesores, quienes deben dirigir la vida universitaria, y quienes, dentro del mayor grado de libertad académica posible, deben tomar las decisiones más importantes, pero sólo en función, precisamente, de lo que de ellos se espera: excelencia en la enseñanza, calidad en la investigación y ejemplaridad en el comportamiento.

Sólo que toda institución, para asegurarse un buen funcionamiento, necesita de auditorías externas que enjuicien la labor realizada. No es mala idea, por ejemplo, que las universidades cuenten con un directorio de personas con buena formación, pero no vinculadas laboralmente al centro universitario, que en líneas generales y en representación de la sociedad, supervisen la gestión administrativa y docente, contribuyan a dirimir los conflictos que surjan, y elijan o revoquen el mandato de las autoridades. A ellas correspondería la labor de vigilar cuidadosamente el destino de los dineros públicos que gasta o invierte la universidad, pues carece de sentido ampararse en la mítica «autonomía universitaria» para no tener que dar cuenta del dinero que la sociedad aporta.

También es conveniente, como sucede en Estados Unidos, que las universidades establezcan entre ellas mecanismos de mutua evaluación múltiple, y que sean esos organismos (y no un gobierno por medio del Ministerio de Educación) los que dictaminen sobre el buen o mal funcionamiento de la institución, los que clasifiquen a las universidades por su rendimiento académico, y los que otorguen, nieguen o rescindan la recomendación o certificación correspondiente. Los gobiernos, por su propia naturaleza, no suelen hacer buenos aportes a la vida universitaria. Politizan las instituciones, las encarecen, tienden a uniformarlas restándoles originalidad, las complican con enrevesadas burocracias, y las someten groseramente a las servidumbres del clientelismo partidista. Claro ejemplo fue el peronismo, que llegó a regalar títulos sin cursar la carrera, devaluando el prestigio de la Universidad de Buenos Aires.

Como es lógico, otra voz que debiera tomarse en cuenta para emitir esta clase de juicios de valor es la de los principales receptores del servicio que se brinda: la de los estudiantes. Los estudiantes deberían evaluar a sus profesores, opinar

271

sobre la calidad de su labor docente, juzgar los departamentos y facultades en los que reciben sus clases y emitir juicios generales sobre la institución en la que se educan, pues se sabe, con bastante certeza, dada la experiencia recogida por instituciones que poseen la sana costumbres de consultarlos, que los estudiantes, en números grandes, suelen ser muy justos y precisos en sus evaluaciones.

Por último, son muy necesarios los exámenes comparativos normados para poder fijar criterios de excelencia. Hay que contrastar tan objetivamente como sea posible el grado de conocimientos adquiridos, y eso sólo tiene sentido si se comparan las universidades entre sí y con las de otros países y culturas. Por otra parte, quienes tienen la responsabilidad de juzgar la labor de los docentes sólo pueden guiarse en su trabajo si disponen de información de esta clase: lo que opinan los otros centros universitarios, lo que opinan los propios estudiantes, y lo que revelan las periódicas pruebas académicas normadas nacionales e internacionales a las que todos deben someterse. Y sólo cuando los resultados generales de esta información son positivos es que puede afirmarse que la autoridad de los profesores para regir la institución es, ciertamente, legítima. Si los resultados no son los que se demandan, entonces estamos ante unos gestores ilegítimos de los que deberíamos prescindir cuanto antes.

Como es notorio, una universidad que elija y mantenga a sus autoridades con arreglo a estos criterios, estará utilizando categorías del universo liberal: el *check and balance,* la competencia, la descentralización, la responsabilidad individual, la supremacía de la sociedad civil, el respeto por la opinión ajena y el cultivo de la meritocracia.

¿Quién enseña (o debe enseñar) en la universidad?

Por supuesto, si se admite que las universidades y sus máximos responsables –las autoridades académicas– tienen que responder ante la sociedad de los resultados de su gestión, enseguida comprenderemos que los profesores, decanos y rectores no pueden estar a salvo de sus errores protegidos por cátedras vitalicias. Eso constituye una total aberración.

Un banquero que pierde dinero durante cierto tiempo es echado de su cargo por la junta de accionistas. A un médico que comete una negligencia temeraria que le cueste la vida a un paciente, le pueden revocar su licencia. Un general que, por incapacidad, pierde una batalla, es pasado a retiro, degradado, y, en ejércitos con malas pulgas, hasta fusilado al amanecer. A un político que ejerce su cargo con manifiesta torpeza, probablemente lo castiguen en las urnas en el próximo turno electoral. Un escritor que escribe libros poco interesantes no consigue editor o no logra seducir a los lectores. Un abogado que pierde casi todos los pleitos acabará por no tener clientes, y si es deshonesto, hasta puede ser desaforado.

¿Para qué buscar más ejemplos? No hay que ser un *skinneriano* para comprender que la recompensa y el castigo son los instrumentos con los que la sociedad va perfeccionando los quehaceres en los que debe empeñarse para mejorar el perfil de su civilización. Y si esto es así ¿a quién se le ocurre que puede haber una categoría de mortales colocados más allá del bien y del mal, y a los que no les afecta el resultado práctico de los actos profesionales por los que devengan un salario?

El *tenior* o permanencia es una práctica perniciosa que debe erradicarse de las universidades y ser sustituida por la sana costumbre de los contratos renovables o revocables, de acuerdo con los resultados del trabajo rendido, como les sucede a las nueve décimas partes de los seres humanos en todos los centros de trabajo del planeta. En las universidades que así pactan los vínculos laborales –la Francisco Marroquín de Guatemala, institución entre las mejores de América Latina– los contratos a los profesores nuevos suelen ser por un semestre, y una vez demostrada la competencia, entonces se prorrogan de año en año. ¿Resultado? Mínimo ausentismo, esfuerzo máximo y –en la práctica– un puesto de trabajo seguro...

mientras comprobadamente se mantenga la seriedad y la calidad de la enseñanza.

Un sistema de contratación de esta naturaleza, regido por un comité de evaluación de candidatos que elija a quien parezca más apto, permite recurrir a una forma de selección más efectiva y rápida que las multitudinarias oposiciones convencionales. Y si la práctica no demuestra que la selección fue la correcta, resulta fácil corregir el error y reemplazar por un nuevo y prometedor candidato al docente que no ha dado la talla. Asimismo, un sencillo sistema de libre contratación y despido permitiría reclutar, con un mínimo de riesgo, a muchísimos talentos extranjeros capaces de fecundar las universidades y elevar notablemente el nivel intelectual de las mismas.

A fines del siglo pasado Max Planck intentó dar clases en un instituto de Murcia, pero la cátedra le fue negada por no ser español. Espantosa decisión. En 1911 Planck obtendría el Premio Nobel de Física y desde entonces será reconocido como una de las cabezas más importantes del siglo xx. Hoy mismo, tras la debacle del mundo comunista, como ocurriera con la *intelligentsia* judía en los años treinta tras el afianzamiento del nazismo, hay millares de creativos sabios europeos –rusos, polacos, checos, alemanes– deseosos de ser convocados por instituciones universitarias occidentales capaces de apreciar sus talentos, pero, como regla general, son detenidos ante la barrera corporativista/nacionalista con que los gremios de profesores suelen proteger su cerrado coto laboral.

Una universidad guiada por la efectiva defensa del bien común, especialmente tras reconocer que vivimos en la tan cacareada «aldea global», sabedora de que el conocimiento es universal, derribaría estos muros legales artificiales, poniendo fin a cualquier expresión de nacionalismo cultural, pecado cuya más nociva consecuencia es la empobrecedora endogamia intelectual.

¿Qué tendría de liberal esta forma de elegir a los profesores? Todo: la competencia, la meritocracia, el respeto por el esfuerzo individual, y hasta ese componente de riesgo e incertidumbre que debe estar presente en toda obra humana. Es así, premiando a quienes hacen bien su trabajo y castigando a quienes lo realizan mal, como mejora paulatinamente la calidad de la vida. Y los profesores no deben exceptuarse de esta regla de oro... o de hierro, según como se juzgue, pues ignorarla sólo conduce a la mediocridad, al estancamiento y a condenar a la sociedad a mayores índices de pobreza física y espiritual.

¿Quién estudia (o debe estudiar) en la universidad?

Si uno es capaz de admitir que las oficinas, las fábricas, los laboratorios y los talleres artesanales –sitios en los que nuestra especie desarrolla el 99 por ciento de sus actividades– tienen unos límites naturales de aforo, ¿cómo es posible plantear que existe el «derecho» de todas las personas a contar con enseñanza universitaria sin tener en cuenta las limitaciones materiales de estas instituciones, las necesidades reales de la sociedad y los recursos de que ésta dispone?

Las universidades deben tener el derecho a limitar el ingreso de los estudiantes de acuerdo a un criterio básico: el número razonable de personas al que se es capaz de ofrecer la mejor educación posible, de acuerdo con los medios de que se dispone. Una vez establecido que la institución está en condiciones de recibir cien, mil, cinco mil o cincuenta mil estudiantes, el criterio de selección debe estar presidido por los resultados de exámenes de admisión y por la evaluación del expediente académico previo, pues se sabe, con bastante certeza, aunque existan numerosas excepciones, que hay una estrecha relación entre lo que revelan esas pruebas y el posterior desempeño académico. Como también se sabe que las buenas universidades no sólo alcanzan su alto nivel por la calidad de los docentes que imparten la enseñanza, sino por la calidad de los estudiantes que son admitidos. Los buenos profesores poco pueden hacer con malos estudiantes, y, naturalmente, viceversa.

En el terreno educativo hay un evidente conflicto entre calidad y cantidad que no debe ser soslayado. Y si aceptamos que los objetivos de las universidades son los tres insistentemente señalados (graduar buenos profesionales, investigar, e inculcar valores superiores) no nos queda otro remedio que sacrificar la cantidad en aras de la calidad, pues, de lo contrario, estaríamos graduando profesionales mediocres, no lograríamos poner en marcha proyectos valiosos de investigación, y, por supuesto, apenas lograríamos que los estudiantes tuvieran el menor contacto humano con sus remotos y desconocidos profesores, inútilmente ejemplares.

Pero ¿no hay un elemento de injusticia al privar *a priori* a muchísimas personas de la posibilidad de obtener educación universitaria sólo porque no fueron buenos estudiantes durante la segunda enseñanza o bachillerato, o porque no obtuvieron una buena puntuación en los exámenes de ingreso? Puede ser, pero para eso existe una comprobada forma de alivio: alentar la proliferación de universidades privadas.

Estados Unidos es un caso interesante. Con una población seis veces mayor que España, el número de universidades debe rondar los cuatro millares. España, en cambio, sólo tiene unas cincuenta y siete, y existe una gran resistencia a que se creen otras nuevas. De esas casi cuatro mil universidades norteamericanas, unas veinticinco son excelentes, tal vez las mejores del mundo. Otras cien son muy buenas; quizá doscientas educan competentemente, dos mil deben ser mediocres, y el resto, probablemente, son bastante malas.

Hay universidades fundadas por grandes grupos religiosos dotados de gran prestigio social –metodistas, católicas, judías–, las hay vinculadas a minoritarios cultos excéntricos, a empresas –McDonald's, por ejemplo–, a circunscripciones urbanas, a estados de la federación americana, a familias. Las hay mixtas, para varones, para mujeres, predominantemente para negros, incluso para personas con inclinaciones sexuales no convencionales. Las hay postales, «virtuales», es decir, por medio de Internet, y hasta las hay que se limitan a contactos telefónicos con anónimos tutores.

¿Resultado de esta múltiple oferta? Prácticamente todo aquel que termina su *high school*, o, incluso, aunque no lo termine, pero mediante un simple examen obtiene un «certificado», es capaz de encontrar una institución que le ofrece conocimientos profesionales al alcance de su escasa preparación. Seguramente esos conocimientos no tendrán la densidad de los que se obtienen en Harvard o en Yale, pero tal vez le resulten suficientes para abrirse paso en la vida y obtener una buena remuneración material por su trabajo, puesto que en la sociedad norteamericana están absolutamente documentados los nexos entre la obtención de un *college degree* y los niveles de ingreso pecuniario. Al fin y al cabo, es mejor poseer una educación universitaria mediocre que carecer de ella.

¿Es posible considerar conveniente esta fantástica multiplicidad de oportunidades educativas? Sí, porque combina la meritocracia con espacios abiertos prácticamente para todos. Sí, porque no le cierra el paso a ninguna iniciativa, y deja que el mercado libremente regule la oferta y la demanda de servicios educativos. Sí, porque no limita la imaginación de los empresarios de la educación, ni prejuzga qué método de enseñanza es mejor o peor. Sí, porque no sacrifica la potencialidad creativa de los mejor dotados ni les niega oportunidades a los menos brillantes. Sí, porque no existe una autoridad central que determine quién debe enseñar ni qué debe enseñarse, ampliando con ello las posibilidades de expansión de la cultura.

¿Quién debe pagar por los estudios de los universitarios?

Claro, que este modelo exige una gran oferta «privada» en la que los estudiantes deben pagar por los estudios que reciben, pero, en rigor, así debería ser siempre, y no sólo en las universidades privadas. También deberían pagar en las públicas el costo total del servicio educativo que reciben. El correo o el telégrafo suelen ser públicos (cada vez menos), pero todo el mundo tiene que pagar por los sellos que utiliza o por los telegramas que envía. Con las universidades no debería ser de otra manera. Que pague quien recibe el beneficio directo del servicio que se brinda. Eso es lo equitativo.

Una de las mayores injusticias del mundo iberoamericano radica en el sistema de financiamiento de los estudios universitarios públicos. Resulta que la inmensa mayoría de los estudiantes pertenece a los niveles sociales medios y altos, pero la factura de esos estudios debe pagarla la totalidad de la población mediante los impuestos generales, y mientras más pobre es el país –miseria que suele coincidir con los mayores desniveles sociales– más sangrante resulta este atropello. Son estas desgraciadas sociedades en las que vemos a los pobres trabajadores que no pueden consultar a un médico o acudir a un abogado, pagando con su trabajo la educación de esos privilegiados futuros profesionales que luego los mirarán por encima del hombro.

Otra consideración que aconseja que los universitarios paguen por la educación que reciben, está vinculada a una reacción muy humana que todos conocemos perfectamente: el que tiene que pagar, exige, demanda la mayor calidad posible por el gasto en que ha incurrido. Un estudiante que tiene que costear su carrera le exigirá al profesor que se comporte con rigor y seriedad. Un profesor que sabe que el estudiante (o su familia) que tiene enfrente hace un gran sacrificio económico, será mucho más respetuoso con sus discípulos y se preocupará mucho más en enseñarles la materia que en suspenderlos porque no la dominan.

Las universidades gratis, o casi gratis, por el contrario, tienden a perder calidad académica. Si aprobar o desaprobar una asignatura no conlleva una sanción, la expulsión, o un costo económico, muchos alumnos no sentirán la necesidad de esforzarse, pues en el futuro siempre se podrá repetir la materia o el curso. ¿Qué más da emplear en terminar una carrera siete u ocho años, en vez de los cuatro o cinco regulares, si ese período lo va a subsidiar otro? Al fin y al cabo, si el mercado laboral no se ve muy prometedor ¿no parece más conveniente esperar pacientemente, «aparcados» en las universidades hasta que mejoren las oportunidades de encontrar un trabajo? ¿Qué otro sitio es más grato y divertido? No en balde casi todo el mundo habla de sus años universitarios como los más dignos de ser recordados, los «mejores años de la vida».

Pero sucede que esa regalada vida de estudiante se la obsequian a unas personas que han llegado a la edad adulta. Personas que, al menos en teoría, no deben tener ningún privilegio especial, pues son, con alguna rara excepción, mayores de edad –los dieciocho años habituales–, y pueden elegir a sus gobernantes, contraer matrimonio sin necesidad de consentimiento paterno, contratar, resultar condenados sin atenuantes especiales, o ser llamados a servir en el ejército si así lo considerara el Estado. Es decir, son ciudadanos de pleno derecho que libremente han elegido recibir un servicio –la educación superior– del que piensan beneficiarse cuando obtengan el correspondiente grado académico, distinción que les abrirá las puertas de un futuro probablemente mejor que el de la mayoría de sus conciudadanos, según demuestran las estadísticas.

Pero ¿y si no tienen dinero para estudiar? Si todos tuviéramos que pagar por nuestra educación superior ¿no se perderían muy buenas cabezas por falta de recursos? Por supuesto, a menos que la sociedad, consciente de la necesidad que tiene de contar con buenos universitarios, les facilite el dinero en forma de préstamos, con intereses razonables, para que tampoco esa transacción se convierta en una forma necia de descapitalizar a los trabajadores que aportan los recursos. Préstamos muy rigurosos, con el aval de la familia, para que todos carguen con una gran presión moral, pues si la familia no cree en el candidato a universitario ¿por qué pedirle a la sociedad un mayor grado de confianza?

Y si así se piensa del financiamiento de los estudios universitarios ¿por qué no aplicar el mismo principio a los estudiantes de primaria y secundaria? Por varias razones conviene mantener transitoriamente un sistema en el que los contribuyentes ayuden a costear la educación en ese nivel. La primera, es que el gran esfuerzo educativo por parte del conjunto de la sociedad hay que hacerlo, precisamente, en la etapa de formación, y como los recursos siempre son escasos, es preferible emplearlos en las primeras etapas de la educación, cuando se edifica la personalidad, se adquieren los hábitos de estudio y se echan las bases morales e intelectuales sobre las que luego se constituirá la persona adulta. La segunda razón, porque con esos niños y jóvenes, al no ser ciudadanos de pleno derecho, contraemos unas obligaciones especiales que justifican que, sin distingo, invirtamos todos nuestros recursos en conseguir que luego sean adultos responsables con sus propias vidas y solidarios con la comunidad a la que pertenecen.

Quienes creen en la igualdad de oportunidades para luchar por el éxito individual, saben que es una broma macabra hablar de «competencia» cuando el punto de salida es, por ejemplo, entre el hijo de una familia de campesinos analfabetos y el de una acomodada familia urbana de clase media. De manera que la forma más razonable de tratar de establecer esa verdadera competencia es proporcionándoles a todos los niños y jóvenes una formación académica básica realmente ejemplar, y de la que no se excluyan ni la buena alimentación ni los cuidados médicos, pues también es una tomadura de pelo hablar de «igualdad de oportunidades» entre un muchacho bien alimentado y sano, y otro enfermo y víctima de un déficit proteínico que afecta su capacidad de aprendizaje. Lo que no quiere decir, naturalmente, que esa buena educación o esa calificada atención médica tengan que ser ofrecidas en instituciones públicas, casi siempre engorrosas y conflictivas, pues probablemente el método de subsidiar la demanda mediante un sistema de *vouchers* resulte más económico y produzca mejores resultados, como en Iberoamérica han comprobado los nicaragüenses por iniciativa del ministro Humberto Belli, o en Antioquia, Colombia, por la del ex gobernador Álvaro Uribe.

Es predecible que los estudiantes universitarios prefieran que sus estudios los pague el conjunto de la sociedad y no ellos directamente, pero esa actitud, aunque muy humana, no se compadece con los principios de equidad. Si creemos en la competencia, en la meritocracia y en el valor de la ética de la responsabilidad, cuando arribamos a la etapa adulta de nuestras vidas es menester que aceptemos el peso de lo que eso realmente significa.

Por último, si una reforma universitaria de este tipo se llevara a cabo ¿sería mejor el resultado final? Eso sólo lo diría el tiempo, aunque las pocas universidades liberales que existen –y volvemos a citar a la guatemalteca Francisco Marroquín– son superiores a las de su entorno.

No obstante, algo hay que hacer, pues en nuestro mundo universitario iberoamericano, tras la primera mitad del siglo XVI –cuando tuvo su mayor fulgor intelectual–, y probablemente como consecuencia de la Contrarreforma, en nuestros grandes centros de enseñanza se produjo un estancamiento del cual no hemos sabido recuperarnos. Llama la atención que varias universidades iberoamericanas tengan más de cuatrocientos años de fundadas, pero más significativo aún es que en ese larguísimo período no hayan producido una sola idea original, una teoría capaz de imantar la curiosidad de Occidente, una máquina prodigiosa destinada a modificar los modos de producción. Es cierto que el número de estudiantes universitarios en España es, porcentualmente, de los mayores de la Unión Europea, pero ese auspicioso detalle se cuartea cuando tropieza con la pobre calidad de la educación obtenida.

Algo, en fin, hay que hacer, y pronto. No es un sendero fácil y sabemos que se yerguen muchos obstáculos pero es obvio que si no lo emprendemos jamás habremos de llegar a la meta.

ESTADO DEL MALESTAR

Tomemos al azar un país latinoamericano. Examinémoslo. Es pobre. Ya hemos visto, al comienzo de este libro, de qué manera: en él cohabitan formas casi africanas de miseria con ostentosos niveles de lujo y prosperidad; chozas y fábricas de acero, analfabetos y poetas de vanguardia, decía Octavio Paz. Su capital, por esta razón, ofrece patéticos contrastes. Los Mercedes Benz que llevan elegantes parejas a cócteles o a conciertos son asediados en los semáforos por enjambres de limosneros o vendedores de cualquier cosa, flores o caramelos. Es un país que vive en los últimos tiempos una crítica situación económica. Su deuda externa es muy elevada; lucha sin éxito para frenar una inflación de dos dígitos; su moneda parece fatalmente expuesta a constantes devaluaciones; las tasas de interés están disparadas, haciendo prohibitivos los créditos bancarios, y el déficit fiscal, producto de un gasto público incontrolado, representa dos, tres, cuatro o cinco puntos del PIB. Para enfrentarlo, se realizan cada cierto tiempo ajustes tributarios severos y desalentadores, pues castigan esencialmente a quienes viven de un trabajo honrado.

Es, además, un país inseguro. La delincuencia común ha crecido tanto en los últimos tiempos, que nadie escapa al temor de un atraco, de un robo, si no de un secuestro. Los barrios bajos y los cinturones de miseria que rodean las ciudades más importantes hierven de vagos y rateros. Es peligroso dejar el auto en la calle mientras se asiste a una cena, aunque esté dotado de un sistema de alarma. De ahí que se hayan multiplicado, en conjuntos residenciales, bancos, empresas y edificios de oficinas, servicios privados de seguridad. Pero no son sólo los ricos o las personas de un nivel medio quienes viven estas zozobras. También, y sobre todo, los pobres son víctimas de la delincuencia; cohabitando con ella en las zonas urbanas más modestas, están más expuestos que nadie a ser desvalijados a la vuelta de cualquier esquina.

Y ahí no se detienen los problemas, pues también es un país que vive, abierta o soterrada, una crisis política y hasta cierto punto institucional. Ciertos valores, ciertos principios, que eran el fundamento de su vida democrática, se han erosionado. Están lejanos los días de euforia popular vivida tras la caída de la última dictadura militar del país. Ahora hay cansancio en la opinión. Los partidos, que antes suscitaban fervores, se han desgastado a su paso por el poder y aun como alternativas de oposición. No se les cree a los políticos cuyos nombres y fotografías fatigan diariamente a la prensa. Todos dicen lo mismo. Ofrecen el oro y el moro y nada cambia. Su lenguaje, y muy en especial el de los candidatos, se ha devaluado prodigiosamente. Aunque tenga su sustento en el voto popular, el Congreso no parece representar a la nación, sino a esa clase política que desde hace años regresa al mismo recinto y a los mismos ejercicios retóricos para dirimir sus eternos, circulares pleitos en torno al poder. El clientelismo impera. Yo te doy, tú me das: tal es la norma que preside apoyos y adhesiones, pues la política ha cobrado un carácter desvergonzadamente mercantil.

Y para colmo, la corrupción. Los escándalos suelen salpicar a personajes del gobierno. No hay transparencia en licitaciones públicas y contratos. Se utilizan los cargos públicos o la amistad con ministros, directores de institutos y otros altos funcionarios para hacer buenos negocios. Las aduanas son cuevas de corrupción. Se reparten selectivamente privilegios y exenciones tributarias. La famosa «mordida» mexicana cambia de nombre en cada país, pero existe en casi todos ellos y a todo nivel a la sombra de una asfixiante tramitología que la hace inevitable. La burocracia prolifera malignamente en todos los órganos del Estado devorando buena parte de los presupuestos nacionales y regionales. Todo lo demora, todo lo dilata y todo lo corrompe. Amparada en el papeleo, obligando al ciudadano común y corriente a filas y esperas agotadoras frente a las ventanillas de las oficinas públicas, es absolutamente ineficaz y al mismo tiempo insaciable a la hora de defender sus prebendas laborales. Por culpa de su indolencia y de su inevitable obesidad, surge, en torno suyo, una maraña de intermediarios y tramitadores. No hay manera de evitarlos si se desea llevar a término en menores plazos una gestión. Hay que pagar siempre, por debajo de la mesa, para agilizar los trámites de una licencia de comercio o de industria, de construcción, de importación, de matrícula de un vehículo o de conducción. Los políticos que pertenecen al partido de gobierno son los soportes indispensables si se desea obtener una beca, un puesto, cupos escolares, una vivienda subsidiada y hasta la instalación más rápida de una línea telefónica.

Cada cuatro, cinco o seis años en ese país se abre, con gran derroche de dinero y de publicidad, una tumultuosa campaña electoral para elegir nuevo presidente de la república. Gordos y sudorosos políticos acompañan al candidato en plazas y tribunas y banderas de los diversos partidos (tricolores, rojas, azules, blancas, amarillas o verdes) salpican los mítines. Se escuchan vibrantes discursos, gritos, himnos y bandas de música. ¿Qué dicen los aspirantes a la presidencia? Lo de siempre. Que su gobierno tendrá como principal objetivo la lucha contra el desempleo, la pobreza, la falta de oportunidades y las inicuas desigualdades entre los privilegiados y los desheredados. Que el Estado debe intervenir, regular, planificar, propiciar una mejor redistribución de la riqueza (porque hay pocos que tienen mucho y muchos que no tienen nada) haciendo pagar a los ricos e incrementando la inversión social para proteger a las categorías más pobres y vulnerables del país. En suma, los programas de justicia social deberán prevalecer sobre las desalmadas políticas neoliberales que, al dejar libres las fuerzas ciegas del mercado, hacen más ricos a los ricos y más pobres a los pobres configurando así un vituperable modelo de capitalismo salvaje.

Pues bien: en este retrato —o al menos en muchos de sus

rasgos– podrán reconocerse buena parte de los países latinoamericanos. Es la realidad que han vivido por largo tiempo México, Venezuela, Colombia, Ecuador, Perú, Bolivia, el propio Brasil, en buena parte la Argentina y varios de los países centroamericanos. Lo extraño es que nuestra historia parece a veces condenada a girar en círculo con malas situaciones reiterativas y periódicas y al mismo tiempo efímeras y engañosas ilusiones de cambio. Pero, más extraño aún, el conocimiento y denuncia de estos males endémicos del continente, cuyo corolario es la pobreza y la inseguridad, no invalidan el discurso populista, que propone siempre como remedio la causa misma del mal: un Estado dirigista, cuya vocación es la de poner trabas a una libre economía de mercado, clave del desarrollo y de la riqueza en todas partes, en detrimento de sus funciones esenciales. ¿Cuándo comprenderemos que este pretendido benefactor –el llamado por Octavio Paz ogro filantrópico– es, en realidad, el padre del despilfarro, del clientelismo y de la corrupción y, por ello mismo, de la pobreza?

Nefastos abolengos

Tres factores han intervenido para colocar sobre la espalda de nuestras desamparadas sociedades semejante látigo. Uno es de carácter histórico, otro es ideológico y el tercero tiene relación con las políticas económicas que hemos seguido, con resultados sumamente negativos, desde el fin de la Segunda Guerra Mundial hasta hace muy poco tiempo.

La historia: si miramos atrás, hacia nuestro pasado, nos encontramos siempre con una sociedad oprimida por un Estado tutelar. Y ahí reside una diferencia fundamental entre nuestra sociedad colonial y la que se formó en Norteamérica. Los primeros colonos de Nueva Inglaterra, en efecto, impregnados de una moral protestante que hacía del esfuerzo, el ahorro y la disciplina virtudes esenciales y veía la riqueza como una recompensa justa a la capacidad productiva de cada uno, dejaron en manos de la comunidad responsabilidades y decisiones que entre nosotros siempre monopolizó el Estado. De modo que esta hipertrofia estatal tiene antiquísimos abolengos. La organización colonial en Iberoamérica fue a la vez una exacta representación del mercantilismo español de la época y la férrea organización jerárquica de la Iglesia Católica. Así como en Nueva Inglaterra se estableció una sociedad horizontal donde se compartían derechos y deberes, entre nosotros el Estado de la metrópoli fue un dispensador de prebendas y castigos y centro de todas las decisiones. La España teocrática y autoritaria que nos colonizó, la misma España, por cierto, de la Contrarreforma y de la Inquisición, se empeñó siempre en asfixiar la libre iniciativa individual, la espontaneidad y la imaginación creativas con toda suerte de instrumentos ortopédicos enviados desde la Península: órdenes, regulaciones, reglamentos, decretos, leyes. Nuestra idiosincrasia fue marcada por esa relación vertical entre dirigente y dirigido, potentado y subalterno, protector y protegido. Pero aquello no era muy distinto a lo que había ocurrido en las sociedades precolombinas de Mesoamérica. También ellas tuvieron siempre una estructura piramidal y teocrática. Nunca escapamos a esa tutela que era la negación misma de la libre, voluntaria asociación y de la igualdad de derechos. O, simplemente, de la libertad.

A esa vocación estatista, que nos llega desde la noche de los tiempos, las ideologías que prosperaron en este siglo vendrían a ponerle un antifaz de vanguardia. El hecho es que los partidos decimonónicos, liberales, radicales o conservadores, que hicieron un conflictivo tránsito por el siglo XIX en Latinoamérica, se dotaron en el siglo XX de un maquillaje rejuvenecedor adoptando las ideas de la socialdemocracia o de la democracia cristiana cuyo común denominador ha sido el papel dirigista y redistribuidor de riqueza conferido al Estado, supuestamente para corregir los abusos de la libre economía de mercado. Tal es el caso de los liberales colombianos, hondureños, uruguayos, argentinos, cubanos, chilenos. Los antiguos conservadores, de su lado, que vivieron siempre a la sombra de la Iglesia, acabaron transformándose en partidos social-cristianos y compartiendo los mismos mitos y supersticiones de sus falsos rivales históricos.

De alguna manera unos y otros fueron salpicados por las ideas de Marx y aun de socialistas utópicos del pasado siglo. «Si desvestimos intelectualmente a nuestros líderes –ha dicho el colombiano Hernán Echavarría Olózaga–, encontraríamos que la mayoría de ellos comparte aquella frase famosa de Proudhon: "La propiedad es un robo." Tienen el convencimiento de que la empresa que da trabajo a un hombre lo está explotando.» Sobre estos presupuestos ideológicos, el estatismo y la planeación acabaron convirtiéndose en dogmas de los dirigentes políticos latinoamericanos. Su idea del Estado justiciero tuvo un oportuno soporte en el célebre libro de John Maynard Keynes *Teoría general de la ocupación, el interés y el dinero*.[1] Bien interpretado o no, lo cierto es que este caballero inglés, amigo de Virginia Woolf y miembro como ella del grupo de intelectuales de Bloomsbury, tuvo una influencia decisiva en toda nuestra dirigencia, desde el fin de la Segunda Guerra Mundial. Este legado teórico sería recogido por la Cepal y muy especialmente por su director Raúl Prebisch, en los años sesenta, en nombre de la teoría de la dependencia y de la necesidad de buscar una vía hacia el desarrollo a través de políticas proteccionistas: control de importaciones, control de cambios, expansión monetaria excesiva, autarquía, límites a la inversión extranjera, monopolios estatales, etc. En suma, el papel del Estado fue de tal naturaleza que destruyó en Latinoamérica los principales elementos del capitalismo moderno creando un sistema llamado de economía mixta, híbrido, que pretendiendo equipararse al de los países escandinavos en realidad fue un triste remedo del que ha sepultado a la India en la pobreza y la corrupción.

1. Keynes, John Maynard, *Teoría general de la ocupación, el interés y el dinero*, Fondo de Cultura Económica, México, 1943.

Aunque todavía lo nieguen los dinosaurios cepalinos que aún quedan en el continente y otras variantes del perfecto idiota latinoamericano, dicho sistema ha sido en todas partes un fracaso. Con tal recetario de medidas estatistas, ningún país latinoamericano despegó. Ni siquiera el Brasil y menos aún la Argentina, que tan buen camino llevaba en las primeras décadas del siglo. América Latina siguió debatiéndose dentro de las situaciones propias del subdesarrollo, sin encontrar caminos hacia la modernidad. Las políticas de desarrollo hacia adentro, que algunos aún defienden retrospectivamente como una primera etapa inevitable para permitir el despegue de la industria en América Latina, fue causante de grandes males, por cierto comunes a todos los países del subcontinente.

En primer término, la laxitud en el manejo de la moneda, la tesis de que las emisiones sustituían la falta de recursos y permitían un incremento del consumo y, por esa vía, de la producción, produjeron en todos nuestros países una inflación persistente con todas sus calamitosas secuelas, la más evidente de las cuales ha sido el deterioro en el nivel de vida de la población en general y de los más desfavorecidos en particular. Pese ello –la idiotez es un rasgo ineluctable de nuestros economistas llamados progresistas o de avanzada–, hay quienes sostienen aún las tesis monetaristas como medio de financiar obras y servicios y la ayuda a los más pobres y vulnerables de nuestra sociedad: el denominado, con cierto derroche de demagogia, gasto social. Los mismos apóstoles del Estado Benefactor, que proponen alegre e irresponsablemente poner en marcha la maquinita de fabricar billetes, dan el vituperable calificativo de neoliberales a quienes atienden las recomendaciones del Banco Mundial y del Fondo Monetario Internacional en el sentido de buscar un manejo sano de la moneda. A estas dos entidades, por cierto, las consideran fabricantes de miseria cuando, en realidad, ellos mismos merecen de sobra este título. La irresponsabilidad monetaria nunca ha producido riqueza sino pobreza y desorden.

Otra consecuencia de las políticas que en mala hora nos recomendó el señor Prebisch, fue el crecimiento desproporcionado de la burocracia, pues todo el vasto ensamblaje de empresas estatales, de institutos, superintendencias y entidades de control, todas las regulaciones y todos los trámites establecidos por una economía cerrada, acabaron ampliando sin medida el sector público y haciendo cada vez más dispendiosa y pesada la máquina del Estado. Naturalmente, con esta carga a cuestas, los gastos de funcionamiento han castigado en todos nuestros países los presupuestos de inversión. Pero hay algo más: dando al funcionario un poder central en la vida económica (pues de él dependen licencias, contratos, licitaciones, etc.), dejando a su arbitrio y voluntad la mayor parte de las actividades productivas, se desató la corrupción y se le crearon grandes dificultades al ejercicio honrado de la propia gestión empresarial: todo requiere intrigas, coimas, papeleos inútiles.

Finalmente, como consecuencia de la propia obesidad burocrática, las altas tributaciones para personas y empresas, la evasión fiscal que ellas inevitablemente desatan, han desalentado la inversión privada, incrementado el desempleo y aun la emigración de muchos latinoamericanos a Estados Unidos y otros países. Inseguridad, altos precios, mala calidad de los productos de fabricación nacional (por largo tiempo no expuestos a la competencia internacional), la concentración del poder económico en pocas manos, el centralismo y el descontento generalizado, completan el sombrío paisaje económico y social de este modelo sustentado en supuestas ideas de avanzada. ¿Cómo y por qué el populismo puede seguir proponiéndolo?

Populismo y clientelismo

La razón es obvia. El populista es casi siempre un político clientelista que necesita disponer de cuotas burocráticas en los engranajes del Estado. Concibe la política como un ejercicio para conquistar o mantener el poder mediante toda suerte de juegos y manipulaciones. El poder, en su caso, no es un medio sino un fin en sí mismo. Los monopolios estatales y la propia obesidad burocrática le convienen y, en cambio, la transferencia al sector privado de servicios y empresas manejadas de tiempo atrás exclusivamente por el Estado lo resiente como una pérdida de sus propios cotos de caza. En realidad, el clientelista es un beneficiario del sistema junto con los empresarios mercantilistas y con las oligarquías sindicales. Las ideas socialdemócratas o socialcristianas, que confieren a la intervención del Estado en la vida económica un papel esencial, el nacionalismo a ultranza y la satanización de una economía de libre mercado, apertura y competencia, le vienen como anillo al dedo. Además, de ese interés suyo por mantener las prebendas que obtiene del sector público se desprende un estilo de hacer política. Ese estilo, que es en su esencia típicamente populista, ha sido muy bien definido por el profesor venezolano Aníbal Romero. (Se comprende: pocos países han sido tan fértil campo del populismo como Venezuela, donde los dos partidos principales del país, Acción Democrática y Copei, socialdemócrata el uno y socialcristiano el otro, han logrado mantenerse por mucho tiempo en el poder gracias al sistemático y pirotécnico ejercicio de la demagogia bien nutrida con los recursos del erario público.) Según Romero,[2] el estilo político populista se reconoce en «la vocación demagógica de ofrecer más de lo que se pueda lograr y a generar expectativas que no es posible satisfacer; en segundo lugar, la visión de túnel electoralista, que obstaculiza la voluntad creadora y merma la potencialidad de los partidos políticos para actuar como agentes de la superación ciudadana y nacional. Por último, una característica clave, y quizás la más nefasta de ese estilo tan común entre nuestros dirigentes, es la incapacidad para ver un abismo, contemplarse en él, y tomar a tiempo las medidas correctivas para rectificar el

2. Romero, Aníbal, *La miseria del populismo*, Panapo, Caracas, 1996.

rumbo y evitar un colapso, de graves consecuencias para el país entero».[3]

Romero nos recuerda también que este político «debe su éxito al hecho de que se mueve dentro de los esquemas aceptados de pensamiento y de que habla y piensa de acuerdo a los patrones convencionales... Su tarea en una democracia es descubrir cuáles son las opiniones que tiene la mayoría, en lugar de abrirle paso a nuevas opiniones que podrían hacerse mayoritarias en un futuro lejano». Dicho comportamiento genera en Latinoamérica otro, más grave quizá porque pasa de los dirigentes a la gran masa de los dirigidos: es el de esperar siempre cambios casi mágicos de una situación, la ciega confianza en caudillos o candidatos carismáticos y la idea de que todo debe solicitarse a ese benefactor lleno de recursos que es el Estado. Las falsas expectativas corren por cuenta de quienes las ofrecen pero también de quien las acoge, ilusamente, sin una evaluación crítica. Dentro de esta cultura populista, que quiere promesas y no realidades (como decía aquel célebre letrero pintado en las calles de Lima), las propuestas liberales para salir de la pobreza basadas en la productividad, el ahorro, el manejo riguroso de la economía, resultan muy poco atractivas.

Naturalmente que clientelismo, estatismo y corrupción van de la mano. Y es precisamente la corrupción, generada por el tipo de Estado sobredimensionado o patrimonialista, como lo llama Paz, que tenemos los latinoamericanos, una de las más evidentes causas de nuestra pobreza. Si hay un signo de identificación de la cultura política continental éste es el más deplorable y común. Es fácil sospechar cuál es el mecanismo de la corrupción. Desde el momento en que se tiene el libre poder de fabricar moneda imprimiendo papel y de regular de manera omnímoda toda la actividad económica, es muy grande, para cualquier alto funcionario, la tentación de favorecer amigos con ese dinero sin doliente, de todos y de nadie, que es el del era-

3. Romero, Aníbal, *Ibíd*.

rio público. El hecho de saber que con una sola firma o una decisión se puede hacer ganar millones a un amigo, conduce al funcionario a hacerse una pregunta muy simple: ¿por qué no yo?, ¿no será una tontería dejar pasar la oportunidad de resolver de una vez y para toda la vida mis problemas económicos? Dentro de este clima de ablandamiento moral, se crea en la propia sociedad civil una actitud de admiración al vivo y de desprecio por el tonto honesto que salió de un cargo público igual de pobre a cuando entró. La moral –lo dice Friedrich von Hayeck–[4] juega un papel importante en las sociedades que prosperan; la corrupción, en cambio, es como un cáncer que quiebra todo el esfuerzo productivo de un país.

Ese cáncer, por cierto, se detecta en todo el continente, desde el Río Grande hasta la Patagonia. Sí, es el propio Estado el que lo secreta. La corrupción toca todos sus órganos así como a los privilegiados del sistema regulado por él: políticos, sindicalistas, empresarios mercantilistas, a veces también los militares y desde luego los funcionarios públicos. La corrupción es una hidra de mil tentáculos. Tiene entre nosotros toda clase de manifestaciones. Ninguna institución escapa a ella.

Existe, ante todo, la corrupción administrativa con todo un maligno repertorio de posibilidades. Las mayores de ellas están en los contratos de obras y servicios. Como atrás se decía, en torno a ellos se mueven sumas millonarias y cabe siempre la posibilidad de que en su adjudicación obre la mano de un funcionario con mutuo beneficio para éste y para el contratista. También hay ricas vetas de corrupción en las autorizaciones, licencias, exenciones, subsidios, solvencias, multas que, en nuestros Estados reglamentaristas, hacen del funcionario un árbitro privilegiado. El control de divisas y las tasas diferenciales de cambio permiten fulgurantes operaciones financieras por el sólo conocimiento anticipado de una medida cambiaria del gobierno. Igual cosa ocurre con los pla-

---

4. Hayeck, González Prieto, José,von, *Los fundamentos de la libertad*, Unión Editorial, Madrid, 1998.

nes de obras públicas y urbanísticos y las valorizaciones pre-
diales que representan. ¿No son datos que valen oro? Y luego, en las compras oficiales, están los sobreprecios que encie-
rran para quien las autoriza jugosas comisiones. Es una
forma de corrupción muy común en los negocios de armamen-
tos, sector del comercio internacional a menudo amparado por
el secreto militar y manejado por intermediarios con una
moral sumamente elástica, como es bien sabido.

Existe, gravísima, la corrupción política que asoma sus
orejas en la financiación de las campañas y en los recursos
que en algunos países el gobierno pone a disposición de los
parlamentarios, para obras regionales, a fin de contar con su
apoyo. En casi toda la América Latina el dinero se ha convertido en un gran elector. Trátese de dinero limpio o de dinero
sucio, el hecho es que está jugando un papel indebido en los
procesos electorales. Para demostrar que es así, bastaría recordar el costo millonario de una campaña electoral hoy en
día y preguntarse de dónde sale el dinero para pagarla. ¿No
será esto una amenaza real a la libertad de elegir y de ser
elegido, fundamento mismo de una democracia? En el más
inocente de los casos, buena parte de ese dinero proviene de
consorcios financieros. Y la pregunta viene a cuento: ¿qué
independencia puede tener mañana el poder frente a esos
consorcios si a ellos se acude en busca de apoyo financiero? No
es nada seguro que los empresarios mercantilistas tengan un
espíritu filantrópico. Siempre pasan la factura por los favores
prestados. Pero existe también, en los países donde operan las
poderosas mafias del narcotráfico, la presencia del dinero
sucio en las campañas electorales. El caso más escandaloso
fueron los seis millones de dólares que irrigaron, entre la
primera y la segunda vuelta, en 1994, la campaña del entonces candidato a la presidencia de Colombia Ernesto Samper.
Siempre tuvo la opinión pública internacional la impresión de
que gracias a ese dinero —repartido en primorosos paquetes
con papeles y cintas navideñas— Samper fue elegido presidente. Se estima en Colombia, además, que un treinta por cien-

to de los congresistas de entonces también recibieron dinero
del Cartel de Cali, así como un Procurador y varios contralo-
res de la República. ¿Caso único? De ninguna manera. Igualmente en México el dinero de los traficantes ha intervenido
en la elección de diputados y, algo más siniestro aún, en el
asesinato del candidato a la presidencia Luis Donaldo Colosio. En Bolivia moviliza a los campesinos cocaleros en favor
de determinados políticos y en el Perú, aliado a miembros de
la institución armada, proyecta amenazas sobre la limpieza
de los futuros procesos electorales.

Existe igualmente la corrupción económica, que orienta el
gasto público hacia determinados renglones, logra protecciones aduaneras y con ella monopolios abusivos a ciertos fabricantes, mercados cautivos, exenciones y subsidios extravagantes, créditos de fomento acomodaticios, ventajas cambiarias
indebidas. Existe la corrupción sindical, la corrupción militar
y una aún más inquietante: la corrupción judicial que va desde el soborno a los pequeños funcionarios de los tribunales
hasta la compra de jueces y de fallos. También allí el narcotráfico mete su mano siniestra en varios países.

Geografía de la corrupción

Se ha dicho siempre que el poder corrompe y que el poder
absoluto corrompe absolutamente. Y éste es el caso de México, país que se lleva en América Latina la palma de la corrupción, gracias a la muy larga y antigua hegemonía del PRI.
Virtual dictadura institucional de un partido, con espacios
muy reducidos para una real oposición y para una prensa libre y fiscalizadora, con una presidencia imperial que permite a un mandatario señalar o imponer a su sucesor, con una
maquinaria política partidista que se confunde con la burocracia oficial y con dirigentes sindicales enriquecidos gracias a
gajes y prebendas, no es de extrañar que allí, durante más de
medio siglo, la corrupción se haya extendido desde el policía

de tránsito y el aforador de aduanas, que entienden la «mordida» como su indispensable sobresueldo, hasta los más cercanos amigos del monarca presidente, cuando no a él mismo. En el alto gobierno hay quienes roban con discreción y quienes roban con descaro. Los primeros pasan más o menos inadvertidos, pues la costumbre ha hecho norma y ha vuelto tolerable lo que en otras latitudes desataría un huracán. Los escándalos corren por cuenta sólo de quienes exceden estos linderos tácitamente permitidos. Fue el caso del presidente Miguel Alemán que gobernó al país de 1946 a 1952. Declarado por la poderosa CTM (Confederación de Trabajadores Mexicanos), «obrero de la patria», Alemán había expresado su deseo, al tomar posesión del poder, de que «todos los mexicanos tuvieran un Cadillac, un puro y un boleto para toros». En realidad, esto y mucho más sólo lo tuvieron él y los políticos y empresarios favorecidos por su gobierno. «Las historias populares en torno a la corrupción alemanista llenarían volúmenes –escribe Enrique Krauze–. Muchos amigos de Alemán, dentro y fuera del gobierno,... se hicieron ricos gracias a concesiones oficiales, no necesariamente ilegales, pero muchas veces inmorales.»[5] Y Jean François Revel, que vivió en México por aquella época, escribiría en la revista *Esprit*: «Uno puede hacer todos los negocios que quiera en México, a condición de "ponerse de acuerdo" antes con el gobernador del estado o con alguna personalidad federal importante.» Y el dirigente marxista Lombardo Toledano comentaría en 1952: «Vivimos en el cieno: la mordida, el atraco, el cohecho, el embuste, el chupito, una serie de nombres que se han inventado para calificar esta práctica inmoral. La justicia hay que comprarla, primero al gendarme, luego al ministerio público, luego al juez, luego al alcalde, luego al diputado, luego al gobernador, luego al ministro...»

Aunque hubo presidentes que intentaron combatir estas

5. Krauze, Enrique, *La presidencia imperial*, Tusquets Editores, México, 1997.

prácticas, como Adolfo Ruiz Cortines, el propio papel que juega el Estado mexicano en la sociedad y en la vida económica del país, además de su carácter hegemónico, las ha hecho constantes e inevitables. Fatalmente los hilos del poder y de la corrupción se entrecruzan. El presidente Carlos Salinas de Gortari, que llegó al poder en 1988, generó grandes expectativas. Su gobierno impulsó reformas importantes en contravía a la filosofía política tradicional del PRI. Pero muy poco después de concluido su mandato, en 1995, se destapó una olla podrida que manchó irremediablemente su nombre y el de sus familiares dejando al descubierto crímenes sombríos y escandalosos hechos de corrupción: «nepotismo, venta de favores, uso patrimonial de los fondos públicos, apertura de cuentas multimillonarias en Suiza y hasta los jugosos contactos de los políticos con el narcotráfico», enumera Krauze. El propio hermano de Salinas de Gortari, Raúl, fue detenido e inculpado por el asesinato de su ex cuñado y secretario general del PRI, José Francisco Ruiz Massieu. Al parecer, Ruiz Massieu iba a ocupar un alto cargo en el gobierno de Ernesto Zedillo y se había propuesto sacar al sol los trapos sucios de la familia Salinas. De esta manera cobró todo su sentido la extraña respuesta, en forma de pregunta, que Luis Donaldo Colosio, el candidato presidencial asesinado en 1994, había dado a un periodista cuando le pidió su opinión sobre la familia Salinas de Gortari: «¿Ha leído *El Padrino*?»[6]

Escándalos similares han salpicado a casi todos los países del continente. «Una sofocante sensación de oprobio, indignación e impotente rebeldía cubre el cielo moral de los argentinos –escribe el economista de Rosario, Antonio Ignacio Margariti–.[7] La corrupción ha hecho su aparición como una lacra a la que hay que extirpar de inmediato... Muchas son las acusaciones de corrupción y el sayo le cabe a varios gobiernos

6. Krauze, Enrique, *Ibíd.*
7. Margariti, Antonio Ignacio, *Economía, Sociedad y Estado*, Fundación Libertad, Rosario, 1996.

militares y civiles, de derecha y de izquierda: el manejo secreto de cuantiosos fondos en el EAM78, la operatoria de préstamos privilegiados del Banco Hipotecario, las casas de Fonavi que cuestan tanto como apartamentos lujosos de Miami, los pollos radiactivos de Mazorín, las súbitas devaluaciones que algunos avispados operadores aprovechan con enorme beneficio, las compras de grandes bancos por pequeñas compañías financieras de influyentes políticos, el escándalo de las cajas Pan que son revendidas y utilizadas para alimentos de porcinos, el desorden financiero de bonos solidarios, las cuestionadas licitaciones de la Petroquímica del Sur, la compra de guardapolvos en cantidades siderales, el entierro de medicamentos vencidos, las manipulaciones con los bancos provinciales y la adquisición irracional de juguetes. Todo es una vertiginosa danza de millones de dólares que se desvanecen en el baile fantasmagórico de los walpurgis, del *Fausto* de Goethe.»

La misma danza de millones extorsionados al erario público o recibidos de los carteles de la droga apagaron cierta aureola que tuvo la Colombia de otros tiempos: la de un país de leyes y principios y de limpias figuras públicas. También allí el modelo de desarrollo, apoyado en un Estado absorbente y acribillado de reglamentaciones, desató diversas formas de inmoralidad, las más benignas de las cuales son las coimas o mordidas que se dan a los funcionarios del tránsito para renovar licencias de conducción o para matricular vehículos. Una encuesta publicada en 1992, revelaba que uno de cada tres colombianos había sobornado alguna vez a funcionarios públicos con el fin de agilizar trámites. Los desfalcos a las entidades públicas han sido particularmente escandalosos en los últimos años. El mayor de ellos se relaciona con la construcción de la Central Hidroeléctrica del Guavio, localizada al oriente de Bogotá. Llamado en Colombia «el descalabro gerencial público del siglo», contiene un aparatoso repertorio de irregularidades y delitos a cargo de uno de sus gerentes: créditos mal negociados, estudios geológicos deficientes, predios adquiridos a un valor diez veces más alto que su costo real y también sobrecostos en las obras, todo por una cuantía superior a los 300 millones de dólares. La llegada de Ernesto Samper al poder con el apoyo financiero del narcotráfico, envolvió a su gobierno y a muchos de sus colaboradores, amigos políticos, directores de institutos oficiales y aun miembros de su gabinete ministerial, en una ola continua de escándalos al ser inculpados por la Fiscalía de tráfico de influencias o de haber recibido dineros del Cartel de Cali. El proceso 8.000 fue como una réplica del célebre proceso italiano de *mani puliti*. Simultáneamente se descubrieron ignominiosos derroches y robos en entidades de vivienda o de previsión social, como Inurbe y Caprecom, por un valor total de 132 millones de dólares. Hoy, cuando el déficit fiscal colombiano alcanza el 6,8 por ciento del PIB, las autoridades económicas reconocen que la corrupción es parte sustancial de esta alarmante cifra

Si Samper no corrió la misma suerte de sus colaboradores, pese a las pruebas reunidas por la Fiscalía en su contra, ello se debió exclusivamente al hecho de que, en su condición de presidente, la investigación corrió por cuenta de la Cámara de Representantes, donde sus amigos políticos eran mayoría, y no de la rigurosa Corte Suprema de Justicia. El caso no está del todo cerrado: actualmente los 110 parlamentarios que votaron su absolución son investigados por la Corte Suprema de Justicia para determinar si cometieron o no prevaricato.

Los ex presidentes Alan García, del Perú, y Carlos Andrés Pérez, de Venezuela, no fueron tan afortunados como su colega colombiano. Pese a que los diputados del Apra hicieron todo lo que tuvieron a su alcance para torpedear la investigación abierta por la Cámara de Diputados, ésta pudo establecer numerosos indicios para sustentar contra el ex presidente peruano, el 18 de octubre de 1991, una acusación por enriquecimiento ilícito. Dicha investigación, relatada por el entonces diputado del movimiento Libertad, Pedro Cateriano Bellido en su libro *El Caso García*, tuvo por momentos visos de una novela policíaca: pesquisas en Lima, Miami, Nueva York, Panamá y hasta en las islas de Gran Caimán, personajes de la mafia financiera internacional y entidades tan sospechosas como el Bank of Credit and Commerce International (BCCI), cuyos mejores clientes fueron los poco recomendables Ferdinand Marcos, Abu Nidal, la familia Duvalier, José Antonio Noriega y el propio Alan García, que hizo depositar allí parte de las reservas en dólares del Perú. Dios los cría y ellos se juntan. De novela digna de John Le Carré son las cuentas secretas codificadas con los nombres de «Selva Negra» y «Tierra Firme» que dos funcionarios del Banco Central de Reserva del Perú, cercanos a García, abrieron en un banco suizo de Panamá. O Abderramán El Assi, hombre de negocios árabe, amigo del entonces presidente, que habría tomado a su cargo la venta a otro país del Medio Oriente de los catorce Mirages que el Perú decidió no comprarle a Francia. En suma, toda una gama de negocios oscuros. De esa otra olla podrida, algo quedó en claro: la nueva acusación formal a García, hecha por el Congreso peruano elegido en 1992, por los delitos de enriquecimiento ilícito, colusión ilegal, negociación incompatible y cohecho pasivo por haber recibido un soborno de cinco millones de dólares dentro del programa de la construcción del tren eléctrico de Lima, auspiciado por el gobierno de Italia presidido por Bettino Craxi (hoy también, como García, prófugo de la justicia de su país).

Pero el mal es endémico. Aunque cambien los gobiernos, el Estado, en nuestros países, está invadido por los mismos gérmenes. Bajo el gobierno de Fujimori, se han producido nuevos hechos de venalidad, autoritarismo y corrupción. Un ejemplo: la propia esposa del presidente acusó a su cuñado Santiago Fujimori, a la esposa y a las hermanas de éste, de corrupción en el manejo de las donaciones y la ropa provenientes del Japón y otros países con ocasión de una catástrofe sísmica. Otro ejemplo, típico de un Estado patrimonialista (en el cual los fondos públicos se manejan como patrimonio propio): el avión adquirido para uso del presidente por valor de treinta millones de dólares sin la correspondiente licitación pública. Y un tercer caso: asesor del presidente (es bien sabido que se ocupa de los servicios secretos del gobierno), Vladimir Montesinos declaró a la autoridad recaudadora de impuestos del Perú (SUNAT), ingresos mensuales por ochenta mil dólares. La información, divulgada en el programa *Contrapunto* del canal de televisión Frecuencia Latina, suscitó agudos interrogantes en la opinión pública: ¿de qué manera pueden justificarse legalmente estos ingresos de Montesinos cuando su real función se desarrolla en el campo de la inteligencia y la seguridad? Lo cierto es que el espacio periodístico que divulgó la noticia fue clausurado y al propietario del canal, Baruch Ivcher, se le quitó la nacionalidad peruana y se le separó de la televisora. En este caso, la arbitrariedad típica de un gobierno autocrático interviene para sofocar las denuncias de corrupción oficial. Algo que mil veces se ha repetido en la historia continental.

Cuando se destapa la cloaca de la corrupción latinoamericana, no se puede dejar de mencionar a Venezuela. En ninguna otra parte mejor que allí el Estado benefactor y el Estado ladrón se identifican de una manera más absoluta y solidaria. A través del gasto público, el Estado es el gran distribuidor y malversador de la enorme riqueza petrolera del país. «En lugar de dedicarse a echar las bases de un verdadero crecimiento nacional por medio de la educación, de la salud y de la infraestructura, se creó un Estado monstruoso, que sustituyó en todas las formas imaginables a la nación y que creó, azariamente –escribe el notable escritor venezolano Arturo Uslar Pietri–, el Estado más interventor que se haya conocido, fuera del mundo soviético.» Según él, todo el país quedó intervenido y todo el país fue subsidiado. Las actividades económicas y sociales fueron pervertidas. «En lugar de una nación, hicimos un Estado gigantesco, ineficiente por naturaleza, dispendioso por naturaleza, inepto por naturaleza, que maneja un inmenso volumen de riqueza a su capricho y, a través de un aparato burocrático que es de los más grandes del mundo, se las ingenió para contraer una deuda externa de cuarenta mil millones de dólares... Las estadísticas nos revelan la pavorosa verdad de que, en este país, después de recibir el Estado en poco más de veinte años recursos no

301

inferiores a los 270.000 millones de dólares, las dos terceras partes de la población están en la pobreza crítica, los servicios de salud y de educación son un fracaso y el país entero sobrevive gracias al subsidio que le dispensa el Estado.»

Semejante monstruo tendría en Venezuela una esposa adecuada: la corrupción. Ella toca todos los órganos del Estado y la sociedad. Es política, administrativa, económica, judicial, sindical. Cobijada por las maquinarias políticas de los dos grandes partidos venezolanos, el deterioro de éstos lanza a la nación a las más extravagantes apuestas electorales: una ex reina de belleza, un militar golpista, cualquier cosa antes de seguir con lo mismo. Venezuela, por fortuna, genera anticuerpos contra este virus mortal: en ningún otro país se escribe tanto contra la corrupción. Libros, simposios, artículos; escritores, juristas, economistas, humoristas la denuncian. Existe hasta un *Diccionario de la corrupción en Venezuela* que en riguroso orden alfabético presenta todas las entidades salpicadas de escándalos: líneas aéreas, bancos, cajas de ahorros, electrificadoras, institutos, ministerios, petroquímica, seguros, puertos, etc., con indicación del gobierno bajo el cual ocurrió cada caso, de los denunciantes, de los involucrados, de los investigadores y de las cifras millonarias sustraídas al erario público. Todo está allí, desde el sonado escándalo del barco frigorífico *Sierra Nevada*, comprado por veinte millones de dólares con un sobreprecio aproximado de ocho millones, para luego quedar convertido en una chatarra inútil, hasta la compra fraudulenta de pequeños predios suburbanos. Lo más extraordinario de este minucioso y bien documentado diccionario es su conclusión final que reza de la siguiente manera: «Quienes aparecen (en el diccionario) involucrados en los casos de corrupción administrativa son presuntamente inocentes, con excepción de unos pocos personajes.»[8] Lo cual demuestra que también en Venezuela la justicia cojea... pero no llega.

Los escándalos son inagotables; cubren muchos otros paí-

8. Varios autores, *Diccionario de la corrupción en Venezuela*, Ediciones Capriles, Caracas, 1989.

ses del continente e involucran casi siempre a altos funcionarios y personajes del universo político. ¿Qué decir de lo ocurrido en el Ecuador bajo el gobierno del extravagante Abdalá Bucaran? Un libro, publicado por el diario *El Comercio*,[9] traza el itinerario de la corrupción y de sus favorecidos (el presidente, su familia y sus amigos) durante el breve paso de este personaje por el poder (menos de seis meses). Lo que queda claro, en el Ecuador y en cualquier otro país latinoamericano, tal vez con excepción de Chile, es que la corrupción, el despilfarro, la inflación burocrática, el desorden monetario, el gasto público y el déficit fiscal no son fenómenos fortuitos o coyunturales: están inexorable y sigilosamente enquistados en el Estado edificado sobre filosofías dirigistas que aún sobrevive en Latinoamérica. Ahora conocemos la verdadera cara de ese supuesto árbitro del desarrollo y apóstol de la justicia social. El Robin Hood que iba a meter su mano en el bolsillo de los ricos para darle dinero a los pobres resultó inepto, malversador, corrupto, desordenado, irresponsable, imprevisivo y como consecuencia de todo ello, un gran fabricante de miseria.

¿Qué hacer? «A estas alturas del siglo veinte ni siquiera los anarquistas pretenden hacer desaparecer el Estado –dice el chileno José Piñera–. Sin embargo, es una preocupación cada vez más universal la necesidad de encontrar fórmulas que permitan que el Estado cumpla sus funciones de la manera más eficiente posible y al mismo tiempo sin constituir un peligro para las libertades... Los avances en la modernización del Estado representan entonces otro paso más en la dirección de la sociedad libre.»[10] En otras palabras, la vía hacia la modernidad o el desarrollo –única manera de derrotar a la pobreza de nuestros países– requiere una condición *sine qua non*: la reforma del Estado. Tal vez el único país que ha dado pasos importantes en este sentido es Chile, porque incluso los países que se han

9. Varios autores, *Ecuador frente al vértigo fatal*, El Comercio, Quito, 1997.

10. Piñera, José, *Libertad, libertad mis amigos*, Economía y sociedad ltda., Santiago

aproximado a un modelo económico de libre mercado, como la Argentina o el Brasil, o que han buscado abrirse a los mercados internacionales y aceptado la privatización de empresas o servicios estatales, como Colombia o el Perú, padecen el lastre de un viejo Estado todavía sobredimensionado, lento y burocrático y, por ello mismo muy débil para cumplir sus funciones esenciales. Se trata, ante todo, de disminuir su injerencia directa en la producción de bienes y servicios y limitar su intervención allí donde la iniciativa debe corresponderle al empresario privado. En cambio es preciso fortalecer su papel en las áreas que son esencialmente suyas: la administración de justicia, la seguridad ciudadana, la soberanía nacional y, desde luego, las obras necesarias a la infraestructura económica y social del país, la educación y la salud, pero dentro de modalidades que eliminen el monopolio público permitiendo en estos campos la competencia y la participación de operadores privados. La descentralización y el desmonte burocrático del aparato estatal son otras prioridades, y la consiguiente simplificación de trámites y la eliminación de regulaciones innecesarias. Dentro del proceso de modernización, la información computarizada es un elemento esencial para mejorar la calidad y la celeridad en la prestación de servicios al ciudadano. Finalmente, le corresponde al Estado un manejo austero y estable de la moneda, para eliminar los procesos inflacionarios, el establecimiento de un sistema impositivo justo y sencillo y de una seguridad jurídica para los inversionistas nacionales y extranjeros.

En síntesis, la condición para un real despegue de América Latina hacia el Primer Mundo requiere la sustitución del Estado patrimonialista, voraz y burocrático que cargamos a cuesta desde hace siglos por otro más liviano y eficiente que permita el libre juego y desarrollo de las fuerzas productivas de la sociedad. En vez de ser, como lo ha sido entre nosotros, otro fabricante de miseria, debe entender que su papel esencial es el de garantizar las condiciones de libertad, flexibilidad, rigor y eficiencia para la creación de riqueza y prosperidad a través de una real economía de mercado.

EL FURGÓN DE COLA

¿Termina este libro en un tono pesimista? La evidencia es abrumadora: a América Latina, comparada con otras regiones de la civilización occidental, no le ha ido demasiado bien a lo largo de este siglo que termina. Cuando comience el próximo milenio, el júbilo de las doce campanadas y los fuegos artificiales no podrán ocultar la evidencia pavorosa de que doscientos millones de latinoamericanos pobres sólo verán los fastos desde lejos, sumidos en los cinturones de miseria que rodean las ciudades, aterrorizados por la cotidiana violencia que hipoteca la vida de las azoradas gentes de nuestra estirpe cultural.

No obstante, el hecho lamentable de que no hayamos podido hacer en Lima o en Ciudad de Guatemala lo que los canadienses hicieron en Toronto o los norteamericanos en San Francisco; queremos decir, el hecho de que no hayamos alcanzado el grado de desarrollo económico y de calidad de vida logrados por otros pueblos del Nuevo Mundo que cuentan con una historia paralela a la nuestra, no asegura que estemos permanentemente condenados al subdesarrollo y a viajar en el furgón de cola de la civilización occidental.

Esta tendencia se puede revertir. Como hemos reiterado a lo largo de este libro, no hay ningún obstáculo insalvable que nos vede con carácter permanente la conquista de dignas formas de vida para nuestras grandes mayorías. Precisamente, la gran lección de la centuria que termina es ésa: no sólo hemos visto cómo en el curso de treinta años –apenas dos generaciones– algunos pueblos han saltado de la indigencia a la opulencia, sino que ya entendemos la manera en que se realizan estos «milagros» económicos y sociales. Ya sabemos, en suma, fabricar un futuro a la medida de nuestros mejores sueños.

¿Cómo se construye ese futuro promisorio? El punto de inicio es entender y compartir un diagnóstico. Si a lo largo del siglo xx –por no remontarnos a un pasado remoto– nos ha ido mal, es porque el conjunto de la sociedad, incluida la clase dirigente, ha albergado creencias, actitudes y valores equivocados o inapropiados para impulsar el desarrollo económico y la armonía social, generalmente fundados sobre informaciones erróneas o incompletas. De manera que la piedra miliar, el basamento de un futuro próspero, no tiene que ver solamente con riquezas naturales o con flujos de inversión, sino con una palabra generosamente abarcadora que incluye diversos componentes: cosmovisión. Ahí está todo: nuestra idea de la sociedad, de la economía, de nuestra posición como individuos frente a la realidad circundante. Ahí están nuestros paradigmas, nuestra estructura de valores y nuestras actitudes. Y no resulta descabellado suponer que la diferencia entre el tipo de vida promedio alcanzado –por ejemplo– por un habitante de Basilea o de Amsterdam, en contraste con el que logra un superviviente en Guayaquil o en La Habana, es la consecuencia de la cosmovisión que uno y otros sostienen o les imponen.

De ahí que resulte absurdo juzgar a una sociedad por sus resultados, sin tener en cuenta los presupuestos mentales que generaron esos resultados; y de ahí que resulte poco probable alcanzar las cotas de prosperidad y calidad de vida logradas por otras sociedades si simultáneamente no modificamos nuestra cosmovisión.

Estamos, claro, ante un obstáculo formidable, porque nadie sabe, exactamente, cómo precisar cuál es esa vaporosa cosmovisión prevaleciente en las naciones punteras del planeta, o qué exactamente cree y hace una masa crítica de sus ciudadanos para alcanzar el éxito relativo que disfrutan.

Hace casi cien años, en 1905, Max Weber, intrigado por las diferencias entre el nivel de desarrollo del norte y el sur de Europa, y tras analizar el tejido social de ciertas regiones, llegó a la conclusión de que algo había en la ética protestante, en contraste con la católica, que impulsaba la prosperidad de los primeros, pero esa conclusión luego ha sido parcialmente refutada por numerosos científicos sociales. Es demasiado simple y esquemática para explicar la complejidad del problema o la existencia de otras sociedades que, sin ser católicas o protestantes, experimentaron largos períodos de crecimiento intensivo en los que fue posible el progresivo enriquecimiento de las masas. Según el historiador británico E. L. Jones,[1] ese fenómeno ha podido observarse en la dinastía medieval de los árabes Abasíes, en el Japón Tokugawa y en la China Sung. Es decir, entre musulmanes, sintoístas y confucianos que nada le debían a Lutero, y ni siquiera a la Revolución industrial británica del siglo XVIII.

Esta hipótesis es alentadora, porque significa que nosotros también podemos dar el gran salto adelante y colocar a nuestros países a la cabeza del mundo, pero simultáneamente nos señala la enorme dificultad de la tarea. Debemos variar nuestra cosmovisión hasta adaptarla a la de las sociedades que nos sirven como meta y modelo.

El cambio de mentalidad

¿Cómo se logra esta transformación intelectual? En primer término, observando. ¿Qué rasgos comunes comparten, digamos, las veinte naciones más prósperas del planeta? *Grosso modo*, se trata de economías de mercado organizadas por procedimientos democráticos. Pudiera decirse que esto también es verdad en América Latina, donde, con la excepción de Cuba, todos los gobiernos han sido elegidos por procedimientos democráticos y en todos los países impera un régimen económico más o menos basado en el mercado, pero esos rasgos son demasiado generales para explicar los éxitos y los fracasos en los distintos países.

1. Jones, E. L., *Crecimiento recurrente: el cambio económico en la historia mundial*, Alianza Editorial, Madrid, 1997.

La democracia –es decir, poder seleccionar periódicamente a los gobernantes entre distintas opciones– no es más que el componente mecánico de una organización mucho más densa y profunda. La democracia es un método para escoger las personas que nos parezcan idóneas para tomar las decisiones que a la mayoría le resultan adecuadas, pero eso, en rigor, significa muy poco si no existe un verdadero Estado de Derecho. Esto es, una sociedad regida por leyes neutrales que no favorezcan específicamente a personas o grupo alguno. Leyes, además, que protejan los derechos de las minorías y a las que todos se subordinen, pero especialmente quienes han sido convocados para gobernar. En otras palabras: en las naciones en las que la democracia realmente funciona, los gobernantes no mandan, sino obedecen. Obedecen las leyes y asumen dócilmente el papel de servidores públicos.

¿Por qué –se preguntan muchas personas– los latinoamericanos con frecuencia tienen predilecciones antidemocráticas y apoyan fanáticamente a ciertos hombres fuertes que prometen ponerle fin al desorden y a las injusticias? Sencilla y trágicamente, porque muchos latinoamericanos, aun cuando vivan en sociedades formalmente democráticas, no sienten que, en efecto, son soberanos. No perciben al Estado como un conjunto de instituciones a su servicio, bajo sus órdenes, sino como una especie de trama burocrática al servicio y bajo las órdenes de políticos frecuentemente deshonestos y prevaricadores. De donde se deriva una obvia conclusión: para reconciliar a los latinoamericanos con la democracia, hay que modificar la relación jerárquica. Políticos y funcionarios tienen que subordinarse al imperio de la Ley y aceptar, con sencillez, el mandato de la ciudadanía. Políticos y funcionarios, en síntesis, tienen que transformarse en humildes servidores públicos, guiados por la decisión de servir con honor a quienes en ellos han depositado su confianza.

Otro tanto puede decirse del sistema económico. Que existan empresas y propiedad privadas no quiere decir que la economía de mercado está funcionando a plenitud. La economía de mercado verdaderamente exitosa funciona donde y cuando desaparecen los privilegios y el favoritismo, se eliminan los mecanismos artificiales de protección y se coloca en el consumidor la tarea de discernir por su cuenta y riesgo qué bienes y servicios desea adquirir, porque es mucho más probable que este agente económico tome las decisiones correctas, dado que es él quien tiene que pechar con las consecuencias de sus actos.

Nadie cree que el mercado es perfecto o que evita las desigualdades. Lo que sabemos es que se trata del más eficaz sistema de asignar recursos que ha producido la especie, y el único que, con los precios, genera una información racional para que libre y espontáneamente puedan crearse las riquezas. Sin esas señales –los precios– surgidos en un mercado libre, se genera una creciente distorsión en todo un aparato productivo condenado a operar a ciegas. Que les pregunten, si no, a los supervivientes de los experimentos marxistas en todo el bloque del Este.

Cuando cayó el Muro, la crisis económica ya era tremenda, debida, entre otras razones, a la acción perversa de los Comités Estatales de Precios. El de Moscú, con sus baterías de atribulados economistas, víctimas ellos mismos de esa «fatal arrogancia» de creerse sabedores de lo que el pueblo quiere y necesita, llegó a fijar anualmente doce millones de precios. Estos preclaros funcionarios suponían conocer el valor de un par de zapatos en el Pacífico o el de una Kalashnikov en la Siberia. En realidad, nadie podía saber el valor de las cosas porque no existía mercado.

Pero al margen de contar con una administración pública dispuesta a servir, y de un sistema económico que no esté sujeto a la arbitrariedad, difícilmente podremos construir sociedades crecientemente prósperas si además no contamos con un sistema judicial rápido, eficaz y justo. Un sistema de solución de conflictos al que todos los ciudadanos puedan acudir cuando sienten que les han violado sus derechos o les han infligido un daño. «Rey serás si justo eres» decía un proverbio medieval notoriamente importante. El rey se legitimaba cuando impartía justicia entre sus súbditos. En nuestros tiempos republicanos no es diferente. La legitimidad de nuestro sistema se verifica de varias maneras, pero acaso la más palpable es la administración de la justicia.

Donde no se castiga a los criminales, donde no se reparan las injusticias, donde los derechos de propiedad se vulneran, donde la ciudadanía no puede esperar de los jueces una sentencia ajustada a las leyes, es muy difícil que se cree una atmósfera civilizada capaz de nutrir los procesos de acumulación de riquezas. Y ésa, lamentablemente, es una asignatura pendiente en muchos países de América Latina. Asignatura que, si no aprobamos, obstruye el trayecto hacia formas de vida de ese Primer Mundo que nos obsesiona.

Los agentes del cambio

Naturalmente, esta receta para la prosperidad y el desarrollo no podría llevarse a la práctica sin el concurso de las grandes instituciones sobre las que se sustenta nuestra sociedad. Tenemos la equivocada tendencia de culpar o de ensalzar a los políticos por el mal o buen funcionamiento de nuestros asuntos públicos y privados, sin advertir que éstos sólo son el elemento más visible de una maquinaria mucho más compleja. Para que un país se mueva en la dirección correcta, además de poseer una clase política bien orientada, necesita que los académicos —es decir, los universitarios—, los militares, los empresarios, los sindicatos y las instituciones religiosas (por sólo citar los grupos más conspicuos) actúen dentro de una mínima coincidencia de propósitos, pues de lo contrario devienen la parálisis y —en épocas de crisis— la involución.

Si los empresarios creen —como aseguran— en el mercado, no deben pedir privilegios, prebendas ni medidas proteccionistas que acaban perjudicando a los consumidores, envilecen la calidad de los bienes y servicios y entorpecen la competencia. Asimismo, es vital que cumplan con sus obligaciones fiscales y realicen sus transacciones comerciales con total transparencia. Contrario a lo que dicen sus enemigos, el denostado capitalismo es (o debe ser) un transparente sistema de intercambios económicos basado en la verdad, la confianza y los buenos hábitos comerciales. Nada de eso está reñido con la posibilidad de ganar dinero, y si algo demuestra la experiencia es que las sociedades que más dinero ganan –la suiza, la holandesa, la alemana, la norteamericana– son aquellas en las que menos trampas se hacen.

La Iglesia Católica, que tiene una extraordinaria importancia en América Latina como guía moral y como formadora de opinión pública, debe también, como quería San Ignacio, hacerse su composición de lugar y reexaminar algunas ideas perniciosas que, lejos de contribuir a sacar de la miseria a nuestros indigentes, suele operar en sentido contrario. Debe abandonar totalmente el obsceno lenguaje de la Teología de la Liberación, con todo lo que contiene de no tan solapada apología de la violencia, y debe admitir que las sociedades que con mayor éxito han combatido la miseria, son aquellas en las que se han abierto paso el mercado, la globalización y la competencia.

Cada vez que se condena el espíritu de competencia como algo sucio que ofende a Dios; cada vez que se censura el mercado como si fuera una práctica pecaminosa; cada vez que se descalifica a los que han triunfado en el orden económico –desconociendo que sin desniveles no son posibles la inversión y el crecimiento–, lejos de ayudar a los desposeídos, se les hunde con mayor irresponsabilidad en su miseria.

La caridad, qué duda cabe, es una actitud que debe despertar gozo y admiración por quienes la practican, pero dos mil años de experiencia con el Sermón de la Montaña deberían enseñarnos que no basta con dar de comer al hambriento, de beber al sediento y de vestir al desnudo. Hay que crear las condiciones laborales para que las personas puedan valerse por sí mismas. Es hora de que la Iglesia, madre y maestra en tantas cosas útiles, aprenda –por ejemplo– de la experiencia bengalí del Banco de los Pobres, una institución muy exitosamente dedicada a fomentar las microempresas entre la gente más desdichada del planeta. Una institución que, en lugar de condenar el ambicioso espíritu de empresa, lo fomenta; y, en vez de censurar a los que limpiamente se enriquecen, los aplaude.

Afortunadamente, la Iglesia Católica ni siquiera tiene que buscar fuera de sus propios textos la inspiración para esta conducta constructiva, porque eso aparece en San Agustín y en Santo Tomás o puede leerse en la encíclica *Rerum Novarum* y en *Centesimus Annus*, la que Juan Pablo II promulgara a los cien años exactos de la primera.

Pero eso no está en el análisis de Medellín o Puebla llevado a cabo por el Consejo Episcopal de América Latina, ni tampoco comparece –admitámoslo– en *Populorum Progressio* o en el espíritu mismo de las conclusiones sobre temas económicos a que llegó la Iglesia en el Concilio Vaticano II.

La *intelligentsia* latinoamericana, por supuesto, tampoco puede quedar al margen de su *mea culpa* y de su *aggiornamento*. Los intelectuales, si aspiramos a un futuro mejor, deben olvidar sus rencores antioccidentales y sus constantes lamentos contra los supuestos centros imperiales, cruelmente explotadores, y advertir que son otros los tiempos y otras las actitudes que exhiben las naciones poderosas.

El signo de nuestra época es la colaboración y la integración en grandes bloques que, lejos de apresurarse a saquear a las naciones en crisis, acuden a socorrerlas, como le sucediera recientemente a México. Es la hora de los Tratados de Libre Comercio, de Mercosur, de juntarse para hacer buenos negocios para todos, porque, salvo las personas peor informadas, ya nadie cree en que nos beneficia la pobreza del vecino. Todos saben que lo conveniente es tener en el vecindario naciones prósperas y fiables con las cuales realizar muchas y mutuamente satisfactorias transacciones comerciales.

Nuestras universidades, en el siglo que se avecina, también deben afinar sus objetivos, sus métodos y su filosofía de trabajo, hasta que cumplan la función para la cual fueron creadas. Las universidades no deben seguir siendo cámaras mortuorias en las que se mantienen artificialmente vivas ciertas momias ideológicas, como el marxismo, pulverizadas por la realidad, y mucho menos, deben insistir en el rol de incubadoras de sangrientas y absurdas rebeldías, como Sendero Luminoso en Perú, producto de la Universidad de Ayacucho, o esa pintoresca aventura chiapaneca del subcomandante Marcos, el joven Rafael Guillén, intoxicado por el comunismo en las universidades mexicanas.

Es estremecedor saber que contamos desde hace siglos con universidades que no investigan, que no piensan con originalidad, que apenas tienen conexión con el entorno social en el que existen, y que ni siquiera alcanzan una calidad media aceptable. Es tremendo que, como regla general, además de prestar tan pocos y tan malos servicios, exijan autonomía para no rendir cuentas a quienes sufragan sus gastos y cultiven una especie de aislamiento corporativo que las separa aún más de la sociedad.

¿Y qué decir de nuestras fuerzas sindicales? Atrapadas en la antigua visión de la lucha de clases, no han descubierto que esa hostil división entre capital y trabajo no se corresponde con el mundo en que vivimos y con las inmensas posibilidades que hoy todos tenemos de acceder a la propiedad y mejorar sensiblemente nuestra calidad de vida.

En Estados Unidos hay cuarenta y tres millones de personas que poseen acciones en la Bolsa, y de esa cifra cuarenta millones son asalariados. Es decir, personas que con el viejo y rencoroso ojo de la lucha de clases sería posible adscribirlas a la franja de «trabajadores». Pero sucede que estas personas son, simultáneamente, capitalistas y trabajadores. Devengan un sueldo, pero invierten una parte en adquirir porciones de diferentes empresas, generalmente mediante inversiones en fondos mutuos, que paulatinamente aumentan de valor a un ritmo que en los últimos setenta años, ha crecido en torno al 11 por ciento anual.

Pudiera alegarse que éste es un fenómeno propio de un país rico, en el que los asalariados cuentan con excedentes para invertir en Bolsa, pero esa afirmación se da de bruces con el ejemplo chileno. En Chile, gracias al modelo de previsión social creado por José Piñera, los asalariados cuentan con un sistema de jubilación basado en fondos de inversión en el tejido industrial y financiero del país, con lo cual las personas son todas, al mismo tiempo, trabajadoras y capitalistas, interesadas, por tanto, en la solución pacífica de los conflictos y en la buena marcha de los negocios.

Un sindicalismo latinoamericano moderno y verdaderamente alejado de la vieja y revoltosa superstición de la lucha de clases, no debería estar batallando por elevar la temperatura de los conflictos, sino por convertir a las masas obreras en propietarias de capital, ya fuera por la posesión de acciones en empresas rentables, como por el acceso a propiedades inmuebles que les den seguridad sicológica y acceso al crédito a sus afiliados.

De la misma manera que se ha desvanecido la falaz idea de que las naciones compiten en un sistema de «suma-cero», donde lo que una gana la otra lo pierde, también se ha disipado el error de que lo que le conviene al capital es lo que perjudica al obrero y viceversa.

Este cambio en las percepciones es, claro está, vertical, y las Fuerzas Armadas Latinoamericanas no pueden estar exentas de su influencia. El siglo XX ha sido prolijo entre nosotros en la intromisión de los militares en los asuntos de los civiles, pero ésa es sólo una parte de la verdad. Con frecuencia fueron los civiles los que llamaron a las puertas de los cuarteles, y muchísimas veces los golpes militares contaron con el respaldo o la indiferencia de unas multitudes hastiadas de los errores y la ineptitud de la clase política. Es más: prácticamente en ningún caso esos golpes fueron el producto de la voluntad aislada de unos militares que se enfrentaban a la totalidad de la población, y no faltaron espadones a los que se recibió con vítores y entusiasmo por la mayoría del pueblo, aunque después se produjera un profundo rechazo a la tiranía implantada. Pensamos en Perón, en Videla, en Torrijos, probablemente en el Pinochet de los primeros tiempos. Seguramente se pueden citar otros casos.

Esto forma parte del pasado. Ya no hay simpatías ni paciencia internacionales con la toma del poder por los militares. En 1992, en el momento en que el teniente coronel Chávez intentó derrocar a Carlos Andrés Pérez, aun cuando el militar contaba con el respaldo de una parte sustancial del país –como luego revelaron las encuestas– se produjo un rechazo internacional unánime a la intentona golpista. Poco después, cuando el general Oviedo intentó un cuartelazo similar en Paraguay, Argentina y Brasil le hicieron saber a los militares paraguayos que si interrumpían el frágil proceso democrático paraguayo, inmediatamente tendrían que abandonar el Mercosur.

Eso, exactamente, es lo que le espera a cualquier régimen de fuerza que surja en América Latina: el aislamiento, el rechazo. El Parlamento Europeo incorpora la «cláusula democrática» a todos los acuerdos internacionales a que se obliga. Sólo recibirán trato especialmente favorable aquellos países que cumplan con las formalidades democráticas. Y lo mismo puede decirse de Estados Unidos. Terminada la Guerra Fría, Washington no siente la cínica necesidad de pactar con «sus hijos de perra». Ya puede darse el lujo de excluir de la nómina de sus amigos a los regímenes surgidos por medio de la violencia.

Pero hay más. Aunque algunos gobiernos militares pueden reclamar éxitos parciales, especialmente en la lucha contra la subversión, el balance continental a lo largo del siglo que termina es espantoso. Las violaciones masivas de derechos humanos, la corrupción de algunas cúpulas militares y el fracaso económico de los ensayos empresariales que algunos ejércitos acometieron revelan que para el mejor futuro de

América Latina sería muy conveniente que los militares, como el resto de los ciudadanos, se limitaran a cumplir la ley y a realizar obedientemente las funciones que la sociedad les asigne.

¿Cuáles son esas funciones? Es probable que esas tareas las haya definido, por encima de todo, el desarrollo tecnológico. Cuando comenzó el siglo era posible hablar de ejércitos que se diferenciaban cuantitativamente. Era, en esencia, un contraste numérico. Cuando termina, las distancias son de otra índole, y resultan prácticamente insuperables. A principios de siglo se podía pensar en ejércitos latinoamericanos de corte prusiano, británico o francés; a partir de la Primera Guerra Mundial el modelo fue el de Estados Unidos, pero hoy cualquier parecido entre un ejército latinoamericano y el de Norteamérica o las Fuerzas Multinacionales de la OTAN es pura coincidencia.

Este humilde reconocimiento de nuestras limitaciones no hay que verlo como una tragedia, sino como una paradójica ventaja comparativa. Centroamérica, por ejemplo, es una región en la que cada vez con mayor insistencia se recoge la idea del ex presidente costarricense Óscar Arias de crear una zona de países desmilitarizados en el sentido convencional del término. Lo que no quiere decir que se prescinda de una institución capaz de mantener el orden público, sino que se reoriente la labor de esos cuerpos hacia sus reales posibilidades de actuación y hacia los reales peligros que azotan a nuestros pueblos: la actuación de las mafias, el narcotráfico, la delincuencia común y la subversión política de quienes no renuncian a la utopía totalitaria y persisten en actuar al margen de los mecanismos democráticos.

El futuro no existe

¿Qué nos deparará el siglo venidero? No es posible predecir el futuro de América Latina, porque el futuro, sencillamente, no existe. Hay muchos futuros posibles. Hay tantos como cursos de acción. Son tantos como el comportamiento que adopten nuestros políticos, nuestros religiosos, nuestros sindicalistas, nuestros centros docentes, nuestros militares, nuestros empresarios: todos los estamentos, en suma, que perfilan el signo de nuestras sociedades.

Si prevalece entre nosotros la sensatez, si somos capaces de aprender de las dolorosas experiencias propias y de las ricas experiencias ajenas, nos espera un futuro brillante. Si persistimos en los viejos errores, si repetimos fallidas estrategias del pasado, si no renunciamos al estéril pensamiento antiguo, continuaremos siendo un fallido segmento de ese vasto y vibrante universo al que llamamos Occidente. La decisión es nuestra, el futuro será el que nosotros elijamos.

ÍNDICE